白俄罗斯人

看中国

〔白俄〕托济克·阿纳托利·阿法纳西耶维奇 / 等著

 世界知识出版社

图书在版编目（CIP）数据

白俄罗斯人看中国／（白俄）阿法纳西耶维等著；王宗琥
等译．—北京：世界知识出版社，2013.11
ISBN 978-7-5012-4585-7

I. ①白… II. ①阿… ②王… III. ①访华观感 IV. ① D609.9

中国版本图书馆 CIP 数据核字 (2013) 第 301231 号

图字：01-2013-5416 号

责任编辑	姚少春　杨志芬
责任出版	王勇刚
责任校对	马莉娜
封面设计	姚少春

书　　名　**白俄罗斯人看中国**
　　　　　　Baieluosiren Kan Zhongguo

作　　者　[白俄] 托济克·阿纳托利·阿法纳西耶维奇／等著
译　　者　王宗琥　石晓燕　霍晋宇　倪国源
审　　校　外交部欧亚司

出版发行　世界知识出版社
地址邮编　北京市东城区干面胡同 51 号　（100010）
网　　址　www.wap1934.com
经　　销　新华书店
印　　刷　北京顺诚彩色印刷有限公司
开本印张　787×1092 毫米　1/16　21$\frac{1}{4}$印张
字　　数　292 千字
版次印次　2014 年 1 月第 1 版　2014 年 1 月第一次印刷
标准书号　ISBN 978-7-5012-4585-7
定　　价　178.00 元

前 言

　　2012 年白俄罗斯与中国庆祝建交 20 周年。两国互利合作发展中的这一标志性重大事件为本书的出版提供了契机。这项出版计划的发起者是中国国际问题研究基金会，该基金会的副理事长兼俄罗斯中亚东欧研究中心主任是前任中国驻白俄罗斯大使、历史学博士于振起先生。本书由前任白俄罗斯驻中国大使托济克教授统稿编辑。本书的作者来自各行各业：有国家公务员、企业领导、学者、教师、医生、运动员、记者……所有人都与中国同行有着多年交往经验，多次到过中国，有的还在中国学习和工作过。他们记录了自己熟悉的、在心中留下印象的东西。

　　本书旨在帮助阅读者（首先是白俄罗斯读者）更好地了解中国——这个具有伟大传统和未来的神奇国家。作者们希望本书能对进一步巩固两国人民友谊、发展全面合作关系作出自己的贡献。

目　录

我生活和记忆中的中国

托济克·阿纳托利·阿法纳西耶维奇

　　白俄罗斯副总理，白俄罗斯与中国经贸合作委员会共同主席，白俄罗斯—中国协会会长，2006年4月至2011年1月任白俄罗斯驻中国特命全权大使。

　　2011年1月4日清晨，我从北京飞回了祖国，完成了自己作为白俄罗斯驻中国特命全权大使的使命。随着那段时光的渐行渐远，我愈发觉得应该感谢命运和我们的总统，赐予我将近五年的时间在这个神奇的国家里生活和工作。也许，这是我生命中最有意思、最为充实而且在职业生涯中最富成果的一段时期。

　　让我自豪的是，这一段时期白俄罗斯与中国的贸易额从8亿美元增长到25.2亿美元，中国为白俄罗斯开放总额150亿美元的贷款，成立了五个大型合资企业，三个在中国，两个在白俄罗斯。人民币成为白俄罗斯的储备外汇（我们是欧洲和独联体中第一个作出这项

决定的国家）。双方举行了几次
成功的高层互访，其中有白俄罗
斯总统卢卡申科两次访问中国，
时任中国国务院总理温家宝和国
家副主席习近平分别访问白俄罗
斯。在 2009 年上合组织峰会上通
过了接纳白俄罗斯为上合组织对
话伙伴国的决议。从此，白俄罗
斯和中国之间的双边和区域合作
前景变得更加广阔。

　　我了解中国吗？不了解，可以说了解得非常少。我从 60
年代在白俄罗斯国立大学历史系学习时就莫名地迷恋上了中
国，努力去阅读一切关于这个国家的各类图书。2003 年 12
月和 2005 年 5 月我有幸作为白俄罗斯国家监察委员会代表团
团长两度访问中国。2005 年 12 月作为白俄罗斯与中国政府
间经贸合作委员会共同主席陪同总统卢卡申科又一次到访
中国。

　　担任大使期间我尽量抽空到中国各地去实地考察。我去
了 23 个省中的 19 个，四个直辖市（上海、天津、重庆、北
京），五个自治区中的三个（内蒙古自治区，新疆维吾尔自
治区，广西壮族自治区），两个
特别行政区（香港和澳门）。每
年休假的时候我和妻子都要抽出
一部分时间在中国游玩，利用这
一机会了解那些正式出行不能得
到的见闻。我在中国的这五年中，
几乎每年（除了 2006 年）都会
发生一件全国乃至全世界瞩目的
大事。

　　2007 年中国共产党第十七次
代表大会召开（那时已经有 7500

北京的白俄罗斯大使馆

2007 年，中国共产党第十七次代表大会开幕。

万共产党员）。大会对中国社会的现状进行了深入而全面的分析（的确如此，我研究了大会所有译成俄文的重要文件），确立了"十二五"期间以及到 2020 年之前国家发展的主要方向、速度和阶段。国家主席胡锦涛表示，中国计划到 2020 年人均国民生产总值比 2000 年翻四番。

"沿着共同富裕的道路向前推进，鼓励人的个性全面发展，从而保证中国的发展依靠人民并为人民服务，让全国人民都能享受这种发展的成果"。

十七大选出了中央委员会，更新了政治局常委班子（9个人中更换了4个），其中新换的4人中有两位年轻的领导——54 岁的习近平和 52 岁的李克强，他们二人于 2008 年 3 月分别被选为国家副主席和国务院副总理。

2008 年是中国的奥运年。中国领导人以及全中国人民为准备并保证奥运会顺利举办所付出的巨大努力，给我留下了极其深刻的印象。我还记得在一次面向外交使团的新闻发布

2008 年北京奥运会开幕式

会上，好像是 2007 年，中国奥组委的一位领导说过这么一句话："这样的奥运会全世界还没见过"，停了几秒后，他又补充了一句："也不会再见到。"当然，那个时候我们这些外国大使们都觉得这话说得有点自负，但时至今日，我们对此已深信不疑。此前的任何一届奥运会都没有如此巨大的投入，也没有

奥运会主体育场——"鸟巢"

任何一届组织得像北京奥运会那么出色。近 20 年恐怕未必有国家能举办一届可与之媲美的奥运会。

对白俄罗斯运动员来说，北京奥运会也是白俄罗斯组团参加过的奥运会中最成功的一届。我们共获得 19 枚奖牌，其中 4 枚金牌、5 枚银牌，在所有获得奖牌的 71 个国家中排名第 13 位。

2009 年中国隆重庆祝中华人民共和国成立 60 周年，同时这一年恰逢改革开放 30 周年。国家在进行总结，领导人和研究中心分析了积累的经验，寻找适应国内外形势的新型经济政治体系。

当然，中华人民共和国成立 60 周年庆典活动的高潮要数 2009 年 10 月 1 日举行的阅兵仪式和群众游行。一句"这些事件让人印象深刻"太平淡无力。我想，大多数亲历这一庆典的人对所见所闻都会终生难忘。阅兵和游行的组织者非常出色地向全国和全世界展示了当代中国的形象，展现了它

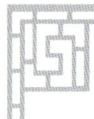

北京天安门广场举行中华人民共和国成立 60 周年庆典

的军事、经济、科技和文化实力。而且，阅兵仪式上出现的所有陆空武器装备都是中国自己制造的。

阅兵式上有两处印象特别深刻。第一处是：阅兵方阵以及武器装备在行进过程中不可思议的、超出人类极限的步调一致；第二处是：民兵方队的行进，准确地说，是女民兵方队。至今仍能感受到观众在看到女民兵方队经过天安门广场时的赞叹和钦佩之情：一群体形高挑匀称的美女们穿着熨帖的军服整齐划一地迈着正步前进。

最后是 2010 年，这一年在上海举办了世界博览会，选上海作为举办地并非偶然：北京和上海长期以来就存在一种竞争关系（就像美国的华盛顿和纽约，俄罗斯的莫斯科和圣彼得堡）。所以奥运会在北京办，世博会在上海。当然，和办奥运一样，办世博会也是举全国之力，但具体工作由上海市政府和上海市财政来承担。世博会的成功举办，证明了上海举办世界性大型活动的能力丝毫不比北京逊色。而且一系

2010 年 5 月 1 日至 10 月 31 日，在上海举行世博会。图为 2010 年上海世博会开幕式。

列数据表明，世博会的规模超过了奥运。比如，世博会持续了 6 个月，而奥运会只持续了两周，世博会参观人数达 7300 万，奥运会只有 650 万。

2010 年世博会的口号是"城市，让生活更美好"，参展的国家超过 190 个。世博会的印象很难用几段话描述清楚，最好是亲自去观看。的确，哪怕是只选择最精华的部分看，也至少需要一周多的时间。每个国家都希望展示自己最优秀的成果，而且不是简单地展示，而是利用最先进最独特的现代化手段和形式来表现。数十个国家建了自己的展馆，在其中展现了本国最优秀建筑师和设计师的创作才华。中国馆以其宏大的建筑规模和设计构想最为引人注目，它的名称也透着简洁和自信——东方之冠。

诚然，世博会高水平的组织接待能力也值得大书特书：住宿、交通、信息及日常服务、安保、饮食等方面都做得非常出色。

东方之冠

白俄罗斯在世博会上的表现也可圈可点。我们的展馆占地1000平方米，展馆的墙壁上是我们的艺术家们画的充满白俄罗斯风情的彩绘（中国人特别喜欢以它为背景照相）。白俄罗斯展馆位于世博园中最核心的地带——欧洲区。在此不能不提世博会组委会对我们准备和参展给予的巨大帮助。在世博会期间白俄罗斯国家馆共接待了554.6万人，主要是中国人，其中很多人都是第一次了解我们国家，了解我们的自然人文概况。

考虑到我们的书主要面向白俄罗斯读者，我想阐述一下我对当代中国生活某些方面的理解，这些方面在我看来，可能对白俄罗斯人最实际也最有意义。

首先，我想说，中华人民共和国是我们的战略伙伴和盟友。2005年12月白俄罗斯总统卢卡申科和中国国家主席胡锦涛在北京签署的联合宣言，其中明确提出，白俄罗斯和中国的关系已经上升到战略合作的水平。也许有些读者会对此感到奇怪，因为两个国家差距悬殊（无论是领土面积、人口数量、国民生产总值，还是其他方

上海世博会白俄罗斯展馆

面），但是白俄罗斯和中国均
致力于开展相互合作，且客观
上两国在一些重要国际和国内
问题上常常立场相同或相近。
这就是为什么两国建交 20 年
来中国对白俄罗斯从来不以老
大自居，而白俄罗斯也从来不
充当附属的角色。

内蒙古自治区露天矿场的"别拉斯"卡车。

其次，两国合作的潜力双
方都没有充分发掘。为了有效
地发挥这些潜力需要首先认识它们，很好地了解它们并对其
进行客观的评价。事实上，最近几十年中国发展非常迅速，
以至于我们很多人对中国实力以及其经济发展的认识与现实
至少相差 10—15 年。

的确，20 世纪 70 年代后半期中国曾一度到了崩溃的边
缘，但幸好这种现象没有发生。党和国家的领导集体于危急
之中力挽狂澜，将国家从崩溃的边缘拉了回来，并走上了改
革开放的正确道路。在这些事件中起主要作用的是邓小平，

重庆市

京沪高铁上的动车

一个伟大的人，中国人称之为"在全人类面前成就经济奇迹"的奠基人。

从那时起中国发生了天翻地覆的变化，其发展速度和取得的成果都是史无前例的。今天它已是世界第二大经济体。30 年改革国内生产总值平均增长速度为 9.8%，其中有许多年都超过了 10%—11%。2011 年中国人均国内生产总值已达 5400 美元。外汇储备超过 3 万亿美元。解决了粮食危机。最重要的是，国家在工业、科技的许多方面都跃居世界前列。

中国为许多国家制造并发射了通讯卫星和地球远程探测卫星（我有幸参观过一次发射）。在发展铁路运输方面中国远远走在了其他国家前面，包括日本和德国。在北京至上海的高铁试运行期间（2010 年末）列车的速度达到了 486.1 公里／小时，创下了新的高铁世界纪录，这一速度堪比喷气式飞机的起飞速度。核能（国内同时建了 18—20 个百万千瓦级的核电站）和水能发展迅速，另外投入了大量资金发展非传统能源（风能、太阳能、地热能、潮汐能）。在家用电器生

内蒙古的风力发电

吉利公司汽车组装机器人　　　　　　　　　　　省道

产方面，许多国家因无法与中国公司竞争而被迫停产。

　　中国企业在发展生物技术、电信设备、汽车制造等方面正迅速迈入世界先进企业的行列。我想，对怀疑者可以提供下面的事实：中国向欧盟出口的 85% 都是机械技术和化工产品。据中国分析人士预测，到 2015 年，中国在通讯领域的技术不仅能赶上，甚至要超过美国。

　　中国经济成功的主要因素有哪些？通过自己在中国工作的所见所闻和所读，我认为有以下几点：

　　第一，依靠劳动集体、专家、领导、地方政府机关的首创精神，中央政府创造一切条件让大家积极发挥这种首创精神，而它本身的作用是全面分析并选出最符合国家利益的创举，将其放到一些省份进行试点，然后把被证明是有效的做法推向全国。

　　第二，向国有企业放权，给它们最大限度的自主性。它们的工作根据年度结果来评价，而整个年度中所有决定实际上都由企业自己做。同时根据领导和专家年度工作的绩效

仿古建筑

来对他们进行奖惩（详见经济学博士鲁多伊的文章）。

第三，为吸引外资和先进技术提供最大限度的优惠条件，大量派出年轻人到国外大学学习，并到最著名的公司和银行实习，高薪聘请国外著名管理人员到中国公司工作。

第四，尽量减少对大中小型企业经营活动的硬性规定，执法和监督部门无权干涉企业的财务和政务，对企业及其领导没有行政处罚制裁制度。企业的财务只有税务部门有权检查，一旦查出漏税情况企业必须补缴欠款，但如果查出蓄意偷税，那么企业将要被追究刑事责任。

第五，依靠科技和创新（尤其是近十年）。国家加大对科研中心和科研应用中心的投入，为大学科研创造条件并提供财政支持，鼓励企业成立科研部门和研发设计部门（详见白俄罗斯国立技术大学副校长阿列克谢耶夫的文章）。

当然，中国经济的成功还有一部分原因是原材料和能源的成本低，劳动力便宜，对劳动保护和环境保护投入不多。但我认为，这些不能作为中国经济成功的主要因素，因为它们在中国推行改革开放政策之前就存在了，而且有过之而无不及。

我不想让大家形成一种印象，仿佛我在把中国的社会经济状况理想化。我希望我们对这个国家的认知尽可能地符合

太阳能

实情。不可否认，中国
在取得巨大成就的同
时，也存在许多没有解
决的问题。这也很好理
解。在这样短的时间内
不可能同时和同等地发
展经济和社会生活的所
有领域。在生活水平和
生活质量方面农村要远
远地落后于城市，而中
西部省份和东部省份相比

上海市区高架桥

也存在同样的问题。大部分居民，首先是农村居民，没有退
休制度的保障。在医疗、教育、住房建设等方面还有许多亟
待解决的问题。中国领导人也常常谈及这些问题，认为中国
目前还处于发展中国家的水平。同时对这些问题的关注日益
增加，投入解决问题的经费也在逐年加大。毋庸置疑，这些
问题都会得到解决。

　　中国早已不再争论姓社还是姓资的问题。官方的表达是，
中国正在建设有中国特色的社会主义（近来称为：中国特色
社会主义）。而这种社会主义建设的主要推进力量来源于邓
小平正确思想的指导："不管黑猫白猫，捉到老鼠就是好猫。"
也就是说，怎么称呼和来自哪里并不重要，重要的是能够加
强国家的政治、军事和经济实力，提高人民的生活水平。

　　这就是为什么在对中国实行的方针进行理论论证时会有
多种因素的考量：既有几千年来积累的治理国家和组织经济
生活的经验，又要顾及民族性格，还有佛教和儒教，还有马
列主义以及现代西方理论。所有这一切都被深入思考并有机
地融汇到一个完整而高效的理论体系中，这个体系并非一成
不变，而是随着国家发展环境变化（包括可预测的变化）而
不断调整。

　　作为历史学家，我不能不提及中国人的史学观。人们常

北京居民迎接农历龙年

说，历史是反观过去的政治，的确如此，历史在中国不仅是一门科学，更是民族意识、民族自尊、爱国主义和道德规范的重要组成部分。

我们都知道，中国有五千年的历史。但专业的历史学家们知道，能用考古和其他研究证明的历史是从公元前1500年开始的。其余的1500年是由历史学家根据皇帝的旨意写成的神话传说的历史。不过，今天已经很难搞清，哪些是真实的历史，哪些是神话传说。但是整个五千年的文明对中国的影响是积极的。

我清楚地记得，中国人（至少那些我交往过的人、官员、大企业的管理者、学者）都非常了解本国的历史，讲起两三千年前的事情滔滔不绝，如数家珍。在这样的交谈中我常常觉得，中国人生活在时间之外：和他们一起生活的有载入史册的中国历代皇帝，唐朝的诗人们，三国时期的将领们，成千上万的其他著名人物。

　　还有一个发现：通过电视、收音机、大众媒体和中学大学课本进入中国人意识的历史都是正面的，我对此的解读是，这是乐观主义的历史。它仅由那些在几千年间保留和创造了中国的事件和人物构成，尽管中国的历史与其他国家的历史一样，都有好有坏：不仅有杰出的成就，还有悲剧性的错误；不仅有辉煌的胜利，还有灾难性的失败。

　　所以，在中国公开污辱和抹黑自己的历史是不可思议的事情。不记得是谁先说过这句话："应该永远牢记，吐向历史后背的痰同时也会飞向未来的脸"，在当代中国这种原则大家都懂。

　　所有这些因素形成了中国人又一个令人尊敬的性格特点：爱国主义，毫无矫饰的、扎根于意识深处甚至无意识领域的爱国主义。数千名来自外地的中国人满含着热泪在北京天安门广场上屏住呼吸观看五星红旗升降仪式（这种情况每天在太阳升起和降落的时候都会发生）。不论中国人在哪里

中国首都北京的一处名胜古迹——"紫禁城"。

中国女性

出生长大，在中国本土也好，在欧洲、美洲、东南亚国家也好，他都是华人。改革开放之初，最早向中国经济投资数百上千亿美元的，正是中国的华侨群体。

说到爱国主义，我想起了一件感人的事情。一天晚上，在一个非正式场合一位中国朋友把自己十一二岁的女儿介绍给我们这些独联体国家的大使："这位伯伯是阿塞拜疆大使，这位是白俄罗斯大使，这位是哈萨克斯坦大使。"小姑娘看了看我们，然后非常自豪地自我介绍道："我是中国人。"我们几个不由地相互看了看。

我一直想弄清楚中国人的思维方式、行为规范和人际关系之道，最后得出结论：这些东西外国人根本做不到，只有中国人有能力做到。中国社会是一个自足的文明体，在生活价值观、行为规范、人际关系、家庭内部关系及其他许多方面与欧洲完全不同。

当然，全球化进程也把中国卷入其中。一些新兴的、迅速发展的城市（深圳、天津），甚至包括北京和上海的一些街区，在建筑风格上已经和布鲁塞尔、柏林或者纽约等国际大都市毫无二致。一些城市青年的生活方式和行为越来越接近于他们的西方同龄人，金钱越来越成为衡量成功与财富的标准。但我认为，所有这些都不足以（至少目前如此）撼动中国社会的内在基础，正是依靠这些基础中国社会才能在几千年的历史中保留自己的独特性。

中国人对生活的态度非常有趣，中国人重视生活的内容而不讲究生活的形式。这种态度和欧洲人对生活的态度完全

不同。我认为，正是这种态度人会感觉更加幸福，生活也更加充实。因此，我和妻子在中国的街道上很少看见愁眉苦脸的人。

中国人对生活的态度与我们还有一点不同：中国人相信生命有轮回。如果今生不成功或是不幸福，那意味着对前世作孽的惩罚。如果今生的不幸他能够理解并无怨无悔地承受，那么来世他将得到奖赏。

我认为，这两个源自佛教的因素能够帮助我们理解中国人和中国社会的许多问题。

对理解中国人的思维方式、人际关系和行为规范更有帮助的是儒教。孔子的学说对中国人而言类似于《圣经》对基督徒的意义。关于孔子学说的内容及其在中国社会的影响已经出版了数以千计的学术和科普图书。

孔子用自己的观点、评价和建议穷尽了中国社会生活的方方面面，但一位俄罗斯学者在自己的论著中将其高度浓缩，

中国的春天

寺庙

归结为"长幼有序"和"忧患意识"。起初我认为这种简化难以接受，但是经过思考后我同意了这位俄罗斯学者[1]的观点。

在每个公式中，如果你深入思考，你会发现其中蕴含着非常深刻的含义。第一个公式决定着所有主要社会制度的组织和运作机制：家庭、劳动集体、国家机构。当然，这句话可以用上百个句子来解读，而正是遵守其中蕴含的规则得以有效地治理一个近 14 亿人口的大国。

我想提请大家注意一个非常重要的方面。这些规则不仅规定年少者要服从、尊敬和关心年长者，而且还规定年长者也要关心年少者。举个两种情况都包括的例子。中国一家大公司（在白俄罗斯也有项目）在国外有几十个投资项目，所有的工程都有公司自己的员工参与。那么在北京的公司总部就会有一个专门的部门来负责照顾这些员工的父母和家庭，

1 杰里诺夫：《中国·大型历史指南》，莫斯科，2008 年。

公司在海南有一个疗养院，专门接待这些员工的父母到海南度假疗养。也就是说，年长者（公司领导）关心年少者（公司员工），而年少者在公司的帮助下履行自己为父母尽孝的义务。

这一规则在家庭内部也是严格遵守的。在汉语中不会笼统地称呼"兄弟"、"姐妹"、"姨姨"、"叔叔"，而是细化为"哥哥"、"妹妹"、"大姨"、"小叔"等，通过这样的长幼等级在人们的潜意识中形成行为准则：谁应该听谁的，谁应该关心谁。永远应该听年长者的话，但是关心则是双向的——开始是长辈关心孩子，竭尽全力帮他们成家立业，等孩子成人以后，就该他们来关心父母了。白俄罗斯驻北京使馆附近有一个非常好的散步之处——日坛公园。在公园里经常可以看到一个大家庭一起散步的感人场景：6—8个人，3—4代，中间是坐在轮椅上的家庭最长者，家庭的其他成员有的帮他盖好毛毯，有的帮他把背后的靠垫扶正，有人关切地问他需不需要喝点水。

类似的情况在飞机上也可以看到，有出息的孩子带着年迈的父母坐头等舱或商务舱去度假。从老人们的表情可以看出，他们过惯了苦日子，有点接受不了这种奢侈。

儒家思想的第二个浓缩思想（忧患意识）也具有非常深刻的意义。这一公式在数千年间形成了我们今天看到的中国人的特质：目标明确，喜欢争先（从幼儿园开始），富有进取精神，善于从看似不可能的事情中获利。此外还有节俭，好储藏，理性镇定。

举一个与此相关的例子。刚来北京的时候我无法理解，中国人为什么在公共场所（商店、餐厅、公共汽车）的入口处不让路、在公交车上不让座？后来我明白了，如果你给别人让了，那么你可能永远也进不去（当然，熟人之间不存在这种情况）。

在中国还有一个现象给我留下了深刻印象，那就是对知识的崇拜。父母亲总是尽一切可能为孩子创造最好的教育条

中国学生

件。在中国农村，常常是几个家庭由于资金不足而选出最优秀的孩子供他上学。（以前中国所有的教育都是收费的，只是近十年国家财政才开始逐步负担农村和城市的学校。）

有钱人的孩子从一出生就开始接受教育了。有一次我问一个中国朋友："薛，你的小孙女多大了？"他回答："刚满两岁半，我们已经送她去学英语了。"

在尽力让孩子们接受更多知识的同时，也不忘发展他们的体力和精神。在寒暑假期间，只要孩子有意愿和能力，就让他们报大量的各种补习班。而且我从来没听说过有人抱怨孩子负担过重。

作为例子我讲一下一位姓郑的二年级学生的生活经历，他是一个8岁的小男孩，他的父母是我在北京时的朋友。

小男孩6岁的时候被送入北京一家非常好的学校。班里34名学生（高年级可能有50—60人，甚至多达70—100人）。在中国的学校学生们在课堂上除了学习基本不会违反纪律。8：00开始上课，16：00结束。周一必须早到，因为全校要举行升旗仪式。一天七节课，上午四节，下午三节。

第二节课后有20分钟的课间操，第四节课后有半个小时的吃饭时间（一般都是在教室吃午饭）。午饭后基本上都是体育课、音乐课、唱歌课、绘画课。

在一、二年级郑同学要进行三门课（数学、语文和英语）的四次综合考试，每学期分期中考试和期末考试。除了综合考试外，还有体育考试。

从学校回家后郑同学吃饭，然后用一个小时完成家庭作业。剩下的时间一部分用于学习音乐（家里有钢琴），一部

分用于和同龄人在外面玩耍。

周六和周日学校不上课。但这并不意味着郑同学可以放松。周六上午妈妈陪他学习语文和音乐，下午郑同学去练习击剑。周日父亲陪孩子学习英语，然后是音乐和击剑。

学校的评分体系是百分制。每年班里都要按成绩排名公布，每一个人都可以看到他在排行榜中的位置——从第1名到第34名。每当郑同学取得好成绩，母亲或父亲就会在休息日抽一天时间陪他去儿童职业体验馆，在那里父母把他交给工作人员，他就会在3—5个小时内体验到好几种职业。如果想当厨师，他会领到厨师的服装，在真正厨师的指导下做出一两个菜。如果想当宇航员，那就穿上宇航服，在模拟宇宙飞船中"完成登月航行"，诸如此类的职业体验。在这个儿童职业体验馆总共可以体验60种职业。6—14岁的儿童都可以来玩。这个体验馆属于私营企业，利润相当不错。

与学校和孩子有关的还有两个发现。第一，在孩子的意识中有一个根深蒂固的真理，那就是学习不好是件糟糕的事情，如果一个孩子学习变差了，那么他就会被同学们疏远。第二，学生在上高中以前是不允许使用手机的，因为手机会让他们分心。

这种教育孩子的方式是不是也可以算作中国经济奇迹的一个重要因素？

在当代中国有许多东西值得我们在现代化和进一步完善白俄罗斯社会经济发展模式成功运作方面去借鉴。中国愿意与我们分享这一经验，而我国也有中国感兴趣和对中国有益之处。重要的是，我们两国尽管有众多不同，但我们相互关切，相互信任，在互利互惠的基础上进行合作，没任何附加条件。

古代
哲学家的后裔

妮娜·谢米扬诺夫娜·伊万诺夫娜

白俄罗斯对外友好与文化协会主席团主席。

在白俄罗斯的"友谊之家"中中国是常驻客。"友谊之家"位于扎哈罗夫街28号，系1956年为白俄罗斯最悠久的社会组织之——白俄罗斯友好协会而建，白中友好协会于1960年在此"安家落户"。在白俄罗斯友好协会框架内成立白中友好协会不仅是受政治经济实用主义原则所驱使，对中国历史、文化和传统日益增长的兴趣也是其动因。

白俄罗斯学校的汉语课

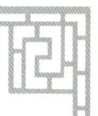

近 30 年间，白中友好协会一直在宣介世界上最古老文明之一，向世人展示它的建筑奇迹、艺术和古老文化，但却没有机会讲述中国——这个伟大国度的现代生活。

1992 年中华人民共和国与白俄罗斯共和国建立外交关系后，情况完全改变了。"白俄罗斯—中国"友好协会有机会利用有关中国和中国人民的新信息、展览（摄影展等）、纪录片、电影来加强自己的工作。

在白俄罗斯的大学里开设了汉语专业（有的大学里是选修课），中小学生也开始学习汉语。

在年轻人的话题中，中国已不仅仅是那个发明了火药、指南针、造纸术、印刷术、瓷器的国家，也是在冰箱、洗衣机、电话和音乐领域在世界处于领

1．明斯克的中国陶瓷展

2．中国画家在明斯克举办画展

3．戈梅里举办的京剧玩偶展

4．中国驻白俄罗斯大使鲁桂成在"友谊之家"发表演说

1992 年，在白俄罗斯戈梅利国立大学出现了第一批中国学生。

先地位的经济体。

现代中国的强大实力也是人们津津乐道的话题，如经济的快速增长，国家的人才实力，太空计划的实施，宇宙飞船的发射等。

在明斯克的大街小巷，你会发现来白俄罗斯学习或工作的中国人逐年增多，你可以观察到他们的行为、习惯，听到那对于我们来说如此不熟悉的汉语。这样，我们关于中国的概念扩展了，同时，关于中国人民对世界古老文化和现代文化的贡献的概念也得到了扩展。

中国外交官们在加强经济和文化合作方面开始扮演关键角色。对于那些从没到过中国的人（包括我在内），他们就是中国的象征。正是他们拓宽了外界对中国的认识范围。在掌握了关于祖国的广博知识后，他们会竭心尽力地在白俄罗斯大地上传播，为此，他们会利用一切机会和地点：大学生的教室、新闻中心、报纸、杂志、网站，当然还有"友谊之家"。

还有一个事实增加了我们对中国外交官的好感和尊重，那就是他们对白俄罗斯文化及我们白俄罗斯民众那份真诚的兴趣和尊重。中国外交最主要的特点是，明白经贸领域的合作一定应该由精神文化领域的协作来夯实，精神文化的影响会更加持久和坚实。

1992—1996 年，中华人民共和国驻白俄罗斯的首任大使是王行达。在那个时期，他们正好有机会奠定了中国在白俄罗斯的外交形象。可惜我没能与他们一同共事过。

中国客人参观"哈丁"纪念馆。

　　1996 年，"我的第一任"大使——赵希迪先生抵达了白俄罗斯。当时我是白俄罗斯国际友好协会主席团副主席，同赵希迪大使合作了 3 年。

　　我们常说："能力才能使人获得尊重。"对这位外交官的印象也正是如此。他个子不高，长头发披在后脑勺，灵活，不会给人以官僚的印象。而眼镜下那双富有表情且犀利的眼睛，传达出了他的情绪特性。在白俄罗斯的头几天，大使给人好感的外貌就"起作用"了。他顺畅地同白俄罗斯知识界、大学生，当然还与"友谊之家"建立了联系。

　　更有趣的是，当涉及自己国家的利益时，大使会毫不动摇地捍卫自己国家的利益。在日常交往中，大使则显得灵活且十分随和。一次，时任白中友好协会主席——白俄罗斯著名诗人阿纳托利·维尔金斯基举办了一个纪念日庆祝晚会。晚会上，赵希迪先生在正式发言之后说道："刚才是中华人民共和国大使的祝贺，而接下来则是赵希迪本人的祝福。"在一番温馨的话语之后，他突然唱起了《莫斯科郊外的晚上》，以此作为对阿纳托利的生日礼物。随即，晚会大厅里响起了雷鸣般的掌声。大使立马就令人感到亲近起来。我不禁想到：他，中国的外交官，就是这样一个既严肃、务实，又有血有肉且充满自信的人。

　　1998 年，中华人民共和国驻白俄罗斯大使由吴筱秋女士担任。她文雅、智慧、充满魅力，用自己的形象向白俄罗斯人证明了一个真理：中国女人，美。她总是穿着精致，不论

中国民族服饰展在明斯克"友谊之家"举办，中国驻白俄罗斯大使吴筱秋参加展会开幕式。

是民族服饰，还是西装，穿在吴筱秋的标准身材上都是那么的完美。

在吴筱秋大使的任期内，我们了解了许多关于中国妇女界的事情。如果大使是男性的话，诸如中国人的家庭情况、传统及同亲属关系此类问题，可能问起来不方便，但从吴筱秋女士那儿很容易了解到这些。她也愿意谈论一些关于自己的话题：丈夫、女儿、女婿，爱好（音乐和文学）等。

2000年6月是如此的让人难以忘怀。在吴大使的积极努力下，"友谊之家"举办了中国服饰展。我们第一次见识了中国少数民族（白族、景颇族、傣族、彝族）的民族服饰。而人数最多的民族——汉族的服饰在吴筱秋女士身上显得十分完美。

这对于我们来说也是中国印象，但这是从喜爱一切美的、精致的女性角度而得来的。正是她开始在白俄罗斯出版关于中国的刊物。东方文化读者收到的第一份礼物是中国文学选集——《中国龙》，然后又有了《你好，中国！》。这位在白俄罗斯著名的中国女人不知疲倦地普及着本国文化，并且充分地宣传自己祖国的政治、经济和商业领域的成就。

为庆祝中华人民共和国成立50周年，吴筱秋大使联合白俄罗斯友好协会组织了大学生征文比赛，这次赛事在白俄社会引起了很大反响。参赛的有大学生和研究生，他们不仅来自明斯克的大学，而且还有布列斯特国立大学、格罗德诺国立大学等学校的学生。参赛文章的题目也是各异。比如，有军事学院的学员研究中国菜的特点，还有经济大学的大学生写中国教育体系的特色。这次征文比赛的举办和评奖引起了广泛而积极的反响。

2004年，"中国文化日"开幕式在白俄罗斯工会文化宫隆重举行。

2002年3月，历史学博士——于振起先生担任中国驻白俄罗斯大使，他具有明显的人文主义气质，这在他履职的初期就得到了肯定。

我们觉得对中国的了解已经足够多了，但对这个国度的认识又开启了新的篇章。

大使先生发起的每项活动对于我们来说都是一个新发现，都是以前不为我们所知事物的展示。在他的领导下，各种活动不断，还有问世——《开放的中国》、《中国不远》、《白俄罗斯记者眼中的中国》、《21世纪的中国》。

2004年8月，曾经举办了一次很梦幻的活动：于振起先生的故乡——天津市的一个儿童歌舞团体来到了白俄罗斯。中国小演员们的音乐会变成了白中友谊的盛会。那些中国小朋友（歌舞团成员的年龄7—10岁不等）在明斯克市的许多大厅、青年营都表现了他们的才艺，向我们展示了融会多代人爱与天赋的艺术。中国古代的乐器也是一绝，传统的竹笛和二胡独奏让音乐会的所有听众都"置身"中国。中国传统舞蹈、现代芭蕾、乡村音乐，小演员们也都逐一展示。而白俄罗斯媒体称中国小朋友为"和平与友谊的天使"。

在珍惜本民族文化和感受他民族文化方面，中国的小演员给白俄罗斯民众上了很好的一课。为了庆祝中华人民共和国成立55周年，"白俄罗斯—中国"友好协会举办了中国文化节，小演员们在文化节上的表演同样是大放异彩，获得了极大的成功。

"白俄罗斯—中国"友好协会相信自己是白俄罗斯友好协会框架内活动最积极、工作最富有成效且最重要的一个组织。这些年来，"白俄罗斯—中国"友好协会在自己的工作中积淀了一些新传统。

介绍中国诗歌和散文的音乐文学晚会，观看关于中国的纪录片和电影——类似活动的开展都已常态化、系列化。例如，2005年举办了名为"宇宙中国"的系列活动，在该活动框架内还举办了两国建交的庆祝活动。中国农历新年的庆祝活动尤为盛大。对于我们白俄罗斯人来说，参加这样的节日不仅是一件非常愉悦的事情，也是一个美妙的发现之旅。

第一届白俄罗斯—中国青年创作联欢节在维捷布斯克举办。

白俄罗斯国家历史文化博物馆馆长彼得·霍契科和中国驻白俄罗斯大使于振起在中国水彩画展开幕式上。

此时在我们眼里，中国的大学生和外交官们全都变成了欢快、顽皮、天真且相信童话的孩子。我们白俄罗斯人也不甘落后。在那天晚上，我们都"幻化"为各种童话形象：龙、虎、兔、熊。"友谊之家"俨然成了一个童话阁楼，把我们同中国人民联结成一个大家庭。

于振起先生不断拓展着自己的朋友圈：在中国驻白俄罗斯大使馆的倡议下，曾经在满洲里参加过抗日战争的老兵和他们的孙子一起组团赴北京。

"友谊之家"还举办了汉语晚会，参加者是学习汉语的白俄罗斯大学生和中小学生。这样，"白俄罗斯—中国"友好协会又融入了新鲜的、年轻的血液。

不论是年轻人，还是老年人，都愿意接受这个谦逊的、聪明的、认真的中华人民共和国大使。我觉得，时至今日在"友谊之家"的屋檐下依然会响起那令人暖心窝的话："尊敬的、友好的妮娜·伊万诺夫娜女士。"

于振起先生使我们彻底爱上了中国，而他自己则迷恋上了白俄罗

于振起大使的摄影作品

斯。"聚焦可爱白俄罗斯和其他国家"——正是他的摄影展的名字，他用镜头记录下了自己所热爱国度的许多建筑遗迹和旖旎自然风光。

中华人民共和国大使在白俄罗斯进行着有益且务实的工作，凡是跟他有过工作接触的人都对此高度肯定。

正是在这一时期，白俄罗斯著名诗人谢尔盖·帕尼兹尼克和人民演员、作曲家埃杜阿尔德·扎里茨基创作了歌颂白中友谊的歌曲——《普天之歌》。这首歌凝聚了我们对中国，对可爱的中国人——于振起先生的感情。歌的歌词不仅温暖了"白俄罗斯—中国"友好协会的成员——"汉学家"的心，也引起了大量双边活动参与者的共鸣。下面是这首歌的歌词：

愉快的谈话中人们距离再近也不会感觉拥挤。

大圆面包在歌声的陪伴中一起呈上客人的面前。

白俄罗斯——天外的新娘，

而新郎——天下的中国。

这首歌为春天建起了一座

真诚而温柔的殿堂。

殿堂里那北京和明斯克的愿望，

我们都同样珍视。

我们用自己的复调声弦

紧紧将地球围绕

再次在长城上抒写下

那蓝眼睛的"爱"。

让爱融化那

遥远天下的冰雪忧愁吧。

让中国在明斯克微笑吧，

让白俄罗斯在北京高歌吧！

幸运的是，在沧桑变化中我们没有失去于振起先生这个白俄罗斯的朋友。他现在是中国国际问题研究基金会副理事长，现在仍思念着白俄罗斯。这本书本身就是例证。

接任于振起先生的是务实、实际的吴虹滨先生。从他那

吴虹滨大使

里，我们知道了许多关于改革开放政策、中国大规模的经济建设及鼓励投资项目的新情况。

通过日常交往，这位朴实、谦虚的大使，在促进政治和务实交往领域颇有建树。并且，他在任期间，我们和大使馆一起首次实施了许多新的有益的文化项目。

首次在明斯克举办了"明斯克—长春友好城市晚会和中国电影十日展"，在后者的活动框架内展播了《中国乐器》、《古老的中国建筑》、《佛教在中国》、《中国烹饪文化》等影片。

还有一些首次举办的活动，如在"友谊之家"举办了汉语公开课（课上有汉字的幻灯片展示），介绍中国茶道的晚会《中国茶之百科》，介绍中国功夫、武术和太极拳的晚会。

系列晚会《京剧后台》和由天津音乐学院演员王建兴（音）、李峰云（音）、王真（音）参演的音乐会是我们在中国认知道路上的光辉篇章。天才的中国演员向我们展示了中国古老乐器——琴和箫的魅力。

在白俄罗斯维捷布斯克市举行的白俄罗斯—中国青年艺术节音乐会。

我们还同大使一起朗读、倾听中国古代诗人杜甫和李白的诗（用俄语和汉语两种语言朗诵）。

吴虹滨大使以其和善的待人态度、丰富的学识涵养和真诚质朴的情怀赢得了我们的心。同他交流的时候，我常想，或许，我们白俄罗斯人和中国人不是乍看起来那么不同？因为，无论何时何地，我们都有一样的精神和道德价值观，那就是对祖国、故土和传统的爱以及对他人（不分种族、肤色和眼睛的大小）的真诚尊重。

2008 年，我们满怀企盼地迎来了鲁桂成大使。

中国驻白俄罗斯大使鲁桂成

我觉得，他性格宜动宜静，既是个受人关注的政治人物，也是个快活人，还是个身边人都了解的可靠朋友。他集敏锐、深思和文雅于一身。

在大学、博物馆、共和国的各个城市、区中心，"友谊之家"和新闻中心都能看见大使的身影。

对于白俄罗斯来说，鲁桂成先生不仅是一个职业外交官，还是一个真正的朋友。所以，他（于振起和吴虹滨大使也被授予过荣誉勋章）被授予"弗朗西斯科·斯科里纳"白俄罗斯共和国国家奖章并非偶然。

"白俄罗斯—中国"友好协会正大幅拓展活动范围和活动主题。为庆祝中国青年节，友好协会举办了音乐文学晚会《中国变革时期的年轻声音》，晚会上来自共和国、国家、议会机构及各高校的音乐和戏剧团体代表纷纷登台献艺。还举办了中国艺术电影系列晚会，还有中国现代音乐文化主题晚会。

圆桌会议《白俄罗斯—中国经济合作发展前景》使我们对双边协作的前景和机遇有了清晰概念。

在白俄罗斯各大学学习的中国大学生是各种晚会上的常客。我们很高兴地看到，中国彻底地来到了白俄罗斯。

对中国文学的认知在深入，它在白俄罗斯的普及也在深入。"友谊之家"正在举办以《百花齐放》为口号的音乐文学系列晚会，并且这些晚会越来越受欢迎。

诗集《龙之翼下》的出版是一件真正意义上的大事。白俄罗斯著名诗人、翻译家、白俄罗斯共和国国家奖金获得者米可拉·梅特利茨基用白俄罗斯语呈现了100

白俄罗斯国立大学的中国留学生同白俄罗斯舍友在一起。

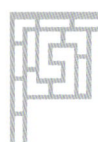

位中国诗人的作品。这本诗集的出版说明了已存在 2400 年的中国现实主义书体诗歌不仅是中华民族的精神遗产，也是整个世界文明的精神遗产。

诗集里可以找到中国各朝各代著名诗人的作品。其中包括，中国骚体诗的开创者屈原以及中国文学史上一系列响亮的名字，如左思、陶渊明、鲍照、王维、李白、杜甫、苏轼、范成大、艾青等。

这本诗集的问世得益于译者的精心构思和对诗作的认真遴选，它展示了中国诗在其整个历史发展阶段的全部力量和意义，凸显了从公元前 4 世纪到 21 世纪的今天中国诗作精神发展的显性优势。

比如，下面这首白俄罗斯语的王维的《终南山》：

太乙近天都，连山到海隅。

白云回望合，青霭入看无。

分野中峰变，阴晴众壑殊。

欲投人处宿，隔水问樵夫。

可惜的是，中华人民共和国驻白俄罗斯大使的任期只有 3 年。所以当鲁桂成先生离开白俄罗斯的时候，跟他的前任离开时一样，都让我们感觉他们被提前召回了，时光飞逝啊！

可以理解我们是怀着怎样激动的心情等待下一任中国驻白俄罗斯大使的到来。要是突然在业已成型的友谊链条上出现一个"薄弱环节"呢？我们民间外交，就是"白俄罗斯—中国"友好协会应该怎样同他建立关系呢？

然而，同他的初次见面就打消了我们的疑虑。那是在白中建交 20 周年庆祝晚会上。宫建伟先生原来是个非常可爱的人。他的俄语水平近乎完美，这赋予了他为交流营造真诚、信任气氛的能力。而大使那份真诚的友好态度、幽默感和亲和力已为我们富有成效的合作打下了良好基础。

我有幸见识了长城、紫禁城、天安门、故宫、

中国驻白俄罗斯大使宫建伟

天坛及中国其他许多历史、建筑遗迹。并且我像其他很多去过中国的人一样，总会心醉地回忆起所有关于中国的事情。我还想说的是，要是我没有机会了解中华民族的优秀代表——中华人民共和国大使们的话，我永远也不会获得关于这个民族以及他们现在这种人文和公民基础的渊源所在。

白俄罗斯中国科技日展览

当然，每一个外交官都非常专业地履行自己的职责：加强政治互信，深化互利合作，宣传当代中国的成就。但是，这些人如果仅靠政治魅力是不会赢得太多好感的。他们中的每一个人都是自己民族的一部分。他们学识渊博，热爱劳动，内心强大，意志力顽强，精神潜力巨大并且对自己的故土和人民有着无穷尽的爱。他们都继续着自己先辈的传统——为国家传播友谊。

他们中的每一个人都真实地感觉到，自己是一个伟大民族的代表、是一种灿烂文化的代表、是具有光辉过去和即将拥有灿烂未来的国家的代表。

如果我对这个伟大国度大使们的印象与很多为巩固白中友谊桥梁付出过努力的白俄罗斯人不相符的话，那么我是不敢把它们写出来的。

也正是上述原因让我绝对相信，中国永远都不会丧失自己的历史和哲学传统，中国的灵魂将世代永生。

马切利·瓦列里·米哈依洛维奇

白俄罗斯共和国外交部亚非处顾问，2007 年 3 月至 2011 年 9 月，任白俄罗斯共和国驻华大使馆参赞，历史学博士。

中国—白俄罗斯：在历史的洪流中

（两国人民友谊发展史）

时光飞逝，岁月如梭。1992 年 1 月 20 日，新成立的白俄罗斯共和国和世界上最大的国家——中国建交。仿佛这是昨天发生的事。而如今已是 2012 年，我们共同庆祝两国建交 20 周年。

按历史的标准，20 年是很短的时间。但在这期间我们两国成功地建立了战略伙伴关系，成为国家之间相处的典范。

高水平的政治交往、高层定期会晤、两国领导人之间的互信，为两国经贸关系快速发展创造了良好的条件。

建交 20 年来，两国商品服务贸易总量（包括港澳台）增长了近 100 倍：建交的第一年只有 3000 万美元，到 2011 年达到了 30 亿美元。

明斯克第二热电厂。这是六个有中国参与的白俄罗斯能源项目中的第一个。

明斯克中心北京大酒店的奠基

2012年1月18日，有中国参与投资的蒸汽设备开始建造。

近年来，开始实施白俄罗斯总统提出的面向中国的大规模招商引资倡议，中国在白俄罗斯建立中白工业园，就是这个倡议落实很好的例证。

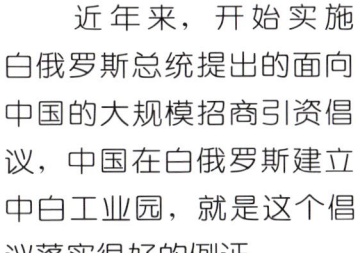

中国公司参与了明斯克第五热电厂的第二动力机组制造。

白俄罗斯第一个风力发电组。这是由中国公司HEAG建造完成的。

现在我们合作的领域越来越多，从能源开发、汽车制造、农业，到信息技术、电子和卫星制造。两国文化、科学和教育的交流逐年扩大。

用这样一篇文章讲清楚中国的事，对笔者而言既简单，又复杂。简单是因为我非常了解中国，了解她的历史、语言和文化，我很幸运，曾在不同的时期三次到过中国。复杂是因为，中国是一个不同的、完全有别于欧洲的世界，她最近的变化速度之快，变化之巨都令人追之莫及。每一次返回中国，你都会发现中国的面貌焕然一新，旧貌换新颜。

明斯克议会主席尼古拉·拉度奇科和北京市市长郭金龙共同出席明斯克住宅区建造奠基仪式。

历史深处的中白关系

如果说中国和白俄罗斯交往只发生在近20年，这样的说法是不准确的。这个观点仅适用新时期两国交往。

历史证明，中国和白俄罗斯两国人民的友谊源远流长。中国第一次关于白俄罗斯的介绍是在 16—17 世纪，白俄罗斯作为俄罗斯的分支，领土包括乌拉尔山、西伯利亚，并与中国毗邻。

19 世纪初，著名的白俄罗斯东方学家奥斯普·科瓦列夫斯基和伊奥斯夫·高什科维奇为白俄罗斯的中国研究作出了巨大的贡献。

第一个到达中国的白俄罗斯东方学者是奥·科瓦列夫斯基（1800—1878 年），他是著名的蒙古学和西藏学学者。1800 年 12 月 28 日，奥·科瓦列夫斯基出生于格拉德涅省别列斯托维茨村庄的一个神甫家庭。1808 年他进入格拉德涅中学，毕业后考入维列斯基大学。1824 年奥·科瓦列夫斯基来到俄罗斯，进入喀山

奥斯普·科瓦列夫斯基

大学学习东方语言。正是在那里，他完全展现了学者和大学教育组织者的非凡才能。1833—1860 年，他组建了第一个欧洲的蒙古语教研室，并当选系主任和喀山大学的校长。白俄罗斯人奥·科瓦列夫斯基成为第一个访问中国的俄罗斯大学的学者。

1830 年奥·科瓦列夫斯基进入俄罗斯东正教驻北京传教士团。1830 年 8 月到 1831 年 9 月，一年的时间里，他游历了中国和蒙古。在北京期间，他学习了汉语、蒙语、满语和藏语，了解了中国人的风俗和文化。回国之后，白俄罗斯的东方学者把 189 部，共 1433 卷著作以及字典，用中文和其他东方语言写成的关于中国历史、地理、哲学、法律和宗教的书籍带回了喀山。除此之外，奥·科瓦列夫斯基从北京带回了大量的绘画作品、服饰、宗教物品和生活用品，他收集了大量的中国纺织品、纸和铜币。奥·科瓦列夫斯基中国之行的成果就是出版了他的著作《佛教宇宙论》。

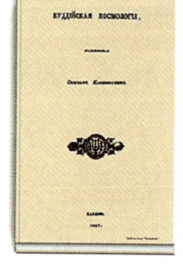

伊奥斯夫·高什科维奇（1814—1875 年），原籍白俄罗斯，卓越的俄罗斯外交官和语言学家，中国和日本研究员，通晓 13 门外语，他为汉学研究作出了重大贡献。1814 年 10 月 5 日，

伊奥斯夫·高什科维奇出生在明斯克省一个不富裕的神甫家庭。他出色地完成了明斯克神学院的课程，进入彼得堡神学院就读。在神学院学习期间，他表现出学习外语的天赋。这种天赋在很大程度上决定了他的命运。根据神圣主教会议的决定，1839 年 8 月 29 日，他加入俄罗斯东正教驻北京传教士团，在那里工作了十年。

伊奥斯夫·高什科维奇

伊·高什科维奇成为第一位在中国收集了大量植物标本、昆虫、蝴蝶的俄国自然科学家。他将收集好的标本发回俄罗斯首都。1850 年返回圣彼得堡后，伊·高什科维奇在俄罗斯东正教驻北京传教士团成员的著作集中发表了一系列文章，内容涉及丝绸、大米、土豆种植、油墨、白色颜料和胭脂的生产。

伊·高什科维奇的天文和气象研究结果定期发向彼得堡主要的物理天文台。卓越的汉学家齐赫文斯基院士对伊·高什科维奇和奥·科瓦列夫斯基的贡献给予了高度的肯定。"俄罗斯科学与世界科学，包括伊·高什科维奇和奥·科瓦列夫斯基，不仅介绍了汉族、满族、蒙古族、维吾尔族、藏族和居住在大清帝国（之后的共和制的中国）的其他民族的语言和文化价值，还把一些关于中国历史、哲学、宗教、文学的著作翻译成多门欧洲语言。"

伟大的革命家孙中山先生和尼·鲁斯尔博士之间的友谊故事

优秀的白俄罗斯革命者，百科全书编写者尼古拉·苏济洛夫斯基（1850—1930 年）被载入白俄罗斯和中国人民友谊的史册，成为其中辉煌的一页。在中国，他以尼古拉·鲁斯尔博士的名字为人们所知，译意为"俄罗斯"。

尼·苏济洛夫斯基的才能是多方面的。他掌握了 8 种欧洲国家的语言以及汉语和日语。他是一名医术高明的医生，同时又是著名的地理旅行家、哲学家、社会学家、民族学家、

化学和生物学家。在 55 年中，这位白俄罗斯革命者受沙皇当局的迫害而流离失所，先后辗转于罗马尼亚、瑞士、英国、美国、夏威夷、日本和菲律宾等国和地区。中国在他的生命中占有独特的地位。

1850 年 12 月 3 日，尼·苏济洛夫斯基出生在白俄罗斯莫吉廖夫市的一个穷困的多子女贵族家庭。1868 年，尼古拉以优异的成绩毕业于莫吉廖夫中学，随后考入圣彼得堡大学法律系。由于参与革命运动而受到沙皇当局的迫害，他被迫前往基辅大学，然后到达亚洲。

在 1905 年，苏济洛夫斯基初次与中国革命运动的领袖结识，他就是后来的中华民国第一任总统，国父孙中山先生。

孙中山很了解苏济洛夫斯基，希望和他取得直接联系，于是两位著名的革命家之间有了书信来往。其中一个原因就是 1906 年苏济洛夫斯基在日本发表了一篇名为《中国之谜》的文章。这篇文章引起了正好在日本的孙中山极大的兴趣，1906 年 11 月 8 日，孙中山先生给身在东京的白俄罗斯革命者写了封信。在回信中，苏济洛夫斯基将中国的复兴同推动欧美国家的社会革命联系了起来。1906 年 11 月 26 日，孙中山给鲁斯尔博士回了信。下面是这封信的主要内容："致尼·鲁斯尔博士。亲爱的先生！我是孙中山，前几天收到了您的信，但是最近非常忙碌，未能及早回复。美国资本家并不愚蠢，并不会放弃自己的商业利益来帮助中国成为独立的工业强国。显而易见，他们（欧洲和美国）的利益首先是，让中国永远都成为一个工业落后的受害者。我很高兴可以收到您的来信。衷心祝福您，仰慕您的孙逸仙。"

两个杰出的革命家已经难以满足于通信交流。孙中山提议两人进行单独的会晤，他于 1906 年 11 月前往这位白俄罗斯革命者所在的长崎市。尼·苏济洛夫斯基和孙中山主要讨论了第一次俄国革命（1905—1907 年）和中国人民的革命斗争的问题。

尼·苏济洛夫斯基

两人一致认为，在俄罗斯和中国推动的革命有崇高目标和良好的发展前景。

孙中山

苏济洛夫斯基对清朝被推翻，建立中华民国的消息表示热烈欢迎。白俄罗斯革命者很高兴，因为中华民国的第一任总统是他的老朋友孙中山先生。1912年3月1日在给孙中山的一封信中，他写道："我们所有人都深刻而真诚地关心着共和国的成功，但我不得不提醒您几句话。亚洲所有国家的未来取决于您的成功，如何避免反动势力卷土重来也是所有人忧心的问题。"

苏济洛夫斯基希望尽可能和祖国靠近，这也成为他1921年1月搬往中国大城市天津的主要原因。了解到苏俄陷入粮食困境的情况后，他在天津组织了第一个亚洲俄罗斯救济饥荒委员会。1921—1922年，在他的直接参与下，在北京、哈尔滨、沈阳、汉口成立了俄罗斯救济饥荒委员会。20世纪20年代末，他再次产生了早日回到苏联的想法。但1930年4月他不幸染上肺炎，在80岁时离世。数百名天津居民，尼·鲁斯尔医生救治过的病人前来向这位白俄罗斯著名的革命者作最后的告别。按中国的传统，尼·苏济洛夫斯基的遗体被火化。

中国工人在苏维埃白俄罗斯

20世纪20年代，在白俄罗斯苏维埃社会主义共和国领土上，书写着白俄罗斯人民和亚洲人民友谊篇章的新的一页。

本文作者在经过整理保存在白俄罗斯的维捷布斯克市的档案资料中惊奇地发现，1920年，在十月革命的影响下，在苏联白俄罗斯，尤其是在维捷布斯克市和维捷布斯克省出现了第一批中国公民。档案证明，在1920年10月，14名中国公民已向维捷布斯克市公共事业部提出申请，争取在白俄的工作权。几乎所有被雇用的中国工人都是哈尔滨人，年龄在25—35岁的男性，他们中许多人以前曾在苏维埃俄国参加过铁路建设。1925年，在维捷布斯克共居住着71位中国公民。

中国公民的主要活动是经营小商店。他们在白俄罗斯的生活反映了当时的革命精神。1925年夏天，中国工人张万福，俄罗斯布尔什维克党员，在维捷布斯克市公共事业部中国工人队中工作，他提议在中国公民中开设扫盲学校。对于自己的这个要求，张万福解释道，中国革命运动蓬勃发展，有必要培养中国工人做好参加革命的准备。在校学生共有39人。维捷布斯克区执委会满足了中国工人的要求。

保护中国的天空

20世纪30年代初，国际形势急剧恶化。日本军国主义在得到德国和意大利法西斯政府的支持后，开始谋求在亚洲建立霸主地位。1937年7月，日本军国主义侵华战争进入新阶段。日本背信弃义，不宣而战，发动大规模军事行动，目标旨在占领全中国。

然而，日本的阴谋未能得逞。为了保卫自己的家园，中国人民站起来了。同时苏联也给予了中国人民大量帮助。

从5月底到6月初，中国开始接收第一批苏联军事顾问和专家，到了1939年10月，专家人数已经上升到80人。1937年9月，苏联政府决定给中国装配第一批飞机。10月，苏联的武器开始抵达中国。

1932年，日本侵略者烧毁村庄。

白俄罗斯飞行员作为苏联志愿飞行员来到中国，在中国抗日战争史上写下了辉煌的一页。1937年11月，第一批苏联志愿飞行员降落在中国南京的机场，那里距前线仅70公里。苏联飞行员在飞机落地后的第一时间就投入了战斗。他们中有白俄罗斯人费多尔·多贝沙（1906—1980年），他来自莫吉廖夫州科洪诺沃村，参加过红场阅兵，空军上将。从1937年11月至1938年6月，他作为轰炸机飞行员参加了空中战斗。就在抵达中国几天后，费·多贝沙的分

1937年，苏联在中国的歼击机。

队参加了上海的空中轰炸任务。他们给停泊在上海港的日本船沉重的打击。费·多贝沙的主要任务是培训中国飞行员。到 1937 年 12 月底，共有 45 名中国的飞行员掌握了如何驾驶苏联轰炸机。

空军上将费多尔 多贝沙

1938 年 1 月下旬，又有一位著名的白俄罗斯飞行员，亚历山大·布拉戈韦先斯基（1909—1994 年）来到中国参加抗日战争，他出生在白俄罗斯的布列斯特城，后来他参加了伟大的卫国战争，成为空军中将，并被授予苏联英雄。在中国，他共飞行 73 架次，个人击落 7 架日本飞机，他所属的战斗机群共击落 20 多架日本飞机，1938 年，他被授予"苏联英雄"称号。亚·布拉戈韦先斯基完全掌握了飞机的知识。在一次战争中，他展现了高超的飞行技能，和日本最有名的王牌飞行员、日本的空军上校展开一场殊死搏斗。日本"天空之王"飞机上绘有图案，亚·布拉戈韦先斯基立即就判断出眼前的敌人，毫不犹豫地攻击敌机。敌人也并非胆小鬼，转过弯来，也开始进攻。这场战斗持续了很久，亚·布拉戈韦先斯基驾驶的飞机仪表盘被损坏，他自己也受

苏联英雄，亚历山大·布拉戈韦先斯基。

了伤。起飞前夜装好的防弹椅背救了他。日本的飞机被击落，日本王牌飞行员也被击毙。

还有一位白俄罗斯的飞行员在中国的天空留下了自己的名字——叶甫盖尼·尼古拉延科（1905—1961 年），苏联英雄，空军中将，出生于莫吉廖夫州鸟多克村。在 1938 年的春天，叶甫盖尼·尼古拉延科随苏联志愿飞行员航空中队来到了中国。1938 年 11 月，由于他出色的指挥能力和英勇的战斗精神，他被授予了"战斗红旗"勋章。1939 年 2 月 23 日，《真理报》刊载了苏联最高主席团令，对个人击落 6 架敌机，战斗机

苏联英雄，叶甫盖尼·尼古拉延科。

两次苏联英雄获得者，谢尔盖·格里采夫察。

群共击落 10 架飞机的叶甫盖尼·尼古拉延科授予"苏联英雄"称号。

谈到参加中国人民抗日战争的白俄罗斯飞行员，不得不提谢尔盖·格里采夫察（1909—1939 年），来自布列斯特州博罗夫察村，他是苏联著名的飞行员，第一位被苏联政府授予两次"苏联英雄"称号的人。其作为歼击机长已被广为传颂，1938 年春天他到达中国时，在汉口市的一场空战中，谢尔盖·格里采夫察表现神勇。那是一场特殊的战斗。1938 年 4 月 29 日，日本空军指挥员决定用大规模空袭汉口作为"礼物"为日本天皇庆生。日军知道那里的苏中航空军数量并不多，以为稳操胜券。然而，日本军国主义的阴谋未能得逞。为了增援我们的飞行员，从南昌飞来了歼击机。苏联的飞行员在离汉口很远的地方就遇到了日本的飞机。这场苦战持续很久，而结果使日本天皇非常懊恼：54 架日本飞机损失了 21 架，而苏联只损失了两架。歼击机飞行员谢尔盖·格里采夫察为这场胜利作出了特殊贡献。

苏联志愿飞行员为中国人民的自由和独立而奋战，并且战果颇丰。我们的飞行员给日本侵略者带来了巨大的损失。截止到 1940 年，日本空军在中国空中和地面共损失 986 架飞机。白俄罗斯飞行员为中国人民抗击日本侵略者作出了自己的贡献。并非所有的志愿飞行员都能回家，看看家人和朋友。200 多名苏联飞行员为了中国人民的自由和独立献出了自己宝贵的生命。

"红樱桃"朱敏——朱德元帅的女儿

伟大的卫国战争在白俄罗斯和中国人民关系史上留下了光辉的印记。下面的例子就是两国人民真诚友谊的写照之一，无人会不为之动容。

故事发生在伟大的卫国战争爆发 5 天前，白俄罗斯格罗德诺州诺沃耶利尼亚佳特洛夫斯基的一个小村庄里。20 世纪

40 年代初，夏令营就设在风景如画的这里。1941 年 6 月 17 日，莫斯科伊万诺沃国际儿童院的孩子们乘坐火车来到这里度假。他们都是欧洲和亚洲杰出的革命家、共产党领导人和反法西斯地下工作者的儿女。在这群孩子中，有中国著名军事领导人、中国人民解放军的创始人之一、中国共产党重要领导人朱德元帅的女儿，朱敏。在日本侵略的艰苦条件下，中国共产党领导人面临着一个挑战——将朱德元帅的女儿转移到安全的地方。这样，她来到了苏联。

战时朱敏和女友们在一起

1941 年 6 月 22 日，在战争的初期，朱敏和国际儿童院的其他孩子在河上相识。一个星期后，德国法西斯分子出现在诺沃耶利恩。几天后，纳粹军官占领了度假胜地，把孩子们赶到了外面。1941 年秋，侵略者建立了避难所，在那里收容留下的孩子。但是，他们并没有为庇护所的儿童和教师提供食品、床上用品、燃料。然而，孩子们在老师的带领下来到田野和森林，采摘剩下的玉米、马铃薯、蔬菜、浆果、草药和蘑菇。但是，这些物资太微不足道了，避难所里的孩子们只能靠当地居民的救济才得以生存。法西斯恶魔使避难所的孩子感染了伤寒、沙眼、猩红热等疾病。不是所有的孩子都等到了从法西斯魔掌中逃脱的那一天，避难所 300 名儿童中只有 180 多名儿童幸存。

国际儿童院的孩子，他们的父亲正在同德国法西斯和日本军国主义英勇奋战，孩子们也不会对白俄罗斯人民反抗侵略者的斗争袖手旁观。朱敏和她的同伴搜集到了法西斯部队转移以及德国军用列车通过的消息，然后报告给了当地游击队和地下工作者。同时，游击队员和地下工作者采取一切措施，尽一切努力，使孩子们免受伤害。1943 年的夏天，朱敏和她的七个女伴经历了命运最严峻的考验。法西斯抓走了佳特洛夫斯基的 8 名 12—13 岁的学生，他们被带到了德国柯尼斯堡附近的"梅德格赫坚集中营"，强迫他们干活。1945 年 5 月苏联军队解放了这个集中营。不久后，朱敏回到了莫斯科。

朱敏

在苏联军队医院治疗后，朱敏完成了中学和大学学业。过了一段时间后，她回到了中国。朱德元帅的女儿在北京师范大学任教 30 年。1986 年，朱敏离休后，完成了父亲的遗愿，成立了中国军地两用人才大学（后称北京军地专修学院），并亲自出任院长。晚年时，朱敏遭遇病痛折磨，这是多年严酷的战争和长期监禁在纳粹集中营里落下的。但是，虽然距白俄罗斯千里之遥，朱敏常常想念朴实的白俄罗斯农民、游击队员和地下工作者。想念那些为了救夏令营里的孩子而奋不顾身的人们。在她晚年写的《我的父亲——朱德》一书中（这本书 2001 年在北京用汉语出版，后来用俄语出版），朱敏详细介绍了战争年代给国际儿童院的孩子们带来的恐怖，以及白俄罗斯的游击队员和地下工作者把最后一片面包都会和孩子们分享的感人事迹。后来，以朱敏的英勇事迹为原型，中国电影制片厂在白俄罗斯拍摄了电影《红樱桃》。

2007 年 6 月，朱敏教授被白俄罗斯总统亚历山大·卢卡申科授予"白俄罗斯共和国反法西斯德国战争胜利六十周年勋章"。遗憾的是，朱敏的身体状况和年龄没能允许她亲自到北京的白俄罗斯驻中国大使馆领取勋章。2007 年 7 月 3 日，白俄罗斯驻中国大使阿·阿·托济克将勋章颁发给朱敏的丈夫，她的丈夫转达了她对白俄罗斯游击队员、地下工作者、农民的感谢。

中国解放

中国人民钦佩白俄罗斯人民在伟大的卫国战争中表现出的勇气。多民族的苏联军队参与了粉碎日本军国主义、解放全中国的战争，成为载入白俄罗斯和中国人民友谊史的光辉一页。关于白俄罗斯战士在解放中国东北的战役中所展现的勇气和胆量，有以下的事实：87 个因为参加解放远东和中国东北的战争而被授予苏联英雄称号的人中，有 5 人来自白俄

罗斯共和国，他们是马卡尔·巴尔塔绍夫、加夫里伊尔·兹丹诺维奇、弗·科特、恩·洛斯昆诺夫、特·波奇塔列夫。

苏联英雄，马卡尔·巴尔塔绍夫上校（1909—1948年），他曾是海军航空兵轰炸机队的飞行员，同日本军国主义者进行过英勇的战斗。马卡尔·巴尔塔绍夫出生在日洛宾市。海军航空兵轰炸师的司令马·巴尔塔绍夫上校在1945年8月9-17日与日本的战斗中表现尤其出色。轰炸师在他的领导下，对日本占领的港口和铁路进行了猛烈的轰炸。在指定的时间内，共消灭24艘日本军舰和运输船、11辆列车、5架日本飞机、4座桥梁，7个炮兵连、8个仓库、2个蒸汽火车头、70余节车厢。

苏联英雄，马卡尔·巴尔塔绍夫。

1945年8月，白俄罗斯少将加夫里伊尔·兹丹诺维奇，由于自己的英雄主义和勇气，被授予"苏联英雄"的称号。加夫里伊尔·兹丹诺维奇（1900—1984年）出生在布列斯特州克里沃申村庄。1945年8月，经过1500公里的行军，穿过了干旱的草原，越过了大兴安岭，渡过了辽河，来到了中国阜新市。在执行军事任务的过程中，出生于维捷布斯克州斯坦尼斯拉瓦沃村的白俄罗斯中校，尼古拉斯洛斯昆诺夫（1911—1945年）完成了前所未有的壮举。1945年8月11日，司令部副司令、陆军中校恩·洛斯昆诺夫出发执行军队军事委员会的飞行任务，战争在中国的富锦市外进行。然而，他的飞机在降落时被日本军队击中。身负重伤的中校按照指示将战斗指令下达，保证了富锦市不被日军占领。恩·洛斯昆诺夫中校医治无效牺牲，被埋葬在富锦市。他被追授"苏联英雄"称号。

苏联英雄，加夫里伊尔·兹丹诺维奇。

对日本的飞行员而言，真正可怕的是著名的苏联飞行员，白俄罗斯人弗拉基米尔·纳尔日姆斯基（1915—1988年），他来自明斯克州季姆科维奇村。战争之路将他带到远东。作为歼击机航空团的副司令员，弗拉基米尔·纳尔日姆斯基大尉经历了35场空战，共击落18架敌机，其中个人击落13架敌机。1945年，他被授予"苏联英雄"称号。

苏联英雄，弗拉基米尔·纳尔日姆斯基。

格奥尔吉·舍拉霍夫

在苏日战争的最后阶段，远东第一方面军司令部的副司令，白俄罗斯人格·舍拉霍夫少将积极投身战场。格奥尔吉·舍拉霍夫于 1899 年 11 月 6 日出生在维捷布斯克省普希村。1945 年 8 月 18 日，格·舍拉霍夫少将指挥发起了空中突击，迅速占领重要的战略中心哈尔滨市。苏联空降兵出其不意的进攻使 4.5 万日军毫无抵抗之力。就在同一天，空降兵将军格奥尔吉·舍拉霍夫在哈尔滨机场意外地遇见了日本关东军参谋长赫·哈塔中将。在会谈中，格·舍拉霍夫提议赫·哈塔中将乘坐苏军飞机前往远东第一方面军司令部，来商讨关东军投降的问题。赫·哈塔接受了这一提议，并被格·舍拉霍夫将军送到了那里。根据马歇尔将军和赫·哈塔会谈的结果，8 月 19 日关东军司令部发出命令，停止军事行动。在这之后，日本军队在中国东北地区开始了大规模投降，并交出武器。

苏联的援助加强了中国的革命武装力量，把中国人民从日本军国主义的枷锁中解放出来，中国人民民主革命胜利的决定性作用。中国共产党领导人毛泽东这样写道："苏联红军来帮助中国人民驱逐侵略者，在中国历史上还没有这样的例子，这样的事件影响将不可估量。"

哈尔滨市的苏联战士纪念碑

同时，中国也希望给予苏联帮助。在西面的战线帮助苏联抵抗德国法西斯，在东方的战线抵抗日本军国主义。

根据俄罗斯国防部的档案，在 1945 年 8 月至 9 月与日本的战争中，在中国东北，苏联红军共有 12031 名士兵和军官牺牲。苏联红军中有许许多多白俄罗斯的士兵和军官与日本军国主义浴血奋战。在中国的 45 个城市建了 50 座纪念碑，以此缅怀在抗日战争中阵亡的苏联士兵。在中国，苏联士兵的坟墓也被精心保护着。

争取恢复中国在联合国合法席位

1949 年 10 月 1 日，随着中国人民革命的胜利，中华人民共和国正式成立。这也是社会主义中国获得外交承认的开始。1949 年 10 月 3 日，苏联成为第一个与中国建立外交关系的国家。

20 世纪 40 年代末至 50 年代初，苏联外交的重点是为中国争取恢复在联合国的合法席位。应当指出，中国和白俄罗斯苏维埃社会主义共和国一样，是联合国的创始国。但后来，在美国和其他西方国家的支持下，退居在台湾的蒋介石国民党政权占据着中国在联合国的代表权。关于这点，1949 年 11 月 15 日，中国政府声明拒绝承认蒋介石国民党代表团在联合国的中国代表权。白俄罗斯苏维埃社会主义共和国、苏联、乌克兰苏维埃社会主义共和国、波兰和捷克斯洛伐克支持这一声明。

白俄罗斯苏维埃社会主义共和国在联合国的代表团由外长库兹马·基谢廖夫领导，他曾在 20 多年里担任白俄罗斯苏维埃社会主义共和国外交部长。在中华人民共和国成立三周后，1949 年 10 月 22 日，在联合国大会第四次会议全体会议上，库兹马·基谢廖夫宣布，白俄罗斯代表团不承认国民党代表团的代表权。1950 年

白俄罗斯苏维埃社会主义共和国外长库兹马·基谢廖夫

1 月 10 日，苏联提交安理会的一项决议草案，建议否决台湾的代表权，并将其逐出安理会。但美国为首的西方国家，否决了苏联的提案。 库兹马·基谢廖夫多次在联合国大会发言，维护中华人民共和国的权益。 库兹马·基谢廖夫后来回忆说："1950 年 10 月 3 日，蒋介石集团的代表蒋经国恶意诽谤苏联。他从讲台上下来的时候，在人潮涌动的大厅里一片寂静。大家都在等待有人站出来对蒋介石集团进行回击。大会主席问还有谁想要发言，大家都沉默了，我忍不住了，请求发言并驳斥了诽谤者。"库兹马·基谢廖夫的这个讲话并不是苏联代表团在大会上计划好的，联合国苏联代表团的领导阿·维申斯基认为他的行为是"冲动并极端的"。库兹马·基谢廖夫面临危险。然而，两天后从莫斯科发来一份斯大林签署的电报："我们需要的不仅是外交官，还有'极端分子'。"

随后几年，白俄罗斯苏维埃社会主义共和国在联合国的代表团，在库兹马·基谢廖夫的领导下，坚定地捍卫了中国人民在联合国的合法权利，同国民党在联合国的代表进行了激烈的斗争。一段时间后，联合国中的情况发生变化。中华人民共和国的国际威望得到巩固，"第三个世界和中国在第三世界国家中的威信都得到加强"。60 年代末，随着中国与西方国家关系的改善，大多数国家都主张恢复中华人民共和国在联合国的合法权利。1971 年 10 月 25 日，第 26 届联合国大会，共有 80 个国家与会，会议上通过了恢复中华人民共和国在联合国的合法席位的提案，同时驱逐了国民党当局在联合国和所有机构的代表。1971 年 11 月 11 日，由当时的外交部副部长乔冠华率领的中国代表团抵达纽约，开始在联合国的工作。

就这样结束了恢复中国在联合国合法席位的苦战，苏联白俄罗斯的外交官为此付出的努力也被载入了这段光辉的史册。

1950 年的中国邮票

50—60 年代——巩固与发展友谊

20 世纪 50 年代到 60 年代初，中国开始恢复在八年抗日战争中被破坏的国民经济。来自苏联和其他社会主义国家兄弟般的帮助起到了很重要的作用，白俄罗斯共和国也在其中作出了贡献。

在 1950 年 2 月签署的《中苏友好同盟互助条约》和随后几年签署的条约的基础上，苏联帮助中国完成了 291 家大型工业设施建设和改造的项目。1949—1960 年，约 11000 名苏联专家参加了中国经济和文化的建设，约 8000 名中国专家前往苏联企业实习。

白俄罗斯苏维埃社会主义共和国的企业给中国提供不同的产品。每年，明斯克汽车厂将大量的"MAZ-200"和"MAZ-205"汽车运到中国，明斯克拖拉机厂为中国农业发展提供了大量的拖拉机。明斯克伏罗希洛夫工厂、戈梅利机床厂（机床）、莫济里复垦机厂（挖土机）、博布鲁伊斯克机器制造厂（煤和石油泵）积极向中国出售自己的产品。白俄罗斯公司向中国出口的工业产品逐年增长：1959—1960 年，白俄罗斯对中国的工业出口总额增长了 2.5 倍。

高素质的白俄罗斯苏维埃社会主义共和国工业和农业管理人员和技术人员，著名的白俄罗斯的科学家、工程师、医生经常来到中国，向中国朋友传授他们在组织生产、新技术应用和建筑行业的经验。

刘少奇故居及纪念馆——花明楼

中苏友谊海报

中苏友谊纪念章

同时，中国的工人、大学生、工程师和技术人员来到明斯克机床、汽车、拖拉机和其他公司实习，提高专业技术水平。

20 世纪 50 年代到 60 世纪初，苏中友好协会和它在各地的分会，在巩固苏中友好关系发展，白俄罗斯人民和中国人民友谊方面，发挥了重要的作用。1958 年 9 月 29 日，在白俄罗斯苏维埃社会主义共和国成立了苏中友好协会分会。1960 年初，在白俄罗斯共和国建立了九个苏中友好协会分会。据当时的档案，仅 1955 年至 1959 年，共有近 30 个不同的中国代表团来白俄罗斯苏维埃社会主义共和国进行访问。同时，白俄罗斯苏维埃社会主义共和国著名的公众人物、科学家、工程师、艺术家也对中国进行了访问。白俄罗斯苏维埃社会主义共和国和中国的企业和机构之间的联系不断加深。文学和艺术成为巩固和发展白俄罗斯和中国友谊的纽带。

毫无疑问，20 世纪 50—60 年代中白友好关系史上最重要的事件是 1960 年 12 月 5 日，中国国家主席、中共中央副主席刘少奇率领中共党和政府代表团访问白俄罗斯苏维埃社会主义共和国。事实证明了这次访问的重大意义，随着中国高级代表团抵达明斯克，苏联最高苏维埃主席团主席，苏共中央委员会主席团成员列昂尼德·勃列日涅夫也陪同抵达。访问时间很短（仅仅一整天），中国代表团同白俄罗斯苏维埃社会主义共和国和白俄罗斯共产党的领导人举行了会谈，客人们参观了白俄罗斯首都，了解了明斯克区加斯捷尔洛农业生产队的工作，在白俄罗斯歌剧与芭蕾舞剧院观看了大型音乐会。在午餐期间，为了对中国代表团表示敬意，白俄罗斯苏维埃社会主义共和国领导人克·马祖罗夫、苏联最高苏维埃主席团主席列·勃列日涅夫、中国国家主席分别发表了讲话。60 年代末到 80 年代初，因为中苏关系恶化，白俄罗

斯和中国的交流停滞下来。80 年代中期，中国与白俄罗斯的关系又开始正常化。

我与中国的初识——中国人民大学

笔者很大程度上要感谢政治改革，1988 年的秋天，当时我作为白俄罗斯国立大学的副教授，第一次有幸来到了中国，亲自见证了中国改革开放的最初成果。改革开放政策是在十一届三中全会（1978 年 12 月）上确立的，这次会议是中国历史上的一个重要里程碑。邓小平开始领导中国，推动全面改革，目标是使国家从政治经济困境中走出来，使十几亿人民丰衣足食。经过十年的改革开放，中国的国民收入和居民平均收入翻了一番。在中国历史上第一次解决了十几亿人民的温饱问题。

笔者在中国历史最悠久、规模最大的大学之一——中国人民大学进行了为期半年的科研见习。在这期间，笔者深入观察了中国教师和大学生的生活。为了使读者更好地理解他们的生活方式、习俗和传统，我只选取我在北京度过的 180 天中的一天来描述。

早上 7 点钟，整个大学城已经醒了。从清晨开始，我便有了很多惊奇的发现——数百人挤满了大学的体育场馆。在这里你可以看到，几十名大学生在经验丰富的教练指导下练习着各种类别的中国武术。在远处，还有几组老年人悠闲地练习舞剑。在跑道上，我惊奇地碰到了熟悉的大

中国人民大学

学老教授。在我们刚到大学不久时，数百名大学生和教师对体育的热爱令我们感到很惊奇。后来我懂了，这是中国人健康生活方式中不可缺少的一部分。这里还要说一个让苏联见习者惊讶的中国传统——拒绝含酒精饮料。在中国首都北京半年的时间内，我没看到任何人是醉酒的状态。时间慢慢接近7点钟——早餐要开始了。数百名学生带着碗和竹筷（刀和叉的代替品），充满活力地来到食堂。"没有不好的食物，只有不好的厨师"，这是一句中国谚语。而我不止一次验证了这句谚语的正确性。通常，学生食堂的午餐不少于五六种蔬菜，但我总是惊讶于做米饭、虾、饺子、鱼和沙拉，都要使用著名的调味品——酱油。没有面包、黄油和用马铃薯做的菜肴使我很不习惯。实际上，不得不说在那个年代，这已经是大学生丰盛的早餐或晚餐。通常是一碗米饭和一些蔬菜，或者饺子和中国茶。

　　这里要适当提一下中国的大学生，多数大学生有一个主要特点，就是他们对知识的渴求。其实，这不足为奇。根据中国的相关统计，每100个中国年轻人中只有5人可以进入大学学习。只有最刻苦最聪明的年轻人才可以得到这样的机会。痴迷于学业的大学生随处可见。两个瘦瘦的中国姑娘，旁若无人的大声朗读着复杂的英文句子（看得出来，是家庭作业），而教学大楼的旁边，这里隔绝了一切喧嚣，一个不高的男生正在做摘抄。不远处，在人行道上有卖书的摊位。这里可以看到毛泽东和邓小平的著作，戈尔巴乔夫的《改革与新思维》，还有别的读物。

　　特别想谈谈我们的科研专家——中国人民大学的学者们。他们中的大多数是老年人，懂俄语，几乎所有人都在苏联的大学接受过高等教育，因此他们对我们很亲切。尽管目前在大学中担任行政高职，他们总是热情而真诚地回顾起学习的时光，真心地为中苏关系的改善而高兴。虽然已经过去很多年，他们仍然清楚地记得《喀秋莎》、《莫斯科郊外的晚上》和那时流行的歌曲《莫斯科—北京》。

　　每次聊到那个年代的事情，最常提到的就是对斯大林和毛泽东的评价问题。应该这样说，在中国（我们在北京的那段时间），对于斯大林的态度不同于其余大多数国家，在中国人民心中，他树立了伟大且不容置疑的权威。关于对本国的领袖毛泽东的评价，每个人都有不同的看法，中国的学者高度评价他是一个伟大的马克思主义理论家和实践家。

　　随着苏联解体和白俄罗斯共和国作为独立主权国家登上世界舞台，中白合作进入了新的阶段。

　　中国古代有句谚语，"人多力量大"。中白的友谊像条河，中国和白俄罗斯就在河的两岸，这条友谊之河给两国人民带来了幸福和平安。

一个白俄罗斯人
眼中的现代中国经济

鲁阿雷·基里尔·瓦
连京诺维奇

　　2007—2012 年任白俄
罗斯共和国驻中国大使馆
经贸和金融投资问题顾问，
经济学博士。

　　现代中国及其经济给人
的第一印象是与其表象背道而
驰。在抵达超现代化的首都机
场 3 号航站楼时，人们对中
国文化和经济的震惊便油然而
生，这座航站楼是专为 2008
年北京夏季奥运会所建。人们
不仅为航站楼的规模之宏伟、
建筑设计之果敢而惊叹，更让
人们心情难以平复的是吞吐量
之大。飞往中国，像去往其他
发展中国家一样，自然而然地
就对北京首都机场和法兰克福
及纽约机场开始进行比较。北
京的人口数量及密度和中国的
13.5 亿人口足以让只有 1000
万人的白俄罗斯人民为之震
惊。很难想象，中国有 99 个
城市人口超过了 100 万，其
中包括 2000 万人口的北京，
2300 万人口的上海和 2800 万

人口的重庆，而个别省市的人口数都超过了欧洲大国，并且向 1 亿迈进。这一切都使人们对中国及其经济加以特别关注。

驶过北京、上海、深圳和其他任何中国大中城市的主要干道，改革开放三十年的成果便尽收眼底。高级饭店、摩天大楼、高层写字楼和行政大厦沿着布满立交桥和高架桥的道路高耸林立，桥上匀速行驶着现代化汽车和双层巴士。整个中国像是个大型建筑。其他的小城市在发展时紧随大中城市的步伐，因为有先进的交通运输设施（高铁、公路、铁路和航空）将它们紧密联系在一起。

迅速而平稳增长的国内生产总值是中国经济腾飞的象征。在 2010 年是 6.3 万亿美元，在世界上紧随美国之后，十几年间其年平均增长率为 8%—10%。这样的经济成就在有过苏联体制的白俄罗斯人中产生了问题和对比：中国与前苏联有着相似的政治体制，为什么在中国出现了经济奇迹，而在前苏联却没有？为什么同是国家计划经济，资产和大型企业

上海东方明珠

北京某批发市场

国有化管理会产生如此不同的结果呢？

　　这个问题能够帮助我们更好地理解中国经济的复杂性，而问题的答案可以简单地归结如下：在中国，强有力的政权能够保障路线方针政策的稳定和持续，可实际上已经形成了具有典型特征的市场经济。

　　由于20世纪90年代中国推行经济体制改革、价格改革和对外开放（中国在2001年加入世界贸易组织），招商引资、支持中小企业、建立经济特区，中国现代经济基础转为了非国有成分。目前其创造超过了70%的国内生产总值，向国家财政预算纳税80%，解决90%的就业。在中国非公有制经济主要部分中的中小经济体，创造了60%的国内生产总值和60%的出口额。行走于中国城市的大街小巷，可以更加肯定小型商业的地位。许多小饭店、理发店、商店、修鞋店和钥匙铺，这些早前都隐匿于摩天大厦身后的商铺，如今也已经走出阴影，占据着几层楼或是整栋建筑。比如，2007—2008年在北京市中心建有专营批发贸易的高层建筑，专门出售来自俄罗斯及其他独联体国家的商品。

　　总体看来，利润能够影响国家对私企的态度。在2009—2010年世界经济危机蔓延之际，小企业得到了国家的扶持：减税，取消一系列行政费用，授予优惠贷款政策。

　　纵观中国小型企业，国家的各行各业都融入其中，竞争之严峻令人震惊。每家商店、饭店和公司都与其他竞争者比邻，且不得不为了生存而进行争夺。这意味着，比如，一家颇受欢迎的饭店突然消失了，取而代之的又是另一家。另外，由于注册及关闭的程序很简单，因此小型企业比较灵活。中国小型企业还有一个让严谨的白俄罗斯人感到震惊的特别之处，即在所有小旅馆、杂货铺、商店和企业，人们似乎都不太重视卫生条例和消防安全规章。不过慢慢就会习惯于此，并且明白现有的法规和条例是健全的，但并不妨碍小型企业初期的发展，以便在价格与质量之间维持某种平衡。

小型企业存在于中国各行各业。总的看来，在中国，服务业占国内生产总值的 40%，工业占 47%，农业占 13%。根据目前小型企业的发展看来，计划在 2020 年服务业将占国内生产总值的 50%。工业中许多部分也属于非国有制，但是规模较大。像华为、联想、美的、苏宁这些中国的民企在世界上也都享有盛誉。总体看来，中国在近几年成为世界上重要商品生产和消费的主力军。比如，为白俄罗斯人所熟知的欧洲汽车品牌，像是奔驰、宝马、奥迪产自中国，而另外一些，比如沃尔沃、萨博也属于中国生产。现在人们普遍认为，在中国什么都可以制造出来，也许哪一天，中国的孩子们会认为奥迪本来就是中国车。

中国的国有经济，以其高效率、高回报率和自负盈亏的特点引起了白俄罗斯人的特别关注和比较。值得注意的是，20 多家中国国有企业被列入世界 500 强。中国的国有企业，主要控制具有总体战略意义的领域，比如石油化工、天然气、采煤业、电力、有色金属冶金业和航天技术等方面。奇怪的是，中国只有 100 多家中央直接控股企业。确实，它们中包含有数家派生企业，同时也可以拥有归省市控股的其他国有企业。但是，不管怎样，为数不多的国有企业也足以令人惊叹。除此之外，国家还掌控着一些企业的部分股票（将近 6000 家）。然而在其中的大多数企业中，国家的作用在于盈利，而其他股东则会实行一些监督监管。

中国国有企业经营活动的高效率在于其改制的成功。早在 1984 年，国有企业在制订生产计划和分配利益方面略得自由时，传统的国企管理体制就发生了变化。在 1992 年国有企业就被赋予了充分的自由支配利润、制定价格和分配工资的

权利。由于企业给予国家的提成用税款代替，从 90 年代中期起，所有商品（除了个别产品：煤、石油、天然气等）的价格就都明确了。1995 年，国内开始了规模宏大的中小国企所有制改革。除了将近 1000 家不受私有化影响的大型国企外，其余的都视作中小企业。从 1995 年到 2000 年间其中的 435 家企业申请了破产，大部分都倒闭。近十年来，国企的社会义务被转归地方政府，国企经营活动被赋予了明确的范围，国家也开始通过整合扩大国企，在国内外建立与外商合资的企业。

国企成功的另一因素在于国企领导有充分的自主经营权和经营激励机制。无论是税务还是其他监管和护法机构实际上都不对企业经营活动强加干涉。国企经营者与国家签有合同，一般是为期三年，根据效益评定其工作成绩。这期间，经营者有充分决策权。在关于合同中涉及的资金最大使用额度的问题上，许多国企的负责人回答说："1 亿都可以。"

国企经营者制定的激励机制的发展与周围的经济环境密不可分。比如，1987 年到 1990 年中期，中国实行合同责任制。国家与企业经营者签订合同，其中明确指出了企业须达到的几项指标：全年平均利润额，精确预算项目，完成生产产值，保障收益，缴税，降低亏损，减轻负债等。由此经营者可以额外地从企业转账及缴税中获得一定份额的提成。

目前中国大型国企的经营者都有固定的收入（大概每月 5000—6000 美元）、年底分红（从利润中获得的提成，额度有可能高于年薪）、公司合同中所包含的提成（0.5% 到 5% 不等，合同签订后一次性付清）。国企经营者还享有一系列的社会福利，其中包括住房、医疗、休假和本人

北京，中国海洋石油办公大楼。

北京，中国石油办公大楼。

及家人的学习进修。同时，股份制国企的经营者还可以低价购买本企业的部分股份，然后任何时候都能以市场价将其出售。由于 2006—2008 年中国股价的急速上升，购股权发挥了至关重要的作用。比如，2008 年中国《财经》期刊发表消息称国企中国移动的股票购买价和目前流通中的市场价的差额为 90 亿美元。

中国的金融市场

由于居民金融知识的普及，中国金融市场每次都能引发阵阵惊叹。部分居民待价而沽，像观天气预报一样密切注意股价的波动，市场上的卖主也在分析中国的金融市场。中国的股票市场和房地产是居民投资的主要目标，并且它们也带给中国不少收益。许多中国居民都持有股票。中国人那种因禁止赌博而被压抑了的天性都在股市得到了宣泄。如果说在 1996 年上海交易所中十家大型企业的股份资产为 180 亿美元

北京金融街

的话，那么在 2009 年这个数字就超过了 1 万亿美元。仅仅上海和深圳交易所一天（2009 年 11 月 27 日）的股票交易额就高达 700 亿美元，这个数字是其他亚洲交易所交易额的两倍之多，其中包括日本在内。

对金融市场上的中国公司来说，这无疑是补充资产和利润的重要来源，相应的，对股东来说这也是笔收益。仅中国股份制企业在 1993—2010 年上市期间从交易所吸收资金就达 6510 亿美元，其中包括本国交易所的 3890 亿美元和国际交易所的 2620 亿美元。而在此期间外商在华的直接投资额为 8180 亿美元。

在交易所上市是每个中国企业的战略目标。首先能够垄断公司的绝对控制权，还能逐步转化为国际标准的经营模式。中国的公司更喜欢让自己的股票在香港或者国外上市，比如纽约。这样一来，香港的国际金融交易所实际上就变成了中国的交易所，因为那里流通的多半资产都属于中国公司。为了能使自己的股票在国际交易所流通，中国企业经常利用美国投资银行等机构，他们用自己的声誉为中国股票向外国投资者担保。通常股票在国际交易所发行后，中国公司就开始在国内发行股票了。国际交易所的牌价为中国投资者购买其股票起到了导向作用。

中国的房地产

在中国，房地产成为吸引投资的第二大领域。中国福布斯富豪榜500人中的94人投资领域涉及房地产市场。中国的房产需求急速增长，主要在于国家城市化进程加快。2010年中国共有655座城市，城市化水平仅为46.6%，除此之外，房产需求的增长也带动了抵押贷款（贷款利率为5%—6%），与此同时，收入也在提高。结果，特别是在北京2008年奥运会和上海2010年世界展览会前夕，房价就开始上升。如果2007年北京每平方米的平均房价是1500—2000美元的话，那么2010年前房价上升到了每平方米4000美元，而2012年前夕又下降到了每平方米3500美元。这就导致许多北京人购买了多处房产，因而在北京出现了高价优质地段房屋空置的现象。

虽然房地产是国家经济增长的重要来源，但是房地产价格方面的投机倒把还是令政府十分担忧。因此在2010年至2011年间国家对房地产价格进行了调控。地方政府被授予限价权，特别针对那些需要明确房地产代理商的楼盘价

秦皇岛市闲置的豪宅

格。贷款利率也随之上调。另外，从 2011 年开始，已经购得一套房屋的业主，在购买第二套房屋时首付为 60%（之前额度是 50%）。该政策在个别城市开始试点，之后在全国其他城市推广普及。这样一来，在北京和上海，拥有两套甚至更多房子的业主就不能再购买房产了。在广州，只有业主卖掉两套房子中的一套，才能再买另一套房子。2011 年重庆和上海在购买第二套房产时开始征税。这部分缴税的费率逐渐递增并且随着房屋价格超出市场价的部分不断变化。在重庆和上海，外国人买第一套房子时就需缴纳上述税额。此外，在上海，外国人工作满三年后，在其购买第一套房产时所缴的税额，能够得到返还。

通货膨胀、工资和人民币

中国房价的上涨是导致国家通货膨胀的一个重要源头。如果在 2009 年中国经济还表现出通货紧缩且当年的物价下降 0.7% 的话，那么 2010 年价格就增长了 3.3%，而 2011 年就接近 5%。目前中国的通货膨胀意味着，如果之前中国的物价是"中国化"的，即价格低，那么现在的物价水平就已经向世界看齐了。值得注意的是，以前关于中国物价极低的传说，如今已经和事实不符了。正如在其他国家一样，经济规律在中国同样适用。中国生产的高质量产品比进口的要便宜，但有时也稍贵些。特别是对外国人来说，在中国生活开始变得很昂贵。在中国的欧洲商店、咖啡厅和饭店消费要比在欧洲高。这样一来，许多为白俄罗斯人所熟知的食品，如酸奶皮、奶渣和奶酪，在中国售价都比白俄罗斯高。比如，在北京，400 克的酸奶皮价值 5 美元。希望中国一切都很便宜的想法，驱使外国人前往出售低价格和低质量商品的廉价市场。而有趣的是，很少见到中国人在那里买东西。中国人自身，宁愿花高价钱，也喜欢买有品牌的商品。一位中国朋友说，在北京乘地铁去上班时，她数了数，差不多有 80% 的路人手里都拿着 iphone 4。

中国物价的上涨和工资水平的提高有很大关联。2007 年国内月平均工资为 271 美元，而 2011 年就提高到 554 美元（2001 年 为 109 美 元，1991 年为 37 美元）。平均工资的上涨部分原因在于目

北京，中国人民银行。

前中国社会分化和富人数量的不断扩大。2011 年中国的百万富翁数量在世界排名第三，仅次于美国和日本（中国有 100 多万个百万富翁），而亿万富翁的数量中国排第二，仅次于美国（100 多位亿万富翁）。然而在中国的个别行业，如轻工业，低工资还是依然存在的。

有趣的是，不仅工资在不断上涨，中国的企业还经常给自己的员工提供额外的福利。比如，许多公司都提供免费的早餐和午餐。公司的外地员工还有住房补贴。中国的工人把自己的奖金和工资的绝大部分都储存了起来。总体看来，中国的国内生产总值具有高存储额的特点（将近 50%）。人们大量存钱是为自己的孩子准备教育资金。

中国现代经济的另一特点在于人民币在近年来不断升值。2007 年 1 美元能够兑换 7.6 元人民币，而在 2011 年只能兑换 6.4 元。中国的货币量在当时由 1.5 万亿美元创纪录地增长到 3.3 万亿，成为坚固的后备力量。中国的主要储蓄都用于投资美元和有价证券，为了能够保证中美合作中中国的地位和利益。目前人民币的升值使得人们开始期望中国货币的长远增值。由此，在中国出现了企业借贷美元的现象，他们是为了人民币升值后能够少还些钱，这就导致了美元的

短缺和美元借贷利率的上涨。

人民币的另外一个特点在于，人们已经将其用作国际通用货币。从 2009 年开始中国就逐渐为自己的合作伙伴提供人民币借贷，于 2010 年在贸易投资中也开始启用人民币。结果，就 2011 年上半年的预算来看，中国的进口额占总额的 11%。国家计划在 2020 年半数对外贸易要实现人民币化。2009 年到 2011 年间在香港已经将所有金融业务以人民币开展，2012 年开始新兴的以人民币流通为主的世界贸易中心转为伦敦，2013 年为新加坡、纽约和台北。国家计划在 2015 年取消所有货币限制，实行人民币自由兑换，在 2020 年引入国际货币基金的后备货币单位。

银行体制

上述计划的实行，需要有灵活而开明的银行体制。中国的银行长期以来都归国有，因此对待银行家有一种像是对待大型国企领导的感觉。中国现代银行体制依然是垄断制。中国四大银行：中国银行、建设银行、农业银行和工商银行，

沈阳市银行大楼

其控制着国家所有银行资产的 70%。除此之外，由于外国银行在华注册要求颇多，中国至今对外国银行持封闭态度。外国资产在中国银行体系中仅占不到 2% 的份额。

白俄罗斯人对于中国的银行在近十年内的发展道路更感兴趣。如果以前中国的银行还是低效率、呆板行事且占有 40% 的不良资产的话，那么，现在这些银行，不仅在世界交易所挂牌上市，以国际标准严格要求自己，雇有一批接受过西方高等教育的员工，并且

中国银行

不良资产仅占不到 5%。为此中国在 90 年代末开展了一系列银行改革。比如，1999—2000 年，人民银行和国家财政部在每个中国大型银行建立了分管资产的企业，他们在几年间就将不良资产尽数转化（总数超过 4000 亿美元）。除此之外，每个银行的储蓄额都大概增长到了 12 亿美元。这一切都使中国的银行在 2004 年实现收支平衡，2005 年开始吸引来世界著名银行的投资，2005—2010 年为吸引外资在世界交易所上市。

外商投资

中国吸引外资的经验不仅令人惊叹，而且取得了实际的收益。20 年来，中国年平均吸引外商投资在发展中国家名列前茅。2001 年起中国每年的外商直接投资额就高达 500 亿美元，2007 年为 700 亿，2010 年为 1000 亿。中国吸引外商投资的主要原因并不简单。中国企业和外商之间互补互助，并极力创造有利的国内投资环境。

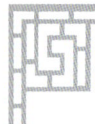

外国投资大量涌入中国是从 90 年代中期（开始实行税收优惠政策和建立经济特区之后）开始的，2000 年中国加入世界贸易组织揭开了外商投资的帷幕。针对外商的税收优惠政策在中国从 1994 年实行至 2008 年。这期间针对中国企业的税率是 33%，而外企则是 24%，个别情况下是 15%。在此阶段还产生了"2+3"体系。外企在盈利的前两年完全免税，之后三年缴纳半税。此外，国家为外商还制定了一系列其他纳税优惠政策。从 2008 年起，中国的外商资产有所积累，本国企业也稳步发展，中国对国内外投资商制定了统一的税率——25%，并且废除了"2+3"体系。

经济特区的建立是吸引外商投资的重要环节。国内共建立了上百个类似的经济特区，其中包括工业园区、免税贸易区和边境合作区等。中国最著名的经济特区有深圳、珠海、天津、上海浦东和位于苏州的中国香港工业园区。在中国经济特区开设工厂，外商即可享有一系列公共基础设施，如道路运输、输电和上下水道设施等。许多经济特区提供一站式服务，在一个大厅内高效地完成所有程序，包括项目审查和公司注册。

中国经济区的企业通常只有单一产品的生产线，从而企业间可以进行优势互补。这一切都要归功于他们相距较近，不仅减少了运输费用和宣传费用，而且能够更好地促进技术和管理上的经验交流。由此，中国产生了专门从事单一工业产品生产的城市。比如，成都（四川省）在女鞋生产方面是世界中心，温州（浙江省）是皮带

成都是中国西南地区重要的工业中心

制造之都，而浙江本身也是袜业中心，广东省的东莞是世界最大的纺织品生产中心之一等。而广东省则以玩具制造、家电和电器仪器闻名。

现在人们似乎认为中国经济特区是从80年代末就产生的，它们限制外商活动、强制外商与中国合资

苏州市"中新"工业园区"一窗口"原则

办企。长期以来，外商进入中国市场的前提就是与中国联合办企，即给中国企业传授技术知识。但是现在形势有所转变。2000年的时候在中国还有50%的企业是中外合资，而从2005年起有超过70%、2008年有80%的企业是外商独资。

中国加入世界贸易组织后，国内对外开放的巨大市场就成为了吸引外商来华投资的重要因素。现在，中国是世界上汽车、手机、空调和电脑及其他产品的最大消费国，相应地，也是最大生产国。

生产成本低也是中国能够吸引外商投资的原因之一。90年代中国的廉价劳动力及技术等方面的小额花费就吸引了外商投资，而在2000年，同样的低工资却提高了生产率。近十年来，许多中国人自身也倾向于进入外企工作。这与深造、升职、自我价值的实现紧密相关，因此外企的生产率大幅提高。中外合资企业的生产率是国企的7倍，是私企的4倍。

中国吸引外商直接投资的独特之处还在于，这部分投资并不能永远称之为"真正的外国的"。将近1/3的外商是居住在西亚和东南亚的华裔人士；还有1/3的投资商本就是中国在国外开办的公司，只是为了享有国内的优惠纳税政策而返回中国投资，另外1/3的投资商则是大型的跨国公司，低

生产成本和巨大的国内市场是吸引其来华投资的重要原因。

中国的海外投资

值得注意的是，中国不仅吸引外商来华投资，而且也在海外投资。2010 年中国在其他国家投资额大概超过 500 亿美元。为了海外投资，中国人民银行在 2007 年发行了约 2000 亿美元的特别投资基金。利用这支基金可以购买美国黑石公司和摩根士丹利的股票。为了推进投资，中国在国外建立了一系列工业园区。在中国政府的资助下，中国企业向实行优惠征税政策的指定海外地区进行投资。中国在泰国、巴基斯坦、埃及和尼日利亚及其他国家建立了工业区。

外资在外贸领域对中国现代经济发挥着重要作用。中国 60% 的出口商品都生产自外企。总体看来，中国经济呈外向型特点。2011 年出口额占国内生产总值的 37%。2010 年起，中国成为世界上最大的出口国，其比重占世界出口额的 10%。实际上，所有国家的市场上都充斥着带有"中国制造"的商品。如果不是在中国，而是在其他国家，那么与中国的竞争将会非常激烈。中国经济近二十年来呈现出口型，这也是国家政策中关于刺激出口的结果。这不仅包括向出口商返还部分关税，另外，国家还向其提供贷款支持。

为了刺激外商在出口生产方面的投资，国家在 1994—2007 年对于那些享受优惠税收政策期满的外资企业制定的税率为 15%，如此一来，据统计，产品的出口额在公司生产总额中超过了 70%。另外，如果合资企业生产的商品全部用于外销，中国政府可向外商出售最高 70% 的国

"波罗的海明珠"的一幢楼——圣彼得堡西南方新区。该区常被称作中国区，因为这是由中国上海工业投资控股有限公司投资建设的。

企股份。

产品出口高峰期出现在 2008 年，当时的出口额比进口额多 2950 亿美元。

刺激内需

从金融危机爆发的那时起，一切就发生了翻天覆地的变化。中国虽然受到的影响比较小，但还是能够感觉到国外市场对中国产品需求量的变化。2009—2010 年，中国政府采取了一系列措施刺激内需。最主要的措施即刺激经济增长计划，为保证其实施，国家拨款 4 万亿元（将近 5860 亿美元）作为专项资金，这部分资金占中国国内生产总值的 20%，占 2007 年国家支出的 80%。几乎半数资金用于基础设施建设（修建铁路和公路，机场，电网等），剩下的款项用于扶持农业、发展生态、资助贫困人群、发展科学及创新。

除此之外，政府还采取了另外一些措施。比如，农民在

上海的商贸

购买电器（电脑、空调、电视等共 197 种电器）时国家补偿其部分资金（13%）、购买摩托车和汽车同样给予补贴。买汽车时返还给买家原价的 10%，但不高于 730 美元，而摩托车返还 13%，但不高于 95 美元。

另外一项刺激内需的措施即向低收入人群（离退休人员、无业人员、大学生）发放消费券，用于在超市购买东西、住店和旅游。

每个人的消费券都是均等的 30 美元，使用期限为 3 个月。比如 2009 年 1 月份杭州政府发放了价值 1 亿元人民币的消费券，而到 2009 年 3 月份的时候发放的消费券就已经被使用了 80%。

在中国消费者眼中，低价商品颇受欢迎。折扣从原价的 20% 至 50% 不等。商品打折与国家节日同步进行，并且可以持续一至两个星期。这种商品折扣结束后，另外一种商品又以另一个折扣开始出售。为了刺激内需，商品税率也进行了下调。比如，2009 年 1 月，在购买小排量汽车时税率下降了一半，从 10% 降至 5%。结果，奇瑞汽车在五天内卖出 2000 多辆。此外，在金融危机期间，中国人民银行几次下调存款利率。

正是由于一系列措施的实行，中国经济开始显现出日新月异的变化，出口异向性特征也在日益弱化。如果之前谈起中国经济还只是只言片语地将其简单地定义为出口型经济的话，那么现在，刺激内需政策的成果则随处可见。

纵观中国现代经济，不禁陷入沉思，明天它将会是什么样子呢？

未来——不断创新

从目前采取的措施不难猜出，以后中国的经济将是创新型的。建立这样的经济是个系统和全面的过程。十几年来，中国不断地稳步建立创新型设施，刺激和增加创新活动，吸引外商投入到创新领域中来。

中国在建立经济特区的同时还成立了数千所高新技术园区，其中包括国家知识技术园区、科学研究院、海外研究中心和世界水平的教育机构。国内建有 50 多处国家知识技术园区，园区内分布有 4 万家高技术公司。近十五年来技术园区的全年平均经济增长值为 60%。1993 年起中国就计划建立 100 所世界水平的高等学校，共有 708 种冷门专业的学校被整合为 302 种多专业的大学。为实行此计划，银行发行了特别国家基金用于资助世界水平的高校。在中国各高校内建有 43 所科学研究院。一些中国科学院中的研究所转变为独立的企业，专门从事生产一些知识密集型的产品。目前，中国科学院中存在 80 多所学院，国家计划将其中的 30 所发展为世界水平的学院。

建立创新型经济已被列为中国国家政策。80 年代，中国为发展科学技术就已经实行了一系列国家计划，比如"863""973"等。"863 计划"于 1986 年开始实行，旨在促进生物技术、航天技术、信息技术、激光技术、自动化技术和海洋技术领域的自主创新科技发展。"973 计划"实施于 1998 年，其主要围绕农业、自动化、信息、资源环境、人口与健康等领域进行科学研究。中科院还起草了"百名学者"方案，其旨在鼓励年轻的留洋学者归国效力。方案计划在三年内为归国学者提供 25 万欧元的薪资、生活补贴并提供实验室和研究设备。据上述方案，有超过 700 名学者从海外归国。类似的计划在中国多所高校都在实行。总体看来，近十年来中国在科研方面的资金投入是之前的 5 倍。科研在中国是值得投资的领域。中科院的年轻学者（30 岁左右）私下里说，将津贴、科研费和论文稿酬除外，他们部门的年轻专家的月工资为 1500 美元，而有科研项目时会超过 3000 美元。

中国政府为吸引外商在创新领域投资，积极制定实施了一系列特别政策，如税收优惠。因此，许多公司，像摩托罗拉、索尼、IBM、微软等，先后在中国开设了 800 多所研究中心。

为刺激中国高新技术产品的出口，在确保创新产品行销海外后，中国公司能够得到出口关税的补偿。此外，国家还制定了返还体系。完全返还，即返还知识密集型产品出口税的 17%，其中包括轮船、汽车、火车、航空航天装置及其主要零配件和数字化指挥装置。高新产品的出口额始终保持上升趋势。1990 年这个指数还是 5%，2000 年就已经达到了 20%，据统计，目前已经超过了 30%。有趣的是，90 年代从中国出口的知识密集型产品中 80% 是由外资企业生产，而 2000 年时创新产品则来自于 50% 的中外公司。

说起中国创新型经济的形成，不得不说，中国的创新始于模仿。中国企业中存在着一系列灵活的体系，用以适应国外技术。许多中国公司积极与那些即将获得技术和业务的著名外国公司开展合作。效仿是迈入创新的第一步。中国的传统学习始终建立在模仿之上："跟着老师做。"经验教训不是来得太晚就是并不全面。以不断的重复为原则的学习有武术、书法和针灸。因此，在中国，为完善自己而仿制竞争者的产品被认为是很正常的，这之后我们才能做出自主的、比模型更好的产品。

在中国创新型经济创建之初，特别需要指出的是，发展创新型经济是中国在技术和能源不足的条件下保证经济稳定增长的唯一道路。因此，中国发展创新经济的首要问题在于能源和资源保护。在此，我们可以研究一下中国和白俄罗斯经济的相似之处。据中国国土资源部估计，到 2020 年，45 种战略资源中能够保证满足中国国内需求的仅占 6 种。中国目前拥有的最主要的能源有煤（69%）、石油（20%）、水力（7%）、天然气（3%）及其他能源（不到 1%）。预计在 2020 年，中国对于进口的石油需求将从目前的 50% 增长到 80%。目前动力资源的不足成为中国迫切需要解决的问题。据世界银行统计，中国生产 1 美元的产品所消耗的能源是美国的 4.3 倍，德国的 7.7 倍，日本的 11.5 倍。中国政府还是将解决问题的希望寄托于能源上。不止在大中城市，在小城镇太阳能、风能和水能都被积极利用了起来。

从 2008 年开始中国就成为世界排名第一的太阳能生产大国，同时也是太阳能热水器产量最大的国家之一。

例如，在长沙市里，就有利用太阳能的世界上最大的热力系统，它是由上万个太阳能热水器组成，占地 15000 平方米，一天能够提供 1200 吨热水。

长沙市中心

目前中国的发电站功率在世界排名第四（仅次于美国、德国和西班牙）。

世界最大的水电站——三峡

广东省在建的核电站

中国水力发电量占国家总量的7%。中国在建小型和迷你型水力发电站方面是世界上的领导者，其水力发电站为中国的800多个县城提供了电力能源。20000家中国电力公司拥有自己的小型发电站，拥有员工超过100万。中国计划在2020年，将小型发电站的功率由3000万千瓦提高到5000万千瓦。

通过利用秸秆、草、树叶、肥料和家用废料而形成的沼气在中国也得到了不断的发展。比如，国家出资建设了200多个大中型沼气站。位于菏泽的功率为25000千瓦的电站是生物发电站的典范。这座生物发电站是以秸秆、树枝和其他林业废料为原料发电。每年利用燃料15万—20万吨，转化电能1亿千瓦。废料燃烧所产生的灰烬又转化成农业生产中的废料。

中国还积极利用潮汐创造电能。这种类型的水电站坐落在中国西南部城市温岭的海湾。到2020年中国计划建造功率为10万千瓦的潮汐发电站。

在距离西藏自治区拉萨市不远处的地热资源发电站举世无双。发电站建于海拔4300米之上。

为发展能源经济，中国许多城市积极推进绿化工程。比如，沈阳市为了蓄水

古老北京的现代建筑

和调节室内温度，对楼房房顶进行了绿化。为此，沈阳积极运用了土壤的热能。此做法是利用了土壤冬季可以保温、夏季能够降温的特点。在办公楼内装有感应照明系统，当室内有人进入时，灯就会自动打开，调节光线并自动确定需要的亮度。

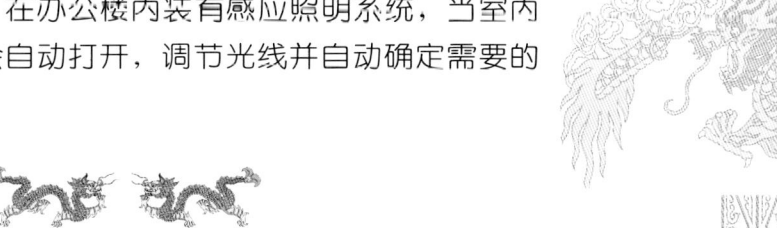

白俄罗斯人对中国现代经济很感兴趣。那些困扰着我们的问题在中国能够找到答案。我们有时也想过效仿中国经济，不是在细节方面，但后来仔细想来，似乎把中国经济太过理想化了。最主要的是，现代中国对于白俄罗斯来说是典范和权威。我们彼此相互借鉴。两国间友好和谐的政治关系是相互信任的基础。因此，当中国人谈到白俄罗斯，谈到我们的经济和发展时，我们会虚心听取，因为我们相信，朋友是真挚的，是值得信任的。

中国现代经济的成果也令白俄罗斯人感到钦佩与惊叹。但是，为了了解中国人是如何取得这些成就，而我们又该如何在白俄罗斯充分利用这些宝贵的经验，这就需要退回到5—10年或20—30年前的中国，看看当时的中国是如何起步、作出了哪些复杂而艰难的决定，又是如何在个别城市和地区试验、之后又向全国推广政策的。需要明确的是，中国现在之所以如此优秀，是因为在过去和现在都在不断向先进者学习。因此，有时可以看出，在中国经验上也能看到新加坡、美国和欧洲的影子。但也许目前最令人为之惊叹的思想就出在中国。

从中国回到白俄罗斯，虽然苦于令人厌烦的转机和时差，但是中国之行还是令人兴奋不已。迫不及待地想要与家人、朋友和同事们畅谈这次中国之行。而在这些关于中国经济的谈论中，我们也深刻理解了2008年北京夏季奥运会的口号："一切皆有可能。"

白俄罗斯
自卸车在中国

马里耶夫·巴维尔·卢
基扬诺维奇

白俄罗斯国家科学院
矿用设备和技术科技中心
主任，白俄罗斯功勋工作
者，工学博士，白俄罗斯
英雄。

白俄罗斯汽车厂——世界上矿用自卸车的龙头生产企业之一，不断推陈出新，使其产品能在因开采场过深而造成的各种复杂矿山地质和采矿技术条件下高效作业。公司历史上推出过 500 多种、载重量从 27 吨到 360 吨不等、共计 13.5 万 5000 多辆矿用自卸车，并成功销往世界上 72 个国家。伟大的中国是这 72 个国家中特殊的一员。

中国——世界上矿产资源储量最丰富的国家之一，矿产资源（煤、黑色金属、有色金属、矿石、农业化学原料）是推动其经济发展的一个重要因素。为了提高矿产资源开采量，中国运用了一系列现代技术，其中就包括广泛使用矿用自卸车，将其作为原料运输的交通工具。

目前，对于白俄罗斯汽车厂来说，中国是继俄罗斯之后的第二大市场。中国的采矿企业中有近 2000 台别拉斯（"白俄罗斯汽车厂"俄文简称的音译）的产品。而别拉斯和中华人民共和国采矿企业的合作自 20 世纪 60 年代就开始了。

对于白俄罗斯汽车厂来说，中国是继俄罗斯之后的第二大供货市场。

1966 年，根据苏联对外贸易部"汽车出口"贸易协会和中国机械进出口公司"进出口机械"的合同，第一批载重为 27 吨的 11 辆矿用自卸车运抵中国。

可能由于当时不是中苏关系的亲密时期，合同中没有规定厂方应向中方派遣进行技术维护和直接在矿场进行调试的专家，这使得厂方无法掌握自卸车在中国的具体运营情况。毫无疑问，这就要求工厂全方位高标准地完成订单。

因为缺乏对采矿场的气候条件和所采原料类型特点的认知，加之没有自卸车保养维修基地以及缺乏有经验的司机等，使得自卸车在中国的使用情况堪忧。

但合同规定，在别拉斯为中方培训司机和技术人员专家，别拉斯的工人以高度负责任的态度完成了培训中方专家的计划，这为别拉斯

在中国的矿山开采企业里共有近 2000 台别拉斯设备。

在中国矿场的成功运转奠定了良好的开端。

因对中国的自卸车供货量急剧增加，第二年又供应了39辆，因以后每年供货量均达到20辆。

1986年以前，中国购买的自卸车载重量都是27吨，仅在1986年购买了2辆载重量为40吨的自卸车。从那时起到1993年，中方购买的只有载重为27吨和40吨两种类型。

自卸车的价格按瑞士法郎计算，而当时两国实行的是易货贸易。通常来说，苏方向中方供应自卸车，中方就向苏方供应稀土金属原料（钨、钒等）。

苏联解体后，汽车出口协会也终止了自己的工作。运转了很长时间的自卸车供应渠道没有转交给工厂，并且在1994—1996年工厂完全停止供货。

可惜的是，这段时间别拉斯的自卸车均被俄罗斯商业机构转出口。自卸车在俄罗斯的接收方是"俄罗斯合同"公司，他们自行处理接收的自卸车，其中的大部分用于同中国进行易货贸易。

自卸车供货的无管制状态导致了别拉斯自卸车在中国内

载重为27吨的自卸车组装的主传送带，1973年。

部市场的饱和，中方还把部分自卸车转卖给越南、朝鲜和蒙古等邻国。市场饱和引起了自卸车价格的急剧下跌，对于别拉斯来说，生产自卸车成了亏本生意。

这些年正逢中国从意大利佩尔利尼公司大量进口载重为

30吨和40吨的矿用（在长江三峡地区修建大坝）自卸车，这是长江三峡大坝建设项目意大利对中国贷款框架内的交易。

白俄罗斯汽车厂对中国大量供应矿用自卸车的第一阶段就以这样令人难以预料的方式结束了。根据官方统计数据，该时期别拉斯共向中方提供了2554台自卸车，几乎所有自卸车都投入了使用。但与此同时，我们仍然不知道，自卸车工作的条件及保养情况、中国采矿企业的发展、近期需要何种载重量的车型及其他很多市场营销领域内的问题。中国依然是一个封闭的国家，别拉斯的技术专家鲜有造访，即使去了之后也很少能拓展我们对中国采矿工业的认知，因为中方不是直接在矿场向他们说明自卸车的使用情况，而是在专门的展示平台。

然而，中方对白俄罗斯汽车厂产品的兴趣明显提高了：中方科研机构、企业甚至外交官都越来越频繁地造访工厂。

1983年，中国驻苏联大使参观了白俄罗斯汽车厂，并且饶有兴致地了解了工厂的产品、技术及生产情况。

这一时期，别拉斯渴望利用一切机会扩展同中国的交流与合作。

矿用自卸车市场继续恶化。此时不仅需要消除低价带来的后果，而且还要抵御来自中国厂家日益强大的竞争。90年代初，中国已有5家主产矿用自卸车的企业，此外，还有一系列为别拉斯自卸车生产零部件的企业。

中华人民共和国驻苏联大使参观别拉斯，1983年。

应该指出的是，从技术层面看，别拉斯生产的自卸车在

从技术层面看，别拉斯生产的自卸车在中国买家眼里可靠、耐用。

中国买家眼里可靠、耐用，并且十分适合采矿场的地质气候条件。

然而，中国产自卸车比别拉斯自卸车的价格低得多，因为中国产自卸车运用的是本土材料和劳动力，成本更低。

除此之外，别拉斯自卸车的价格不得不包含运费、关税、保险及保修费用。

20 世纪 90 年代中期，白俄罗斯乃至整个前苏联地区的恶劣经济形势也导致了别拉斯自卸车价格的提升。

虽然面临一大堆复杂的发展问题，但白俄罗斯汽车厂的专家们仍在继续寻找回到中国市场的途经，因为他们明白这个市场的战略重要性，并且已经看到了中国企业界对自卸车的热情。90 年代，中国的市场经济进一步发展，对外贸易逐步开放，私有企业增多，而且中国正在申请加入世贸组织。

根据新的现实情况，别拉斯制定了打开中国市场的新战

别拉斯厂的专家定期前往中国，在工作和培训中给予中国同仁帮助。

运抵中国的别拉斯自卸车正在卸货。

略纲要，其首要目标是抵御来自中国国内生产者的价格竞争和质量竞争。

该战略纲要的制定首先是建立在中方合作伙伴的选择及实施共同的市场开发计划的基础上，同时包含了市场营销的各个方面。

别拉斯最终选定的合作伙伴是一家不大的私人公司——全球马克贸易有限公司，其在北京设有办事处，员工最开始在苏联贸易部"汽车出口"贸易协会工作，所以具备中国市场经验。

得益于白俄罗斯共和国驻中国大使馆的积极推动以及全球马克贸易有限公司的努力，别拉斯同中国一家最大的工贸公司——中国航空技术国际工程有限公司（英文缩写CATIC）就开展进出口业务进行了谈判。中国航空技术国际工程有限公司领导层研究了矿用设备的现状和发展前景后，决定设立一个新的商业部门。为此，公司组建了一个分部，以便继续积极同白俄罗斯共和国的企业（投资企业、联合生产企业、工业设备及配套产品进出口企业）开展合作。就这样，别拉斯常驻中国的代表机构成立了，同时，还确立了别拉斯产品在中国的市场开发方向。

这些方向包括：通过中方对别拉斯成型传送带的对应供

自卸车的组装

货来重新制定有吸引力的价格；扩大服务范围（包括在北京市郊修建一个零部件代售仓库，这可以提高已经投入的别拉斯自卸车的零配件装配速度）；拓展中介渠道（如首钢矿业投资有限公司就是别拉斯 55 吨和 136 吨级自卸车及其零配件的官方销售代表，该公司组建了自己的自卸车及其零配件保

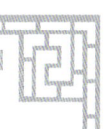

养维修中心）；继续寻找生产合作伙伴，生产别拉斯成型传送带的配套产品；制定在中国境内实施现代化组装生产的方案。

1、2. 我们的"别拉斯自卸车"在中国的煤矿里工作。

随着中国航空技术国际工程有限公司——一个权威的、融资能力强的公司进军中国矿业设备市场，买家对别拉斯自卸车的兴趣明显提高，而别拉斯也不断推陈出新，生产出更多符合中国采矿企业发展要求的自卸车。

别拉斯矿用自卸车的本身技术性能同合作双方的资金实力形成了强大的合力，使得别拉斯在同世界主要及当地矿用自卸车生产厂家的竞争中取得明显优势，再次成功打入中国市场，销售额逐年增加。

在这场竞争中具有特殊意义的事件是，赢得向内蒙古霍林河露天煤业股份有限公司供应载重为220吨的自卸车的投标。

这是煤炭企业最宏伟的发展计划之一，预计年采煤8000万吨，为此，需要近100辆载重量220吨及其以上的矿用自卸车。

为了取得这场竞

内蒙古自治区的一个煤矿

争的胜利，我们的对手采取了前所未有的措施，因为他们明白，获得这笔订单对进入并进一步巩固中国市场具有决定性意义。

据专家评估，未来两三年仅煤炭部门对载重量 100—360 吨不等的自卸车就达 870 辆。其中，特雷克斯（Terex）公司希望得到这笔订单，所以在霍林河的煤炭开采地附近建造了矿用自卸车联合生产企业。

然而，别拉斯同中国伙伴紧密协作，使自身条件符合竞标的所有技术和商业要求，最后成功赢得了这次投标。中国专家检测了自卸车的可靠性、生产能力和工作效率等指标，这次检测是在俄罗斯的库兹巴斯煤田里进行的，它也提供给中国专家一次直接接触别拉斯矿用自卸车的机会。

如果回溯历史，我们可以发现在中国境内，别拉斯矿用自卸车的组装始于 1995 年，当时我是企业领导者。为了建立载重为 42 吨的别拉斯—75485 型自卸车生产工厂，企业员工进行了专门的经济技术论证。1995—1997 年，总技师处和计划经济处的专家们去了一趟中国，目的是进行谈判和现场考察。这些专家制定了三个方案，随后选定了一个大型载重机车厂（哈尔滨市附近）厂区作为生产基地。这个大型载重机车厂里正好有两台载重为 42 吨的自卸车样品，并且它们使用的是别拉斯产的配套产品。后来，平台的组装和焊接是在别拉斯的专家领导下由中方具体操作实施。当时（20 世纪 90 年代对于曾经的苏联企业来说是多么的困难！），这是别拉斯在协调中白关系以及重返中国市场方面走出的非常重要一步。然而，组织生产问题，首先是资金问题非常复杂，以至于不是所有既定目标都实现了。

2005年，别拉斯开始向中国供应不带发动机的别拉斯—75473型矿用自卸车。然后，在中国为自卸车安装上中国产康明斯发动机，为此，就需要别拉斯供应配套的安装零件。

1、2、3."别拉斯自卸车"组装、生产和保养服务联合企业。

2005年5月，第一批自卸车运抵北京火车站。安装发动机时，使用的是码头集装箱汽车起重机。同时，值得指出的是，在整个安装过程中，中方迅速地解决了出现的各种问题。2006年6月，为了对第二批及后续批次的别拉斯—75473型矿用自卸车进行组装，专门租赁了北京车辆修理厂的一个车间，并且购买了必要的设备。

装配好的自卸车在夜间通过通用车道运出北京，陆续运抵使用地点。运输的距离从2000到3500公里不等。

大体上，自卸车都被投放到一些不知名的矿场里，用于向水泥厂运输原料。在大多数矿场，这是第一批矿用自卸车。为此，就不得不培训驾驶自卸车的司机和修理钳工。值得一提的是，那些司机和钳工大都没有接受过专业技术教育，但他们很

1、2. 别拉斯设备沙盘——中国展厅一瞥。

快就能掌握新技术。

2008 年，双方重新关注创建联合企业的问题，而服务中心建设和创建联合企业的主体工作是在 2010 年至 2011 年进行的。

在中白两国政治经济关系高水平发展的背景下，为了增加矿用设备在中国市场的销售额，提高售后服务质量，双方决定在中国建立联合企业。

鉴于别拉斯与中国航天技术国际工程有限公司的长期紧密合作，且在 15 年前正是这家中国公司开始向白俄罗斯汽车厂供应矿用自卸车配件，后又为别拉斯的官方

③

代表参加各种投标，因此也正是中国航天技术国际工程有限
公司把别拉斯矿用自卸车引进了中国市场。

两个公司的领导层决定在中国共同投资组建联合企业。

别拉斯在中国销售的初期，为了完善自卸车的售后保修
服务，曾计划组建一个现代化的技术保养服务中心。组建该
中心目的是保养维修别拉斯生产的技术设备，提高别拉斯自
卸车的服务保养质量，建
造零配件仓库，以便满足
自卸车买家的需求。所以
当时的任务是，考察中国
企业给别拉斯的组合件、
零配件的生产和供应能
力，以便降低产品的最终
成本，提高产品质量和可
靠性。

接下来，根据项目

3、4．别拉斯设备沙盘——中国展厅一瞥。

北京的建筑设备展，2011 年。

要求开始组装载重为30—45吨的矿用自卸车，组装用的成套机器由别拉斯供应，而组合件和附件由中国企业生产。

白方供应的成套机器不带发动机、轮圈、轮胎、平台和翼子板，白方把上述器件的生产和安装权出让给了中方。

为了完成工厂的既定任务，白方专门组建了一个工作组赶赴中国。工作组同阿维克—别拉斯矿用机械有限责任公司的专家们一道研究解决组建服务中心和自卸车组装问题，其中包括维修用组合件和配件的中国本土化问题，生产的资金和法律问题及技术转让问题。在一次访问中，别拉斯的代表团参观了位于太原和永胜的机械厂，它们主要为矿用自卸车生产平台、发电机和电动机。

在 2009 年、2010 年的会议上，别拉斯总经理研究了组建服务中心和别拉斯矿用自卸车组装生产问题，以及中国企业配件生产本地化和对应供货问题，别拉斯分部及白俄罗斯国家科学院矿用设备和技术科技中心的领导也参加了会议。其中，还谈到了载重为 30 吨及 45 吨型别拉斯矿用自卸车组装所必需的装备和设备的生产，向联合企业转让设计资料及其保密，在中国物色为 30—55 吨型自卸车生产轮圈、轮胎和平台的厂家（供应商）及其产品认证，在中国寻找生产主要和辅助材料及配件的厂家及其产品认证，挑选并培训技术专家（以便保证保修期及期满后在中国投入使用的矿用设备的服务保养质量）等问题。

得益于别拉斯的专家们成功解决了大多数问题，2010 年，别拉斯设备组装、生产及服务保养联合企业在中国举行了隆

重的揭牌仪式。白俄罗斯总统卢卡申科参加了此次揭牌仪式。

在别拉斯和中国伙伴的合作纲要中，在中国企业中开发科技密集型配套产品（诸如 136—360 吨自卸车用交流电子机械传动装置等）占有特殊地位。

目前，根据别拉斯的技术要求已经生产出载重为 220—240 吨自卸车用电子机械传动装置的试验样品，其正在接受台架试验。台架试验完成后，他们将在别拉斯投放使用。

别拉斯自卸车配套产品在中国的生产扩展预示着双方的合作具有广阔前景，这不仅将进一步巩固和扩大别拉斯自卸车的中国市场，而且也能拓展其在中国的邻国市场。

同中国关系的全方位成功发展不但是国家间，也是企业间进一步开展互利经贸合作的保障，是两国人民友好关系向前发展的推动力。

北京的建筑设备展，2011 年。

中国经济奇迹

尼季耶夫斯基·阿尔贝特·布罗尼斯拉沃维奇

明斯克轮式牵引车厂北京代表处负责人（自1996年起）。2009年，因在中国工作表现出色、致力于发展两国间的友谊与合作，被中国国务院授予友谊勋章。因在明斯克轮式牵引车厂与中国公司合作发展中作出突出贡献受到白俄罗斯共和国总统嘉奖。

在中国的这些年，我的工作和生活总是离不开那些直接参与创造新中国经济奇迹的集体和人们：在过去30年间中国的国民生产总值增加了10倍，所有产业均实现了最大程度的现代化。

我在中国工作了15年，中国是个有着辉煌过去和丰富传统的伟大国家。

我待在中国的时间不算短，亲眼见证了中国的很多变化。的确，在这个伟大、充满活力的国家里，从生活质量上总能感受到它难以置信的经济活力。

我是否能用我这个欧洲小国居民素有的评价分析法来理解这些全球性变化的源头和动力？似乎一切都显而易见——邓小平的改革开放政策，"经济特区"的尝试，逐步过渡到私营（约占国民生产总值的70%）和国有（占国民生产总值的30%）分配合理的市场经济，思想解放，制定决策时依靠专家（首先是经济学家）的意见，社会生活变化……

是的，这一切都是现实。但是为什么有些国家无论怎么竭力借鉴中国经验都没有成功？

毫无疑问，那些想和中国建立有效合作的外国人对中国巨变的接受和评价显然不同于那些只是去旅游和欣赏名胜古迹以及"表面的"现代化成就的人。我想批驳那些只到过中国一两次就做出非常肤浅结论的专家们的见解。他们认为中国人是只会追求单方利益的固执谈判者，合作不是互惠互利，而成为"掠夺"（我称之为只想满足单方利益的强迫性思想），有时还会愤怒地认为中方代表在拖延谈判进程、表现得似乎特别狡猾、给合作伙伴提出更高要求。

我不否认与中国伙伴开展各项目工作时的特殊性。在这里，快速合作成功只是个人的美好愿望。在我看来，自古以来中国的做法就是欲速则不达。有个著名的中国军事思想理论——不战而屈人之兵。中国公司管理者在磋商具体合作问题时就遵循了这条理论。首先，中国企业伙伴会摸清对手的底细。

我坚信：中国专家是准备充分的灵活谈判者。只是必须从开始就要领会他们的行动章法，只承担自己该履行的那份义务，认清项目经济可行性以及实施时间。最好在文件中列出基于市场分析和其他公司建议的替代解决方案。

在合作谈判以及与熟悉的中国人建立关系时，

2011 年 5 月 10 日，白俄罗斯副总理阿纳托利·托济克与中共中央委员、内蒙古自治区党委书记胡春华会晤。

国家机关的内院

白俄罗斯国家图书馆的中国书法展

记住中国整个社会以及大部分中国人都非常保守这一点非常有用。他们从不会在大家面前显露个人生活和情绪。这甚至体现在建筑风格、传统生活方式中。中国自古以来，就筑起围墙将自己与外族人隔开。高高的围墙围绕着所有内部建筑，从外面看不到用心建造和打理的院子以及院子里美丽的露台、石头筑成的小花园和花朵。从这里就可看出中国与欧洲生活方式的显著区别。我们的传统是朝外建"红色门廊"，而中国是朝外建墙。这种将自己圈起来的愿望和"长城心态"体现了中国民族性格、生活作风，这甚至可以追寻到中国的象形文字中。

"国"这个象形文字由四个象征着墙的外部线条相连而成。只有成为中国人最熟悉、最信任的人，他们才会邀请你到他的家里做客。外国人成为当地居民的朋友，在我看来，是非常困难的。不要对"一回生、二回熟、三回是朋友"这个流行的俗语抱任何希望，而应该哲学地看待。中国国民心态在改革开放时期自然会受到外部因素的影响而发生变化，但是，不久前强大的北方近邻带来的价值观以及不太强大的西方国家竭力向中国社会输出自己意识形态的努力，都没有带来输入者所要的结果。中国社会对外来新生事物并不特别感冒，对于实现中国新奇迹来说，最起作用的仍然是深厚的历史根基、几千年的传统和自力更生的精神。

我多次接触到来自白俄罗斯或其他前苏联国家的朋友、同事和熟人，他们对中国发生的一切，对中国发展经济和技术、提高人民生活质量的方式的看法都很一致，即私营企业发挥了特殊作用。

中小企业的强势发展很大程度上得益于国家支持大规模生产出口导向型消费必需品，聪明的中国商人们将世界最著名的品牌迁至本国领土生产，这些品牌经过一段时间被他们全部收购，并常被改为发音相近的名称进行克隆式生产。例如，"冒充"Adidas完全没有品牌的产品被标注为Adadis或Adidos，Reebok成了Rebok，Lacoste香水谐称为中国的Lokasta。

制作著名的中国花瓶

西方公司老板将生产转移至中国的理由是劳动力成本低、商品出口优惠、完善的税收政策。这也是中国大众消费产品保持高竞争力的关键，据专家估计，世界上一大半服装和鞋类都标记为中国制造。世界经济的定价政策在很大程度上取决于中国制造商。

中小企业的发展与农业集体化改革和劳动力从农村流向城市密不可分。说到农业生产，我只想列举一些推动强劲发展的重要因素。政府几乎减免农民所有税种和费用——基本农业税、屠宰税、农林特产税，减免社会基金、村级管理基金提成，减免政府额外征收的教育、计划生育、道路建设等税收。

我要指出，几乎所有农村人口都参加了社会保险。农村实行农村合作医疗保险。参加农村合作医疗保险的人每年交

中国移动通讯公司招牌

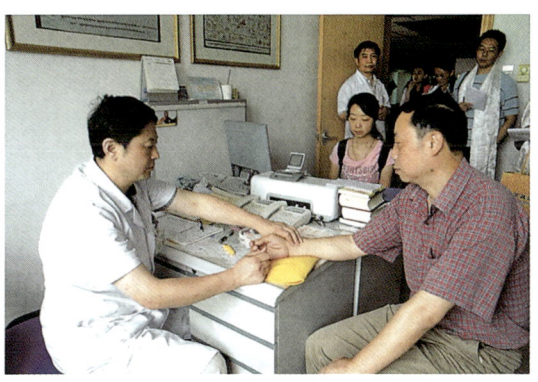
中国人接受中医治疗

10 元合作医疗费（约 1.5 美元）。当地政府还要对合作医疗费进行补助。如果农民生病，那么几乎所有治疗费用都由保险公司承担。

政府所支持的农村改革取得了成果：20 世纪 80 年代末解决了居民粮食供应问题。目前，俄罗斯远东很多地区 50%以上的粮食来自中国。其他地区，包括白俄罗斯的商店里经常能看到中国农民的成果。

很多人倾向于认为，美国及欧洲跨国公司进军中国是中国经济发展的起始平台和关键环节。

就算结合和考虑到上述列举出的所有因素，我认为，它仍然不能构成一幅近 30 年来中国经济成功的完整画面。

我还想从参与务实合作的基层工作人员的角度谈谈中国社会取得突破的"奥秘"，即明斯克轮式牵引车厂与中国"三江"航天工业集团公司间的合作。

我不会详尽地描述合作过程本身，我只想说明中国公司及其分析师在确定长期项目合作伙伴时的选择性问题。无论是 20 年前，还是现在，明斯克轮式牵引车厂都不是世界上最著名的汽车制造商。特别是 90 年代初，大家对"瓦力特"（"Volat"）这个牌子并不熟悉。工厂的主要产品——多轴全轮驱动重型越野车底盘——只被特定消费群所熟知。但是中方正确评估了明斯克轮式牵引车厂的巨大潜力，建议在中国组建特种车辆装配合资企业。

在明确合资企业活动条件、法定文件起草等问题时，中方谈判者和专家表现得非常坚决。中国专家每天认真筹备合资企业组建工作小组会议，力求制定出长期发展方案。

力求稳定踏实的作风、善于吸收最先进的技术和思想、透明的奖励制度使中国企业得以快速发展。

我想在中白合资企业组建和运行以及与中国其他伙伴合作经验基础上，分享我所观察到的这一切是如何在实践中实现的。

首先是人员配置的缜密性、中国专家的纪律性和组织性。

应该指出，20 世纪 90 年代初，明斯克轮式牵引车厂与中国"三江"航天工业集团公司在组建合资企业上并没有太多的经验。在此之前，中国在法国专家以及雷诺汽车公司提出的原则基础上组建的企业运行不畅。我认为，这首先是因为该合资企业的组织结构没有生存活力：来自法国的专家不能适应中国市场需求，而另一方也不满意合作伙伴在合资企业

白俄罗斯驻华大使阿纳托利·托济克授予"三江瓦力特"特种车辆有限公司总经理王涛（音译 Bah Tao）白俄罗斯部长委员会荣誉证书。

推行雷诺汽车公司新技术方法时的态度。

明斯克轮式牵引车厂完全是第一次成立装配生产的合资企业。

在此背景下，中国谈判小组需要长时间认真筹备，中国谈判小组包括不同方面的高级专家——设计师、工程师、经济学家、律师，还有那些与法国雷诺汽车公司共事过的人。此外，集团母公司还派遣了特定问题的专家。

但双方拥有共同目标——在确保投资回报并扩大长期合作范围的基础上组建合资企业。为了得出正确的结论和谈判策略，应该尽可能全面地研究"三江"公司与雷诺汽车公司间的合作情况，以防止我们创建的合资企业重蹈覆辙。我必须说，这是不容易的。关于这个项目的任何问题都可能触及中方的忌讳。我们试图咨询当时在"三江"公司工作的法国专家，但没有成功，于是不得不一点一滴的搜集这方面的信息。在组织结构、法定投资构成、利益分配等重大问题上达成妥协并不容易，有时会出现强硬的言论及宣布暂停谈判以避免关系破裂，也就是出现了正常的"磨合"。不管谈判多么难，

我们都力求进一步互相了解。根据我们的倡议，交流常常在非正式场合下进行，这样能将谈判摆到次要位置并能巩固我们之间同志般的友好关系。这还有助于消除前面的负面印象，以积极的情绪返回到无法解决的尖锐问题上，在不失去对关键问题主动权的同时拉近立场。

对于"三江瓦力特"合资企业的组建，创立者最初就力求最大化的预测今后可能会阻碍合资企业组建的所有问题，并就解决这些问题达成一致。

"三江瓦力特"合资企业从创建初期就发展迅速，在较短的时期内取得巨大成就，成功进入竞争相当激烈的中国特种车辆市场，形成了工作能力强的高级专业技术人员团队。他们不仅能按照公司设计装配复杂的多轴重型越野车底盘，还能为各种用户独立设计新式设备。

合资企业头三年盈利不用交税。现在，我们的合资企业作为高新技术企业，利润所得税税率降低了10%（从最初的25%到15%），购买进口设备时还会退税。此外，按照与孝感自由经济区签订的协议，合资企业还能获得一定的优惠，

中国和白俄罗斯艺术家在湖北省举行音乐会，这已成为两国文化紧密相连的一种象征。

每年能返还部分缴纳税款。

在这种背景下，四年后合资企业开始自负盈亏并能为股东盈利。"三江"航天工业集团公司与明斯克轮式牵引车厂从合资企业获得的利润已经远远超过他们的投资成本。此外，"三

2009 年 10 月 1 日的国庆阅兵式。

江瓦力特"合资企业具有巨大的现金流和企业发展基金。企业在中国执行极重要的国家任务时发挥了关键作用。比较有代表性的是该企业生产的底盘参加了 2009 年 10 月 1 日中华人民共和国建国 60 周年阅兵式。这对白俄罗斯来说具有重要意义。

我经常想，为什么在日常生活交谈时，中国人会如此"大声"，而工作环境下却听不到训斥声，更听不到各级领导对下属的侮辱言语。中国各企业和部门的管理者素来就很关心下属，对下属的言辞总是经过斟酌，他们还会尽力倾听同事的意见。

大多数情况下，人们描述近 30 年来中国翻天覆地的变化时总会拿诸如深圳、上海、北京这样的超级大都市作例子。的确，变化是如此之快，如果没有在北京某个地区待上一两个月，根本就不可能了解它的变化。

我去过最多的地方是中国中部——湖北省。我们的工厂与该省的公司合作最多。我认为，这是中国最美丽的地区之一，有着深远的历史。

湖北省有着如诗如画的风景，山地与平原形成鲜明对比。在这里，你能看到带着草帽挑着竹筐的农民、稻田里的水牛以及近 10 年来省会城市武汉高耸的摩天大厦、"三峡"水电

站、分布在不同城市的工矿企业。

变化的不只是省会。其他城市、县城、乡镇和农村也变得更加美丽、更适于生活。

举一个小例子。1996—1998 年，孝感市只有一家由市政府经营的旅馆，还有少量极具中国特色的饭店。出租车的角色大多由三轮摩托车或小轮摩托车扮演。晚上 8 点以后吃饭是个很大的问题。关于这个我还记得一件有趣的事情。明斯克轮式牵引车厂代表团抵达孝感市参加"三江瓦力特"合资企业董事会例行会议。大家准备文件差不多都到晚上 10 点了，因为有时差（明斯克时间 6 点）还不想睡觉，但是觉得很饿，于是就沿着孝感市的中心大街闲逛，希望能找到一家开门的商店或者吃东西的地方。到处都关门了。大家突然看到一个卖中国饺子的小摊。我们的饺子是肉馅的，而中国的饺子馅主要是各种蔬菜。我们非常高兴，问主人能不能给我们煮点饺子。那人回答，当然可以。我们围在煤炉旁等着，期待着这顿丰盛的晚餐。但是，当这个小摊主人端上所有剩余的饺子时，我们都傻眼了：一共只有 6 个饺子，可我们有 5 个人，而且都不是小个头。看到我们困惑的神态后，这个小摊的主人用手势和表情非常认真地

1、2. 等待拉客的交通工具

1

2

家具卖场的一个大厅

商场打折促销

向我们解释了一下，过了一会儿，我们看到他和一群妇女向我们走来，带着面粉、放饺子馅的托盘以及做饺子需要的所有东西。过了 15—20 分钟，我们就品尝到了热腾腾的蔬菜馅饺子，结账时需支付的金额只有 9 美元多一点。

现在，这种移动售卖点在孝感市已经见不到了。城市变成另一副模样，有更多不同风格和价位的舒适酒店，有大型商业圈，包括家乐福、酒吧、夜总会、保龄球。夜间，街道光线充足，道路两旁的建筑上挂着大量彩色霓虹灯。

这些年始终如一的是群众在露天广场跳舞的美丽画面。我去过的孝感市以及其他城市和乡镇，总是能在中心广场、公园和林荫道、小区附近的广场看到同一个画面：各年龄段的人们在民族旋律伴奏下跳舞。他们手里拿着扇子、丝带或什么都不拿，激情洋溢地跳着。所有这一切都令人着迷、神往。在我看来，这是中国集体主义在现实中的一种体现。

中国大小城市的居民区普遍配备了简单健身器材，这些场地从不会空着，各年龄段的人们在这里找到了锻炼机会。

早上的日坛公园

闲暇时间

　　不会打羽毛球或乒乓球的中国人很少。起源于英国的羽毛球已真正成为中国全国性的体育运动。到处都能打羽毛球：专业体育馆、露天广场、院子里的空地，甚至在人行道上。这项运动要求参与者动作和思维敏捷、灵活，之所以在中国非常流行，是因为它符合了中国人的性格特点。所有体育馆、露天篮球场和排球场总是挤满了人。天刚亮，在不同的地方就能看见练武或舞剑的人们。

　　中国已经从 20 年前的自行车王国变为汽车王国。中国是世界上最大的汽车产地——2010 年生产了 1800 多万辆汽车。国内市场汽车年销售量约 1850 万辆。1985 年中国汽车产量仅有 44 万多辆，2005 年产量暴涨至 571 万辆，而 2009 年中国已成为汽车产业世界领导者。同时中国还是最大的汽车消费国。

北京街道一瞥

通过我们这个位于中国中部地区的合资企业的范例，能够追溯整个国家的汽车业发展情况。2000 年，合资企业内只有自行车棚。2003 年只有 4 名员工拥有小轮摩托车。2005 年底有企业员工购买了私家车。2006 年，近 9% 的员工拥有了新车。现在，约 35% 员工拥有中国造的私家车。有的中国企业采取了消费刺激政策，促使员工购买新车。2006—2007 年比较流行的做法是，公司会在几年内向想要购买新车的员工返还部分车款。企业每月拨出资金支付部分燃料和维修费用。在这种政策支持下，很多人都想买车。然而，尽管小轿车产量快速增长，但某些型号的车在订货后半年才能提车。

最近几年，实体经济部门员工的工资显著增加，社会福利体系不断完善，税收主要用于提高各阶层人民的生活福利。

在我看来，中国社会成功的关键因素有：中国现代化成就是以千年积累的凝聚力、民族创造力为强大基础的，并不断从祖先的实践行动和哲学思想中汲取养分。现在，中国广大民众越来越强烈地希望保护传统、尊重文化和历史遗产，在这里，没有人会否定过去的经验，也不会用革命方式改变对任何一个历史时期的看法。

在全世界，中国人都喜欢聚集在一起生活，形成了"唐人街"。海外华人不仅为国家经济带来了大笔资金，还带来了最新的技术、先进的管理方法，他们开办现代化的企业，创造了大量就业岗位。

集体主义的根源在于客观现实。只要看看两个统计数字即可：地球上 6.5% 的陆地（中国的面积）居住着约 1/5 的世界人口（有可能更多）。伟大思想

在佛教寺庙中

北京紫禁城（现称故宫博物院）

1．照相留念　2．中国茶文化博物馆　3．在紫禁城内　4．在中国，金鱼是富足和繁荣的象征。

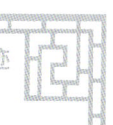

白俄罗斯学生与北京学校的学生们在一起。

家孔子的道德和伦理准则促进了这种凝聚和团结。中国人依靠家庭（包括被誉为大家庭的生产集体），尊重邻居和同事、特别是老人的意见，从小就注重培养集体主义感、民族自豪感和爱国主义。

我的女儿自出生起就在中国生活和学习，她在北京上幼儿园。每周一，幼儿园都要集体列队，大班的孩子们穿戴整齐在音乐声中升国旗。中国的小学生从开始上学就受到严格的纪律约束。不同于白俄罗斯学生，在这里学习员担从小学开始就很大——每天 7 节课。1—2 年级要认识大约 1800 个汉字，能正确书写近 1000 个汉字，小学期间不仅应学会正确的发音、还要学会正确书写 3000 多个汉字。孩子们在校期间一般不允许出校门、不准迟到、必须穿校服。中国小学生的休息日很少，暑假是 7 月中旬至 9 月 1 日。春节期间能放假约 30 天。

中国人从小就认识到在集体中必须和睦的工作和生活。在人们的记忆中，过去是在"胡同"中生活，狭窄的生活空间，

中国学生正认真上课

几乎没有任何基础设施，用煤炉做饭，日常生活设施都是公用的。如果没有良好的人际关系，不能相互支持、共同解决日常生活问题，人们甚至很难生存下去。

现今大多数年轻的中国人并不惧怕困难，他们行动果断，愿意做任何工作，希望走出去、甚至远离家人，包括出国接受教育和工作。因为他们知道，如果他前往的那个地方已有自己的同胞，那他们肯定会帮助他，他自己同样也会这么做。

五年前，我访问不同省市和县城时发现，小作坊和小工厂数量增长非常迅速，这让我很吃惊。显然，年轻的企业家没有考虑过几年后原料供应、产品可持续销售的问题。这体现了"如果他能，为什么我就不能"的普遍想法。每个中国人都想成为最强大的人。但是，他们又反映出另一个流行的说法，"一个人是条龙，三个人是条虫"。

现今的中国领导人确立了国家今后发展的道路。时任中国国家主席胡锦涛在纪念中国共产党成立90周年之际发表讲话时对邓小平提出的"发展才是硬道理"（从此开始了改革开放的伟大进程）赋予了新的意义："坚持科学发展才是硬道理。"当你参观不同的公司和企业时，你会发现管理人员和专业人员都致力于贯彻科学发展观，在生产中运用最新的科学技术成果。实际上所有人都完全明白，没有先进的管理模式、现代化的电脑设备和软件、持续改进的生产，就不可能在成本降低的同时达到产品数量和质量的稳定增长。

我的很多中国朋友在谈到孩子受教育情况时说，别指望年青一代继续从事父母的职业。现在，年轻人希望学习的专业是能让他们在发展强劲、最具潜力的经济部门（新材料、

软件、生物技术、电信产业、可再生能源）工作的专业。他
们还希望到国外最好的大学补充知识。

中国人特别注意掌握最现代的经济管理方式。企业管理
者每年必须"脱产"参加专业技能提高班，并且不少于 240
小时。培训计划中首先要有现代管理方式、经济和金融知识
等问题。中层管理者是 120 小时学习计划，其他管理层人
员——100 小时计划。工程技术人员也必须进行专业技能培
训，每个岗位上 60% 的员工每年都应该进行培训。各个公司
或企业每年用于人员培训的费用不少于工资总额的 2.5%。

中国公司和企业还有专项经费，用于引进外国高级专家，
以便交流经验，相互学习等。

中国公司进口高技术设备不仅是为了在生产过程中使
用，还为了自己能制造出这种设备。除了进口设备本身，中
国公司还会引进技术和生产经验。

某公司办公室里

值得一提的是，中国生产者利用外国先进技术制造出高
品质工业产品，以相对较低的价格出口，占领了很多发展中
国家和发达国家的市场。

现今中国的目标是保持稳定发展。过去三十年改革奠定
的牢固基础使中国足以成为世界上最繁荣的国家之一。

以中国人的精准
和东方的细腻

尤里·伊万诺维奇·普列德科

白俄罗斯"地平线"公司总经理。

大约 20 年前，我第一次接触中国。如果说，那时我相信自己对这个国家及其居民了解颇深，那么随着时间的流逝，我明白，还需要几十年，才能真正了解华夏民族。

与中国公司的合作（通过这种合作，从整体上了解中国）使人收益良多。这不仅是指在职业上，也指在个人修养上。中国实业界伙伴的精神气质、处理事情和开展业务的方式是循序渐进式。我认为，可以从中国人身上学习睿智、细致、勤劳和力争第一的品质。

初识中国——香港

我将讲述我们如何迈出双边合作的第一步，如何成立生产家用电器的合资企业。不过我将更着重讲述，与中国人交往的深奥道理。

从 1996 年起，我开始担任白俄罗斯"地平线"公司主管贸易的副总经理。那时，我们与前苏联供应配件的厂家建立的联系瞬间瓦解，必须寻找新的合作伙伴。

我们与土耳其公司合作，同时也在中国寻找合作伙伴，当时中国的电子工业已经飞速发展。

我还记得我们第一次参加在中国香港特别行政区举行的亚洲国际博览会的情形。从那时起，我开始了解中国的大型公司。博览会上，我们熟悉了家电和电子领域的领军企业，找到了第一批合作伙伴。

香港每年举行 60 多场国际和地区间博览会和交易会。其营商环境指标（关于企业营商便利程度的指标）仅次于新加坡，在国际上位居第二。香港是世界上节奏最快的城市。这可以从游客和商人在边境、机场入境手续的办理速度中看出。人员工作有条不紊，没有多余的动作和情绪，所有人都十分有礼貌。香港当地居民教育水平很高，所有职能系统的设置和运转都经过深思熟虑。

正是在香港的博览会上，我们与中国美的公司的高层管理者结识。大多数中国公司都没有出口许可证，但是对于

香港

香港的公司来说，不需要这种许可证。正因为如此，在国际市场开展业务的中国公司都在香港和新加坡设有投资和金融办公室，因为那里拥有良好金融组织系统。中国其他城市也积极效法香港的经验。

现在我们在中国许多地区和城市拥有众多伙伴。白俄罗斯"地平线"公司与中方在各个业务领域的合作正在积极发展。

广州

开始时我们在香港参加博览会，随后所有的商家都逐渐向中国最大的城市之一——广州转移。如果说在香港展示的是未来将要实现的目标，那么在广州展示的是当今的生活。

东南亚甚至是世界上最大的电子产品和家用电器展览会在广州举行（编按：指广州国际家电及电子产品展览会）。2012年展区总面积突破110万平方米，有超过2.4万家公司在那里展示自己的产品。

近几十年中国经济的迅猛发展促使中国展销业蓬勃发展。今天这个行业经历着史无前例的繁荣。每年展览会和交易会数量都增长15%—20%。展销活动主题涵盖几乎所有工业领域——从机械制造、电子和冶金到纺织、服装、农业、运输和物流、旅游业。如果说以前只有少数展销会是面向世界的，未必见得能够代表外国公司的利益，那么如今中国的展销市场已经直接面向世界。在

广州

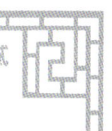

广州国际会展中心

外国资本的帮助下，中国已经开始举办大型国际展销会。最大的展销会位于北京、上海、广州和大连。

中国伙伴

现在白俄罗斯"地平线"公司代表每年要到中国好几次。公司下属的 20 个子公司几乎都与中国公司建立起联系。公司的生产企业正在与中国公司落实联合项目。我们的研发中心——数字电视研究所也积极加入与中国的合作。来自上海的一家公司就向数字电视研究所下达研发订单。这也正好证明了白俄罗斯"地平线"公司业务的全面性。

顺便指出，白俄罗斯总统亚历山

2010 年 11 月，白俄罗斯第一副总理谢马什科与美的公司总裁何享健会晤。

白俄罗斯"地平线"公司总经理尤里·普列德科代表白方、中国进出口银行行长李若谷和中工国际工程股份有限公司董事长罗艳，代表中方签署《关于在白俄罗斯境内中白工业园项目中开展投资合作的协议》，2011 年 11 月。

2010 年 1 月，白俄罗斯工业部代表团访问美的公司。白工业部部长拉杰维奇与美的公司总裁会晤。

大·卢卡申科访问北京时与中方签订为中国航空制造业研发和制造电子产品试验样件的合同总额达几百万美元。这是白俄罗斯与中国之间金额最大的一份合同。

我还记得，大概在 1997 年，我与时任白俄罗斯"地平线"公司总经理弗拉基米尔·谢马什科（现任白俄罗斯第一副总理）共同在亚洲某大型公司办公室进行谈判，当时我是谢马什科的副手。那家公司的副总裁将建立合资企业比作组建家庭和孕育孩子。我牢牢记住了这个比喻：首先人们相互了解、与父母见面，然后登记结婚，之后才决定要孩子，接下来应当教育孩子行走、说话，几年后他才能开始独立生活。组建新公司也是这样。

逐步创立业务

我举这个例子是为了说明，白中合资项目——"美的—地平线"项目诞生时所走过的路是多么复杂。我们的合作伙伴是中国著名的家电生产商——美的公司，他们用大约五年时间仔细了解相关情况，之后访问我们公司，并邀请我们访问。

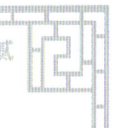

2010年美的公司代表团访问白俄罗斯"地平线"公司。

这是一个严肃而漫长的过程。那时我才明白，中国公司为联合项目遴选合作伙伴是多么仔细。他们经常把这个过程比作过河，先要一步步地在急流中用脚摸索石头，然后才能迈步子。

首先，中方了解了我们生产家电的战略以及我们如何在独联体市场定位。中方感兴趣的是，我们专家的想法以及他们在根据市场行情作出决策方面随机应变的能力和机动灵活性，还有白俄罗斯政府对白中伙伴之间合作的态度。他们还观察我们企业的员工如何工作和休息。起初，他们这种周详细致的态度让我们感到吃惊。不过很快我们就明白，中国人对待所有事情都十分细致，都要经过深思熟虑。例如，宴会和招待会，这是谈判的继续。在那种场合，中方会仔细观察

中国全国人大常委会副委员长蒋树声率领的全国人大代表团参观美的—地平线合资有限公司，2010年9月。

白俄罗斯总统卢卡申科视察美的一地平线合资有限公司。

2010年11月，白俄罗斯代表团访问美的公司，签署战略协议。

外国伙伴的相互关系。有趣的是，他们的祝酒词都是个人化的，几乎没有相同的祝酒词。中国人要亲自走到对方面前说出祝酒词。

中国人认为，礼物（纪念品）必须具有一定含义。他们十分注重小的细节。精心挑选的礼物可以使接下来的合作变得轻松。

中国人会分阶段推进工作，每个阶段都有相应的工作任务。中国人需要经过长时间的思索、考虑、研究，然后才能作出决定，之后会快速行事。坦白地说，一开始中国人的这种慢性子令人不解。好像他们这么做是在表明不愿意落实项目。与中国人开展商业活动，需要很多耐心，需要了解民族心理、历史、文化，特别是公务礼节。

当然，双方在精神心理、方法态度上存在差异，不过这并不能妨碍合作的开展和友谊的缔结。

中国专家很多拥有在两所大学就读的经历，其中还有很多获得工商管理硕士学位。对于在国外市场工作的中国人来说，拥有工商管理硕士学位是一个重要条件。

1、2. 美的—地平线合资有限公司生产微波炉。

中国工厂

中国大型生产厂秩序井然。办公楼和厂房周围区域经过精心修整，草坪修剪得整整齐齐，花坛绚烂多姿。办公楼前厅堪比五星级酒店，电子屏幕上播放的是迎宾词。来到这里令人开心。正如我所言，如果中国人想要建立合作，那么他们会仔细考虑所有事宜，时时处处都可以感觉到这一点。

厂区的一切设计都十分经济，兼顾工人的工作条件。所有人都在紧张有序地开展工作。员工都十分年轻，分工十分明确：有刚刚参加工作在生产线上工作的普通工人，有具备

1、2．"美的—地平线"合资有限公司的生产车间。

丰富经验的老工人，也有参与管理的中层领导。当然，他们的薪水不同，工人都尽力表现自己，希望在职位上得到升迁。

简单讲讲中国产品的质量。我曾造访美的公司的实验室，那里只邀请外国人工作。如果产品销往美国，那么就由美国人对其进行质量监督，如果销往日本，就有日本人对其进行质量监督。各国对插座、洗衣机水噪音都有自己的要求。我看到了日本人是如何检查洗碗机噪音和节水情况的。这样一来，对中国产品可能质量不佳的偏见就消除了。

顺便提一句，在"美的—地平线"合资有限公司生产家电时，我们遇到一个问题：没人愿意提供售后服务。理由很简单：不存在不合格产品，保养服务还有什么意义？理应由我们白方提供服务保障。这是合作过程中一个有趣的瑕疵。

当中国开始实行改革开放政策时，为外国企业的运转提供了独一无二的条件。在大型城市建立了很多外国工业园区，最典型的例子是中国—新加坡苏州工业园区"未来城"。借鉴优秀的国际经验，我们计划建立中国—白俄罗斯工业园区，工业园区内将为商业活动的开展创建所有必要的基础设施。白俄罗斯"地平线"公司积极参与该项目的落实。

白俄罗斯国家标准和认证研究所所长瓦列里·古列维奇向"美的—地平线"合资有限公司总经理唐海洋颁发关税同盟框架内的№1统一商品认证。

根据中国商务部的决议，中工国际工程股份有限公司将负责修建中方的工业园区。"地平线"公司积极研究与建立该工业园区相关的问题。

建设这样的设施，将为包括中国公司在内的国际公司走向欧洲市场和关税同盟市场提供良好平台。对于白俄罗斯来讲，该项目将能够吸引国外投资商和国际知名公司进行投资。

位于明斯克的美的—地平线合资有限公司

中国与新加坡合作的典范

基里尔·尤里耶维奇·科罗捷耶夫

白俄罗斯共和国经济部投资总局局长。

苏州市位于上海以西大约100公里处，以其世界闻名的园林吸引着四方游客。然而，为商界人士所津津乐道的首先是它附近的工业园区，园区的"心脏"地带就是中新合作区。

上海到苏州可以坐高铁或大巴，高速公路路况十分良好，但大多数是收费的，这也是国家与私人成功合作的典范。私人企业可以通过收过路费来填补道路建设和维护的开支。每隔20—30公里，包括轿车在内的所有汽车根据车型和载重量都要交费。交费标准因道路而异，通常来说，5—35元不等。

走在高速公路上，你会发现，苏州工业园区的英语指示牌"SIP"比城市名称标语牌的出现频率还高。

汽车驶进工业园区，沿着

中心方向前进，街巷严格规整的布局定会引起你的注意，而这些街巷引领我们走进设施齐全的各工业区。

高速公路

不论一天中的什么时段进工业园区，你都会感觉到，这远不是那个堵车严重、街上有数不清骑自行车的人的中国。街上除了疾驰的货车，基本上没车。而人，完全见不着。在工业园区的行政中心，尤其是在商店，这种感觉会更加强烈，因为你很有可能是商店里唯一的顾客。然而，在宾馆吃早餐的时候，你就会改变这种认识，因为周围全是来自世界各地不同肤色的客人。

出现这种现象的原因非常简单：苏州工业园区还是一座年轻的城市，今年才刚建成。

苏州工业园区全景

苏州工业园区 3D 模型

为了全面了解苏州工业园区，必须深入到它那短暂却高速发展的历史中。

首先要对中国人有正确的认识：他们善于气势恢宏地展现历史以及自己城市、地区及企业所取得的成就。不论他们介绍哪个工业园区或经济区（苏州工业园区也不例外），首先介绍的肯定是博物馆。在那儿，参观者将会了解到工业园区建设的主要历史、管理机构、大型入驻企业及其产品信息等。在一个小电影厅里还会放映关于园区建设、发展和优势的短片（偶尔甚至是 3D 短片），并且一定会介绍博物馆中最重要的东西——按照比例而建的巨大规划沙盘，在沙盘上，工业园区所有的行政楼、居民区、生产设施、基础设施及未来发展区都一览无余。模型上的特制照明设备可以迅速定位和标示工业园区的所有区域，这更加彰显出在设计者和建筑者的宏伟构思中新苏州工业园区是中新两国政府间的协议合作项目，1994 年 2 月批准设立，同年 5 月破土启动。

高空鸟瞰苏州工业园区

中新两国政府将工业园区选址苏州的原因是，与上海毗邻（利用其航空港和海港），发达的交通基础设施以及周边城市为数众多的大学。

1994年5月，双方政府确定成立房地产公司CSSD（中新苏州工业园区开发股份有限公司），当时投资总额为1亿美元。最初，中方控股35%，新方65%，两国企业分别组成的财团为公司具体创始人。后来，新方出售了部分股份，从此CSSD58%的股份属于中方财团，28%属于新方财团，港华投资有限公司占10%，新工集团私人有限公司和苏州新区高新技术产业股份有限公司各占5%。

实际上，苏州工业园区位于苏州城东，是苏州市新建的一个面积为288平方公里的行政区，建区之前，那里是一片农田。中新合作区70平方公里（后来又增加了10平方公里），合作区的房屋建设均由CSSD承担。

中新双方设计师为工业园区建设制订了一个土地开发总计划（计划清晰地明确了工业、行政和住宅区的划分）。至今，双方都在严格实施该计划。

根据双方初步协议，CSSD

苏州工业园区工业区

苏州工业园区的一条街道

苏州工业园区图书馆

苏州工业园区夜景

征得的土地中，建成区的 8 平方公里土地价格从优，使用权限 50 年（在中国没有私有土地）。其余土地价格双方已在早期协议中确定，以后征得的土地，公司视其必要性按早期所定价格购买。

中新苏州工业园区开发股份有限公司在购得的土地上自费建设所有必要的基础设施，如工程管线，道路，供电网络等。公司把建筑工地的使用权出让给投资商，后来，为了及时保养维修，工程管线交予园区政府管理。

今天来看，中新苏州工业园区开发股份有限公司的经营相当成功。2010 年盈利近 8000 亿美元，是 2005 年的 4.4 倍。目前，公司正在继续推进始于 2009 年 5 月的建设项目，该项目计划在离上海 50 公里远的南通建立一个 10 平方公里的新工业园区，现正在进行基础设施建设。据公司董事长称，如果说苏州工业园区项目是 1.0 版的，那这个新项目就是 1.5 版的。

最初，提供给投资者的土地上已有基础设施，然而必要基础设施的建设需投资者自费完成。接下来会开始建设典型工业建筑，以便增强工业园区对投资者的吸引力。典型工业建筑落成后，他们会出租给园区的入驻公司，这种做法大大减少了入驻公司的启动资金，并且提高了园区在同行中的总竞争力。

苏州是一座园林和水道众多的城市

中国开始实施竞争性出让土地的法律后，CSSD 公司未利用的土地被政府赎回，同时补偿公司已建成区的建设和发展费用。目前，投资者可以通过竞争获得园区土地使用权。

除了能提供舒适经营条件的基础设施外，工业园区的投资吸引点还在于按"one stop service"原则开展工作的管委会（行政机关）。中国人的说法是"一站式服务原则"。投资者不用再为数十个不同级别的国家机关和部门批文而奔波，园区管委会的领导可以独立（不用经过上级部门的同意）解决大多数问题。"一站式服务原则"最大的不同之处和优势在于，管委会在现场就解决问题。

此外，在招商引资方面，工业园区政府被赋予了广泛的权限。投资总额超过 1 亿美元的项目，园区政府无需经过上级国家机关（如苏州市政府，中国其他的工业园区没有这种权利）就可批准。园区还设立了专门的外事办公室。园区政府负责园区的管理和发展，实际上，它行使的是地方行政机关的职能。

为了中新项目的共同发展，两国成立了政府联合协调理事会。理事会成员是两国各部委（中方——商业部、财政部、外交部、国家发改委、科学技术委员会、江苏省人民政府、苏州市人民政府等；新方——贸易工业部、外交部、医疗卫生部等）的代表。一些日常性问题则由双边联合工作委员会

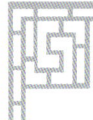

苏州是一个现代化建筑的城市

和经验改进委员会处理。

为了全面地了解苏州工业园区，不得不知晓一些统计数据。苏州工业园区的户籍人口有 33.9 万，总人口 73 万，虽然其面积只占苏州市总面积的 3.4%，但却居住着 5% 的苏州市民，园区产值超过了苏州市国内生产总值的 16%。工业园区吸引了 3000 多家国际企业入驻，其中 91 家为世界 500 强企业，并且完成了 100 多个价值超过 1 亿美元的投资项目。中新合作区的"投资密集度"相当于每平方公里 17 亿美元。

2010 年苏州工业园区的生产总值为 205 亿美元（比 2009 年增长 18.8%），缴税总额为 26 亿美元，固定资产投资达 85 亿美元。2010 年全年的对外贸易额为 738 亿美元，零售贸易额 172 亿美元。按照综合发展指标排名，苏州工业园区位居国家级工业区第二位。

苏州工业园区的入驻企业不存在高素质干部短缺的情况，因为在园区 200 公里的半径辐射范围内有 200 多所大学。并且园区内部专门建立了一个占地面积为 12 平方公里的创新科教区，目前已设立吸引 16 所院校入驻。科教创新区内的院校设有专门从事 IT 和生物纳米技术研究的科学实践中心、风险中心。目前，科教创新区汇集了从事电脑技术和程序研发活动的诸多大企业，60% 以上的企业员工均为高素质技术专家，其中有 5000 多名外籍专家。

除此之外，工业园区还创立了国际科学园、生物技术园、生态旅游园，它们隶属于园区政府，行政级别相当于市的一个区。

苏州工业园区拥有发达的基础设施。新入驻企业在开展经营活动方面所必须的条件（如电力、水资源、天然气、供暖、通信、邮政服务、防火系统等）都一应俱全。园区内部有发

苏州夜景

达的交通网，连接园区的交通网也四通八达，多车道高速公路，铁路都与其相连。园区内创建了物流中心，中心虽没有航空港和海港（最近的在上海），但以"虚拟口岸"原则为主导开展工作，提高了货品通关速度，运行非常成功。物流中心设有自由贸易综合区，区内可以进行货物再加工和发展物流，同时不用办理相应的通关手续。

　　苏州工业园区的行政中心是一栋单独的三层建筑，园区的行政机构根据"一站式服务原则"在此办公。一层负责办理个人相关事务，中心大厅也在此；二层负责办理法人相关事务；三层负责的是建筑建设项目及相关文件的审批。客户从咨询处、专门的客户终端、网站或中英双语小册子上都能获得必要的相关信息。

　　工业园区的发展依靠的不仅仅是开展经营活动的舒适条件，园区政府也特别重视公共事业和旅游业的发展。在这方面，园区建设者可谓创造了奇迹：在中心商业区旁边建了一个人工湖。就其风景来说，丝毫不亚于日内瓦湖，而坐落在半岛上的中国式园林更增添了宁静和谐之感。

　　苏州工业园区在生态保护方面有着严格的要求。园区政府首先欢迎那些"绿色"生产企业入驻，但不允许企业组织污染物排放强度处于中高水平的生产活动。

　　园区建筑者竭尽所能来吸引居民和游客。独特的雕塑作品点缀着街道和园林，带人行桥的水渠绵延建筑群之间，游

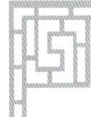

苏州工业园区商业中心示意图

苏州工业园区商业中心

乐园休闲设施齐全，坐上游乐园里的摩天轮可以欣赏到城市的全景。

夜游工业园区后，你会真正留下一些不可磨灭的印象。夜晚，华灯初上，园区照明设计专家们的成就一目了然。高大建筑物的轮廓在交错的灯光中显现，给人感觉仿佛在巨大的彩色六面体中滑翔一般。细小的灯光束从建筑物游移到地面，人行小道上路灯的光影效果，这都突出了园区的立体感。

在园区待了几天后才明白，苏州工业园区是一个人们愿意居住和工作的现代化城市，一个无法形容其美丽的城市，一个在某些方面又有所超前的城市。

在行政机关和房地产商的管理权限划分方面，苏州工业园区虽然是国家间合作和非官方模式的光辉案例，但在中国，它远不是唯一的典范。

国家（政府）工业园区的基础设施建设和管理最流行的办法是由园区所在地政府负责。

总体上，中国目前存在各种不同的实行特殊管理的经济区，如工业园区、经济特区、自由经济区、边境贸易区、高技术园区、旅游区等。

该类实行特殊管理的经济区有以下特点：

执行有别于中国其他地区的特殊海关税收政策、财产支配原则和行政操作程序。

为了对该类实行特殊管理的经济区（经济发展区）实施管理，通常会设立专门的行政机构（管理委员会，行政委员会），该机构隶属于相应的地方政府。不同于白俄罗斯自由经济区的是，中国的工业园区行政机构代表园区所在直辖市、省或行政区政府行使职权，执行相关政府赋予的管理职能。

这样的"局部政府"设有自己的财政预算，其工作人员属国家公务员。工业园区建设的初期，各项费用来自向上级财政部门的借款或贷款，以后则通过向入驻园区的企业征税来偿还。

天津工业园区，又名天津经济技术开发区（TEDA 为其英语简称，音译为"泰达"），于 1984 年成立，是中国国家工业园区建设的成功典范。

天津是全球最大的港口城市之一，总面积 1.2 万平方公里，居民大约 1300 万，也是世界上货物吞吐量最大的十个港口之一。天津是直辖市，其市长相当于省长。

天津工业园区总规划面积为 300 平方公里，今天，建成区面积近 1/3。主要建设了工程和交通基础设施、发达的工业和行政区。而作为园区辅助发展要素的居民区目前正处于积极发展阶段。休养设施（公共设施和绿化）占园区总面积的比重不大，通常是专门建设的人工景观（植物园，林荫大道，街心花园，人工湖和水渠）。

目前，泰达企业的员工近 41.2 万人。2010 年，员工的月平均工资接近 700 美元，园区的年总产值达 245 亿美元。2010 年中国的人均国民收入约为 4000 美元，而泰达员工的人均收入约为 6000 美元。

究其本质，工业园区就是圈定面积相对不大（几十平方公里）的土地，在上面组建自己的管理"政府"，建设必要的基础设施，推行优惠的投资政策。

工业园区建设的首要和最重要阶段是规划和交通、工程基础设施建设。因为航空、铁路、公路和水路运输齐全的交

天津是世界最大的港口城市之一   天津电视塔

通基础设施以及供电、通信、供暖、供气、供水和排水系统完备的市场基础设施是园区顺利运转的保障。工业园区发展总规划由园区政府制定。

具体到泰达工业园区，其主体基础设施建成于 20 世纪 90 年代，资金来源于中国人民银行的长期优惠贷款。当时，全中国有 14 个自由经济区获得基础设施建设贷款，其中，天津工业园区获得 3.3 亿元人民币。

在中国，工业园区入园企业享有一系列优惠政策，如降低税率，退税，免收原材料、成品出口税，简化企业落户登记、土地审批及厂房建设程序。

从创建工业园区之日起，中国就积极推动经济特区吸引外资专门推出了税收特惠政策。

中国内资企业的企业所得税为 33%，落户"封闭"地区

天津工业园区   "天津之眼"摩天轮

天津市滨海区　　　　　　　　　　天津是世界上货物吞吐量最大的十个港口之一

（包括特别经济区、高新技术园区）的外资企业的税率则仅为 15%。并且，头两年对从事生产活动的外资企业免征企业所得税。如果外资企业超过 70% 的产品都出口，则税收减半政策将持续到项目实施的第 8 年。先进的高技术公司有权在第 6、7、8 年减按 10% 的税率缴税。

　　中国在推行税收优惠及发放商业许可证方面的政策实践十分令人好奇。商业许可证规定了从事生产活动的年限——10—25 年。如果公司的生产活动时间低于规定的下限，它必须返还所有的税收优惠所得，保证国家财政不受偷逃税款的损失。从 2008 年 1 月 1 日起，中国开始实施新的企业所得税法。内资企业、外资企业适用统一的企业所得税法，取消各特别经济区、工业园区的税收特惠政策。此外必须指出，一些政府为了公平起见，会根据实施项目的重要性和规模，退

天津市中心　　　　　　　　　　　　　　天津夜景

中国—新加坡生态城

还企业以前已纳税款。关于退还税款的决定，政府根据企业的重要性独立做出。

与此同时，一些统计数据表明，取消外国公司的优惠经营政策并没有导致外资直接投资的减少。

基于上述种种优惠条件，中国的经济区吸引了许多实力雄厚的外商投资入驻，并且他们带来了先进的技术。一般来说，世界上占主导地位的跨国公司是最重要的投资群体。

随着生产活动现代化程度及生产能力的提高、基础设施建设的发展、员工工资的增加，工业园区入驻企业的税收和其他优惠政策减少了。这个过程不是一蹴而就的，而是在几十年的时间内完成的，与此同时，中国逐步放宽园区入驻企业的内部市场准入。

在大型工业园区建设方面，创立于 1994 年的天津市滨海新区是一个典范。新区面积为 2270 公里，海岸线长 153 公里，其中心位置为拥有超过 140 个码头的港口，得天独厚的地理位置为发展海运、物流和贸易提供了有利条件。该港口是中国最大的人工港，为了它的建成付出了大量艰辛的努力：抽干盐湖，加固海岸线，沿港修建地铁和公路。港口向外延伸的地带都是货物集装箱，远远望去，就像花花绿绿的多层楼房。

天津滨海新区的发展不仅仅是依靠物流和港口服务业，

并且不是特别依靠后者。目前，区内聚集了几乎所有工业门类：航空航天、石油化工、生物制药、电子技术、能源及其他多个门类。各类工业发展产生的协同效应不断吸引着新的投资者入驻新区。这些投资者寻求的不仅是销售市场和舒适的生产条件，而且还有同其他公司的合作，新区各门类工业的协同正好满足他们的需求。

天津市滨海新区管委会按照综合发展原则建区，不仅关注经济发展，而且重视旅游业发展。为此，专门划出一个区域用于海滩美化、旅游基础设施和休闲区建设，竭尽所能把新区打造成一个疗养中心。

天津市政府没有止步于所得成就，开始了设立特别专区的实践。在机场保税区创建了专门的航空工业园，其"心脏"是空客（Airbus）天津总装厂，该厂自 2008 年开始从事民用飞机的组装。空客天津总装厂的落成推动了保税区飞机组件生产活动的组织和实施，也促进了航空制造产业链的形成。

中新生态城也位于天津市附近，占地面积 30 平方公里，是一座注重环保基础上发展的园区。园区建设者以高新技术和金融、IT 业为首的服务业为依托，将其作为园区经济和专业化发展的"发动机"，园区还建立了动画片和特效生产基地。

生态城居民区和行政区的主体是太阳能和地热能节能房，各区之间均有自行车道相连，并且开通了舒适的生态电车，运用了独特的废弃物管理体系。虽然目前大部分建筑物空空荡荡，但生态城的领导者们对生态城的成功没有丝毫怀疑，并且预计，生态城至少吸引 35 万人入住落户。

生态城的现代建筑

中医的
历史和现状

亚历山大·帕夫洛维奇·西瓦科夫

白俄罗斯继续教育医学科学院反射疗法教研室主任、白俄罗斯卫生部非传统疗法首席名誉专家、中国针灸学会名誉成员、医学博士、教授。

中国数世纪以来积累的治疗经验和方法现在已经传播到全世界。利用中医可以取得较高疗效，这在各国的科学界已经获得应有的承认。每次访问中国时，我都亲眼目睹中医的快速发展，并为之感到惊奇。

历史方面

中医上千年的发展历史是许多成果的总和，是中国科学文化重要且不可分割的组成部分。中医是一个特殊的医学流派，拥有大量文献遗产，包括超过两万部著作。

在主要创作于公元前 11 世纪至公元前 10 世纪的《诗经》中，已经可以见到一些在后来的医学实践中用到的植物名称。第一部系统阐述中医基本原理的论著是写于公元前 3

世纪初的《黄帝内经》（简称《内经》）。论著主要内容是黄帝与御医关于以下内容的谈话：人与自然是一个整体，阴阳对立哲学，疾病出现原因及治疗方法，针法、灸法、按摩和呼吸疗法。这部论著由两部分组成——《灵枢》和《素问》。

上部阐述中医历史，提出9种针法和4种诊断法（望、闻、问、切），对灸法和药物进行了描述。下部主要描述人体生命活动和病理过程的发展机理。这部著作说明，"医学的任务是治疗病患和保健"。

许多世纪以后"保健"这个概念成为现代康复医学理论的基础。早在那个久远的时代，中国医生已经制定诊断、治疗和预防疾病的基本原理。中国拥有一系列领先欧洲医生数世纪的发现。早在公元1世纪，中国人已经应用膀胱导管插入术，将葱的花茎用作导尿管，开始使用水银和硫磺治疗皮肤病。

中国公元前的中医著作正确地描述治疗出血的方法。中医很早以前就知道了糖尿病，《内经》中已有关于糖尿病的记载。之后有了对此病诊断方法和糖尿病人特殊饮食的描述。中医建议将人参、黄芪、天冬草、山茱萸等作为治疗糖尿病的药材，这些药材对碳水化合物代谢具有影响，这已得到现代医学的承认。

著名医生扁鹊（公元前407—前310年）是切脉诊断法学说的奠基者。根据他创立的学说，每个器官的运转都会在身体各部分血管上有所体现，进行切脉诊断正是由这点决定的。扁鹊的学说对脉象种类进行了生动的描述，扁鹊及其学生著有《难经》反映了那个时代先进的医学观点。

著名医生华佗（公元145—200年）完全有理由被看作中国外科学的奠基人。他进行复杂的外科手术，使用针灸法止痛，给病人开各种药液，有时将其与酒混合以增强疗效。他研制出基于五种动物——鹤、猴、熊、鹿、虎行为动作的保健操。经过专家的补充

扁鹊　　　　　　　华佗　　　　　　　张仲景　　　　　　　孙思邈

和完善，这套操不仅在中国，也在世界其他国家被广泛用于康复治疗。

中医的另外一个著名医生张仲景（约公元2世纪）在著作中将中国医生关于治疗伤寒、传染病和妇科病的经验系统化。在这部著作还提出人工呼吸的基本方法。公元3世纪皇甫谧写出第一部关于针灸的著作《针灸甲乙经》。这部关于针灸的著作包括12卷。其中十分详尽地阐述了机体的解剖学特点和生理学特点，确定了针灸时用到的354个穴位并明确了其功能。提出了关于脉搏与针灸相关的理论。作者还指出不能进行针灸的穴位和区域，对治疗疼痛综合症提出建议。

在这个时期出现了第一批关于中国药理学的书籍。第一部药典是《神农本草经》，这部著作收录了300余种当时所知的药材，后来将药材从植物拓展到动物、矿物的基础。最著名的一部是孙思邈（581—682年）撰写的《千金方》，其中系统阐述了最重要的药方。例如，在病人甲状腺肿大时，中国医生开出含有动物甲状腺和海洋植物提取物的药方。

孙思邈开展大量工作研究和开创新药材，明确其使用范围和禁忌。在民间，他被称为"药王"，很多城市、医学院、庙宇和植物园都可以看到纪念这位伟大医生的纪念设施。某些由他设计的药方成分直到现还被用于配制中药。应皇帝命令开设第一家医学校，有大约300名医生进行学习。最出色的医生负责教授针灸理论和实践、药理、治疗性按摩和预防性按摩。印刷术的出现促进了医学知识的传播。中国医生开始受邀前往外国治疗统治者，中国医学开始在其他国家，首先是邻国（日本、朝鲜、越南等）传播。

1027 年中国医生王惟一制造出两座铜铸人体模型，在其上以孔眼标明针灸穴位，并用 12 条线将这些穴位连接。后来这些线条被称为人体经络，经络将人体表面的穴位与内脏连接起来。两座铜人用于确定针灸穴位的教学。在医生考试时也使用铜人。铜人腔内注满红色液体，铜人身体上孔眼用蜡覆盖，外面糊以稻草纸。考试时，医生应当把银针扎入指定穴位，如果刺中穴位，孔眼内会有红色液体流出，这表明通过考试。为方便研究铜像上的穴位，王惟一编著了《铜人腧穴针灸图经》。

用于研究穴位的铜铸人模型

中国药理学在李时珍（1518—1593 年）的著作中得到最大发展。李时珍是伟大的药理学家。他详细描写了 1892 种药材，主要是植物药材，编写约一万个药方，详细阐述草药的采集过程、药材制作方法及针对不同病症用药的方法。这部著作完全有理由被看做国际药理学的基础，后来被翻译成多国文字。在世界许多著名大学我都看到了这位伟大的医生的画像。

中医在明朝（1368—1644 年）更加受到重视，出现许多新的医学著作，这些著作的作者一方面对基于迷信、预言的中医理论进行修正，另一方面用新的经过实践检验的资料丰富中医理论。

在清朝——满族统治时期（1644—1911年），中医没有得到积极发展。在国民党统治年代也是如此。1949 年后中医发展开始步入新阶段。1955 年在北京成立中国中医研究院（编按：2005 年更名为中国中医科学院），下设针灸研究所，由朱琏教授担任所长。她是首次将《现代针灸指南》从汉语译成俄语的作者，该书于1959 年出版。

对历史的简短回顾虽不能详尽地对中医历

李时珍

史进行阐述，但揭开了有关中医秘密的面纱。

中医的基本理论

　　只有在了解中国古代思想家关于认识自然发展一般规律的哲学概念基本原理后，才能理解中医的深度和智慧，这些一般规律也是创立中医理论基础。上医学院五年级时，我从朱琏写的一本《现代针灸指南》中第一次了解到中医基础。中医认为健康的状态应该是身心合一。从古代哲学概念来看，周围世界的一切现象都是由于两种对立力量——阴阳的相反相成作用产生的。阴阳的动态特性可以通过古老中国的象征——太极来说明。这个象征是个圆形，圆被 S 曲线分为相同的两部分——黑和白。阴阳处于不断的对抗、运动状态，象征宇宙的圆中 S 曲线就强调了这一点，黑白二色代表阴阳两极，同时每一极在初期都具有对立性。黑色区域中白点表示阴中有阳，白色区域中黑点表示阳中有阴。哲学范畴阴阳意味着，任何一个整体——有物体、也有现象——都是由相对立的两部分组成，这两部分相反相成。大自然中的所有现象都具有两个相互作用的对立部分。属于阴的有：月亮、大地、女性、弱、冷、黑、重、低、小、短、悲痛等。同样，属于阳的有：太阳、天空、男性、强、热、白、轻、高、大、长、高兴等。阴阳相互作用的原理符合辩证法的基本规律（对立统一、否定之否定、量变到质变、相互联系和相互依存）。中医以此象征作为基础并在自己的思想中引用了人体在正常状态下以及生病时要阴阳调和的概念。人体中细胞、组织、器官不停运行的生理过程，不同功能系统的相互作用和人体所有生命活动都是阴阳两极相互对立对抗作用的结果。阳代表机体机能增强，而阴代表机体机能减退。两极永远不会处于静止状态，它们相辅相成，在健康的机体中处于动态平衡状态，这符合中医概念里的相对健康和平安的状态。破坏这种平衡就会导致出现病态、疾病，表现为阴极占优势（机能减退），要么是阳极占优势（机能亢进）。利用阴阳平衡原

理治病可归结为恢复阴阳平衡。治疗方法的方向性和完整性在于，阴阳概念遍及中药、针灸、按摩、食疗和其他所有疗法。同样，所有植物药、动物药、矿物药、针灸和按摩疗法与手法等也都分成上述两个范畴。

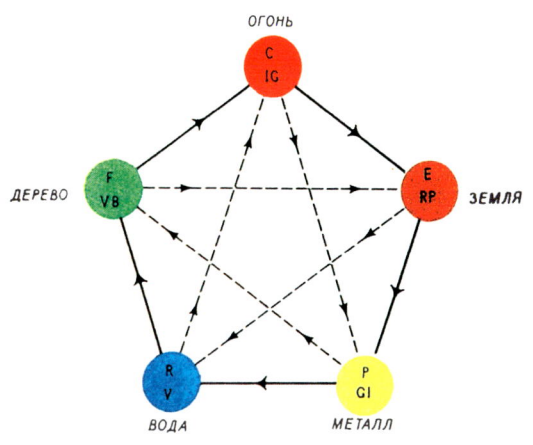

五行图（最高点起逆时针依次为：火、木、水、金、土）

当病人出现阳盛症状时应该选择清、下、消的治法，当病人出现阴虚症状时——相反，要采用和、补、调的治法。真是让人惊奇，中医用这种简单明智而又万能的系统方法来解释疾病和治疗病人。这真是医学的哲学和哲学的医学。

古代哲学中的五行概念也被中医医师借鉴到中医理论中。在总结自然界具体现象的基础上，哲学家将自然现象划分为五类，由以下五种元素象征：金、木、水、火、土。它们相互间具有一定关系并处于运动中。古代思想家认为，其中每种元素都是自然界某种生命过程的象征，而人也是自然界的组成部分。中医医师将每种元素与人体内脏器官和机能系统相对应：金主肺和大肠，水主肾和膀胱，木主肝和胆，火主心脏和小肠，土主脾、胰腺和胃。在认真观察生命活动机能调节过程的基础上，他们根据经验用相互抑制、相互促进和相互调节的关系将五种元素联系起来，得出人体器官和机能系统自我调节理论，这也从属于阴阳定律。中国医师利用五行概念创立了独特的健康时和生病时人体机能调节法则。并且在许多世纪以前，在控制论理论基础创立前已经首次提出了逆向联系的概念。现在，已经证实，他们提出的理论体系符合阿诺欣院士提出的功能系统理论。

太极图

中医治疗方法

中医知识的形成很大程度上不是来自哲学，而是通过经验观察。现今中医的主要治疗方法有：使用植物、动物、矿物药剂以及针灸、按摩、食疗、健身体操和气功疗法。近三四十年来，在中国（受西医影响）形成和盛行一种新的中医领域——理疗，即对穴位施加物理因素。

针灸——中医最有效的治疗方法之一。在治疗时，常常同时或依次使用两种疗法，因此这种治疗方法在中国被称为针灸疗法（针——针刺，灸——灸灼）。针灸疗法即用长1厘米到12—14厘米的金属针作用于穴位并用艾条温灼穴位。针法在欧洲国家常被称作为针刺疗法（acus—"针"，pungere—"刺"），而穴位——针刺点。有很多关于穴位起源的传说。其中一个传说是，有个农民在稻田里锄地时感到头非常疼。他头晕目眩，不小心让锄头砸到了脚，刚好砸中其中一个穴位上。他又继续耕地，突然惊奇地发现，头不疼了。后来又找到了其他穴位，例如，按压时会有疼痛感，用针作用于痛感处，按摩，在医治各种疾病过程中慢慢积累经验。

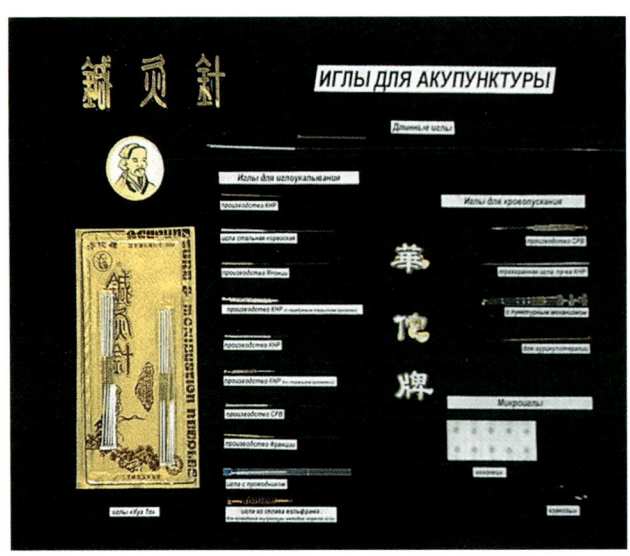

针灸用的成套金属针

患者出现诸如酸、麻、胀、重的感觉是判断正确落针的标准。关于针灸起源的最早文献是在公元前4—5世纪。这种疗法的实质在于身体外皮和组织以及内部器官的相互联系，可通过身体表面作用于内部器官和机体生理系统。针灸疗法不同于其他中医疗法，要严格按照症状作用于特定的穴位。

中医关于"穴位"、"经络"和从身体外皮作用于内部器官的学说是数世纪来经过无数中医实践验证过的观察结果。出于对数世纪来中医领域研究成果的承认，2010 年 11 月 16 日，在肯尼亚首都内罗毕召开的联合国教科文组织保护非物质文化遗产政府间委员会第五次会议上审议并通过将中医针灸列入人类非物质文化遗产名录。

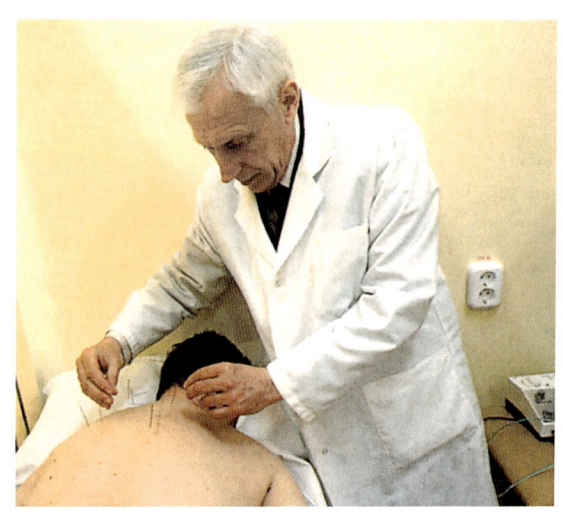

电子针灸

灸法（熏灼） 是指温灼穴位的皮肤表面或刺入穴位的针。还可用艾条烟熏灼患处，例如在罹患皮肤病、组织营养失调时等。现代研究表明，艾条烟能够抑制细菌和其他微生物生长或将其杀死。过去是直接烧灼，广泛使用圆锥物，将姜片、蒜片或葱片置于穴位的皮肤表面再施以烧灼以增加刺激作用。现在通常使用艾条，艾条成分包括约 20 种草药，主要成分是白俄罗斯也有生长的蒿类（常见的是艾蒿）。

中医主要治疗方法之一——使用植物、矿物和动物药剂。中医应该知道，药用植物看起来是什么样的，在哪里及如何采集、保存和制药。治疗效果取决于这些规则的遵守。在中医药典中植物药占 80%，动物和矿物药——约 20%。中医治疗时会使用非常复杂的处方。按照处方成分的数量，可分为大处方和小处方，按照处方用药特点——分为快和慢。中医非常注意处方组成，因为这关系到药用植物的对抗和协同。处方中包含越多的增效药物（即增加彼此的作用），治疗就越有效。中医处方配伍组方的药物可划分为：君药、臣药、佐药、使药。君药是处方中起主要作用的药物。君药是针对主病或主证。臣药是辅助君药加强治疗主病或主证作用的药物，或者是对兼病或兼证起主要治疗作用的药物。佐药是辅助君臣药起治疗作用，或治疗次要症状，或消除（减轻）君、

臣药的毒性，或用于反佐药。使药是帮助处方其他药物成分作用于经络（机体生理系统）或病体，以及起调和作用的药物。

1989 年我第一次到中国进修期间，第一次参观了中药房，我看到的一切让我无比惊奇。这就像是在参观生物博物馆。到处都是草药原料——根、叶、花、种子、树皮、树脂、干果——贴上的标签

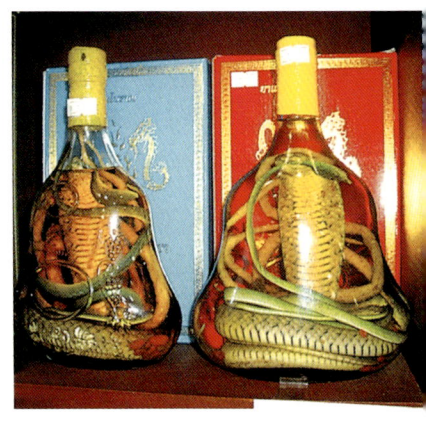

中药房

标注了采集地、品质、保存期限。药匣或木托盘旁总是会放着几段细细的骨头。靠墙正在晾干可用作补品的特殊鹿种的筋。中药房怎么可能少了人参——生命之根？人参通常保存在暗室里单独的玻璃药匣中。中医药剂师能区分约 20 种人参。大自然中最珍贵的品种生长在中国北方、朝鲜和韩国、俄罗斯乌苏里江地区。山参生长在野外的森林中，通常长在高大的树木下或背阴的山坡上。

大部分中药是以药丸、粉末、煎剂、浸膏、膏药、药酒、软膏的形式使用。药丸从小颗粒到鸽蛋大小不等。如果药丸不能在胃中溶解，那它应用蜡封住。制作药丸时可以用蜂蜜、蜡、水和面粉。药酒可以用白酒或酒精制作。有些药酒制作方式比较特别，将草药根泡在粮食制成的汁中加上酵母发酵。中医最常见的是膏药贴，贴纸上涂有药物。其制作方法不同于欧洲国家的做法。很多药物都被制成煎剂。煎药的目的与浸泡药材一样，在煎制过程中，煎剂本身也是药物。

治疗皮肤病最常见的药物是软膏，软膏用添加了蜡和其他物质的动植物油制成。但是治疗皮肤病最常用的是药浴，药浴时用植物和其他药物制成的煎剂或浸液。我作为一个欧洲医生，来到中药房最让我吃惊的还是药柜，药柜中有羚羊角、马鹿角、鹿角、虎骨、非常像人形的人参、红蛇皮或白蛇皮、各种动物的胆囊、琥珀、海马和其他海洋生物。中医行医时，

1、2.中药房

磨成粉的鹿茸用于医治类风湿、结核病、贫血。在配制处方时，中医药理学主张要注意药物成分的味道差别。按照五行理论，所有药物都分为五味，五味按照其特性作用于内部器官和机体系统。苦味能泄能燥，可入心；酸味能收能涩，可入肝；甘味能补能缓，可入脾；辛味能散能行，可入肺；咸味能软坚润下，可入肾。

　　中药房的所有药物都是按处方发放。药方工作人员用小木铲快速地取药、称重、打包并向患者详细解释服用方法。

　　尽管从外面看中药房还保持着旧面貌，但是其活动方式已大大改变。这种演变过程最好看看同仁堂制药有限公司的例子。同仁堂是最古老的中药房之一，1669 年由明清御医乐显扬创建于北京。从那时起，同仁堂不仅历经 300 余年保留至今，而且还发展成为拥有医院、药房、在世界众多国家设分支机构的医药公司。现今的同仁堂公司——是中国医药行业的领军者，它保护过去的传统并在现代技术基础上发展中医新领域。参观同仁堂期间，向我们展示了符合现代国际 GSP 和 GMP 认证标准的强大的现代化制药部门。

　　按摩同针灸、使用矿物药、植物药、动物药一起并称为中医最古老的经典疗法。大约 2000 年前，俞跗首次描述了使用药酒、煎剂按摩治疗各种疾病。在中国古老的医著（《黄帝按摩经》、《黄帝内经》等）中也描述过按摩疗法。公元

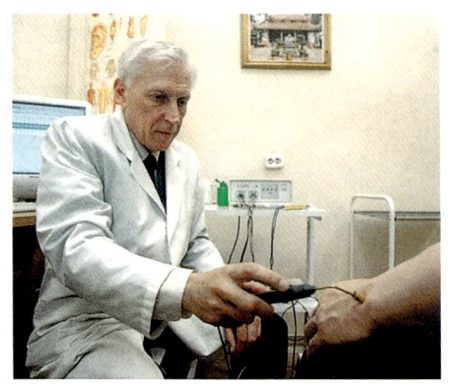

按摩

7世纪，中国医学家孙思邈在《千金方》中不仅介绍了中医疗法，还介绍了古印度按摩术"天竺国按摩术"。当时，按摩已受到国家的重视。按摩作为独立的中医疗法在唐朝（618—907年）时的太医署展开了教学活动，太医署有1名按摩博士、4名按摩师、56名按摩工和15名学徒。10—12世纪，中国详细记述了自我按摩疗法，不仅为了治病还为了预防保健。中医苏轼单独描述了足底涌泉穴按摩法，这种方法能提高机体的防护能力和预防某些疾病。现代研究表明，按摩涌泉穴的确能激活控制各种疾病发展的下丘脑—垂体—肾上腺皮质系统的指数（激素）。那时的中医在按摩时还会使用各种添加了药物的药油。在随后的几个世纪，按摩手法得到了完善，最终在中国形成各种传统的按摩学校。自20世纪50年代起，中国越来越积极地研究按摩作用机理，发明新的按摩疗法和手法。1991年成立了科研所，其任务是科学论证中医按摩作用、开发更有效的新按摩手法和疗法。

中式按摩不同于欧式按摩，中式按摩首先作用于经络和穴位，也就是作用于机体的各种生理系统，而不是作用于单独的肌肉。东方医学理论中的按摩重点是按照经络走向从头皮、面部、胸部、腹部、背部、过渡到四肢，而欧式按摩是

按摩所用器具

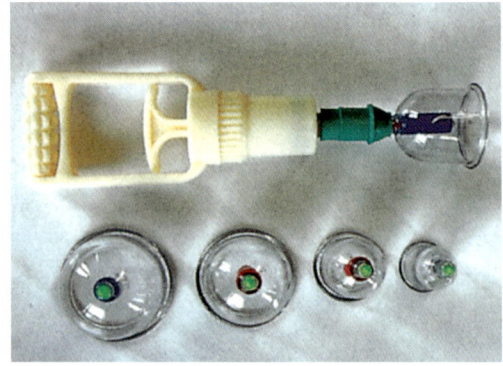

真空按摩装置

单独按摩四肢、身体各区、各部位。因此，中式按摩时，是根据中医规范表现出的临床症状对经络、穴位进行按摩。中式按摩对治疗各种疾病非常有效。特别是对治疗周围神经系统疾病、脊柱不同部位发育不良的神经表现、周围神经病变、呼吸系统疾病、消化、肌肉骨骼系统外伤、神经系统功能紊乱、植物神经功能紊乱、神经衰弱等非常有效。中式按摩也不是

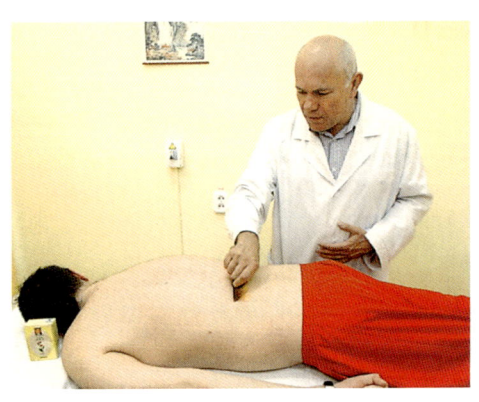

刮痧

万能的，下列情况不能使用按摩法：癌症、炎症性疾病、皮肤病、活动性肺结核、化脓性炎、发烧、骨髓炎、传染病、静脉曲张、急性精神病、出血、不明诊断、代偿机能衰退期的器官和系统功能障碍。

中医饮食

中医认为，饮食是医治过程中不可或缺的组成部分。同时，饮食即可用于治疗，也可用于预防。中医饮食学说建立在阴阳两极基本概念之上。阴阳的概念认为所有食物都可按照其特点、对机体器官和系统的作用程度划分为热性、温性、凉性、寒性和平性。热性和温性食物属阳性，具有刺激生长作用，而凉性和寒性食物属阴性，具有遏制抑制作用。还有平性食物，能被机体很好吸收，具有强健身体作用。"热性"食物有羊肉、大蒜、胡椒、肉豆蔻、烈性酒、热甜红葡萄酒等，具有暖身效果，对机体有温阳作用。"温性"食物有青葱、新鲜的生姜、香菜、墨角兰、红葡萄酒等，作用温和，在寒冷的季节食用最有效。"寒性"食物具有反作用，通常在炎热的季节食用。"平性"食物主要是有甜味、味道平和的食物——谷类、淀粉类的蔬菜、牛肉、豆类等，具有调和作用，因此大部分饮食可选用平性食物。扁豆，蚕豆和豌豆是蛋白质的优质供应者。为了能使机体较好的消化吸收在烹饪时建议添加新鲜的生姜、少许小茴香或者其他香料和草药，用水

浸泡煮制。中国专家非常推崇豆类食物，认为他们是典型的平性食物。他们认为，一个健康的人会吃很简单的菜，包括煮熟的谷物、蔬菜，常吃豆类，偶尔食用肉、鱼、蛋。这样机体才不会缺乏营养物质，因为谷物含有机体所需的大部分物质。对于一个相对健康的机体，食用部分食物时应该按照四季来平衡。秋季和冬季，寒冷的季节，应该增加温性和热性食物数量并少食用寒性食物；而春季和夏季，炎热的季节，刚好相反，要使用凉性和寒性食物，避免食用温性和热性食物。中国传统认为，平性、温性和凉性食物是饮食的和谐基础，而热性和寒性食物起互补作用，不应该滥用，因为这可能破坏机体器官和系统的活动。

按照中医理论，食物最重要的特性就是味道。在传统的东方饮食概念里，像药物一样，可分为五味：咸、甘、酸、辛、苦。按照中医饮食理论，咸味食物有助于清除分解产物、改善肝脏功能、对肾脏和膀胱的功能产生有益的影响。同时咸味过重会加重心血管系统的工作负担，对肾脏和膀胱的运转产生不利影响。食用甘味食物有助于肺、脾、胰腺、胃积极工作，某些食物还能调节肾脏。过多食用甘味食物会对这些器官产生不利影响。酸味、辛味和苦味食物同样也会对机体其他器官和系统功能产生影响。同时，不同的食物可以有同样的效果，例如，改善肝功能，病人可以按照自己的喜好单独选择其中的食物食用。总体上，中医对待饮食问题的态度不同于"标准饮食"，它允许个性化的饮食，对机体特定的器官或系统产生一定的影响。就像上面指出的，中药也可划分为五味，病人饮食成分中可加入药物。

食疗的重点在于食物的兼容性。仔细研究了食用食物后的反应，中医积累了大量实证经验。食用相克的食物会扰乱消化，对机体器官和系统的正常运转产生恶劣影响。例如，同时食用兔肉、芹菜和橘子会引起脱发、导致腹泻；同时食用白葡萄酒和柿子会导致冠状血管痉挛；而同时食用海藻和豆类、茶会扰乱消化（影响钙和铁的吸收）。不应该一起食

用豆类和果汁、浆果、蜂蜜、豆腐和蜂蜜、羊肉和西瓜、花生和黄瓜、虾；螃蟹和柿子等。不遵守中医对食物合理组合的原则会导致代谢紊乱、加剧消化、心血管及机体其他系统的疾病。中医的经验允许在治疗、康复、预防的综合方法中有效地利用饮食。

中医是在古代唯物论和辩证法的影响下发展起来的，并形成了庞大的医疗、理论和实践系统，直到现在还在使用。中医离不开中国文化，与中国文化和谐发展，是中国文化的重要组成部分并为其增色不少。最近，再次振兴的中医正在吸引着世界医学界越来越多的关注和兴趣。这种现象的主要原因是，中医利用宝贵的临床经验，在医治最复杂的疾病时取得了惊人的治疗效果。这种结果是通过利用机体潜能和现代技术，使用中药、针灸、按摩并兼顾合理饮食来实现的。随着 21 世纪的来临，由于科学和技术的快速发展，人类对健康的概念和保健方式的理解产生根本性变化。处在首位的是身体、心理和情感健康以及确保人与环境和社会和谐的生活质量。

医学一直在演变发展，从一个纯粹的生物科学变为同时包含社会、心理、人类和环境的科学认识。这种新概念本质上与中医基础——整体论（整体性）原则一致。这种原则包括"辨证施治"、"天人合一"、"身心合一"和"阴阳平衡"。过去几年来，中医疗效得到现代循证医学的证明并且没有引起任何疑问。目前，中医药发展的主要方向之一是研究中医与西医的结合及综合疗效。西医和中医结合的想法已经在不同的国家有所发展。有关该领域的联合科研项目在中国中医科学院和中国卫生部中医司的主持下正在顺利开展。对中国古老的诊断和治疗方法的科学解释、组织培训中医、在西医和中医成就基础上共同研发药剂与现代医学目的完全一致。寻找现代科学和民族传统这两个医学体系结合的新方式——这能够丰富彼此的知识体系，毫无疑问，也将有利于科研、病患和保健。

中国：
在科技创新的
旗帜下前进

阿列克谢耶夫·尤
里·根纳季耶维奇

白俄罗斯国立技术大
学副校长，白俄罗斯国立
技术大学"理工科人"科
技园总经理，2011 年被授
予中华人民共和国友谊
奖章。

在过去十年的时间里白俄罗斯国立技术大学积极发展同中国在教育、科技和创新领域的合作。2002 年在白俄罗斯部长会议科学技术委员会和中华人民共和国河南省人民政府的共同倡议下，在两国大使馆的支持下，在大学科技园的体系内白方与河南省共同建立了一个科学技术合作中心。

合作伊始，通过建立双边中心这一方法，那些同中国合作发展中经过深思熟虑的举措都得到了很好的落实。如今在我们的大学里，白俄方面这样的合作中心也在顺利地运营着，其中包括河南省合作中心（建于 2002 年），吉林省合作中心（建于 2006 年），黑龙江省合作中心（建于 2007年）和广东省合作中心（建于2010 年）。

科技与创新中的高等教育

对白俄罗斯国立技术大学而言，与国外大学建立密切联系不仅是学术交流发展、也是共同推进科研工作的优先方向，所以我们的理工院校同中国领先的科技高等学府展开了密切合作，如名列中国最优秀高等院校前十的北京理工大学、哈尔滨工业大学。

同北京理工大学的合作是在"关于院校间教学、科研和创新领域活动的合作"这一协议框架内进行的，该协议由两校领导赫鲁斯塔列夫和郭大成于 2009 年 11 月 10 日签署。协议中规定了对教学计划的参与、研究生教学以及白俄罗斯学生到中国参加夏令营的可能性。除此之外，两校向中国国家汉办提交了一揽子的必要文件以检查在白俄罗斯国立技术大学开设孔子学院的课程设置。

北京理工大学是中国第一所科技类高等学府，1940 年创建于革命圣地延安。该校的许多毕业生都成为中国的党政活动家。如今北京理工大学进入了国家重点培养 100 所世界一流大学的"211 工程"名单，全校上下为此而感到骄傲。同时北理工还长期得到国务院、教育部、工信部、国防科工委等部门的财政支持。

在看过了北理工的教研室、实验室和大学中心之后，你就会坚信北理工拥有现代化的物质技术和信息化基础，这使得教学和科研发展能够具有现代化的内容和领先的技术。最新的教学研究和技术设备，自动化实验课程，模拟实验台，综合计算机教室，具体课题的专门科研实验室——所有这些

北京理工大学

北京理工大学

使北理工培养出了在高科技企业和现代化生产部门以及科研机构工作的一批批专家。这也得益于校园内的创新性基础设施的建设，正是这些设施使得教学机构的组织更加一体化。而最值得一提的便是北理工的科学技术园。

在这里顺便说一句，不久前，也就是 2011 年 11 月 14 日，联合国世界知识产权组织发表报告指出，许多国家正在鼓励创新性活动，在高校和公共研究机构中颁发专利证书，并为发明成果的商业化创造条件。在这一领域的资本投入方面中国已经超过日本位居世界第二，仅次于美国。1993 年中国在创新领域的投入仅占世界总量的 3.3%，而在 2009 年这一数字已经上升到了 12.8%，从而使中国超越了日本以及这一领域里的传统强国——德国、法国和英国。

最为直观的例子就是国家和私人投资者已经在北京理工大学科技园的建设上投入了超过 3 亿美元，而在社会需求上投入超过 2 亿人民币。到目前为止，北理工科技园的建设面积已经超过 10 万平方米。

科技园的体系中还包括创新高科技商业孵化器，它由北京理工大学和北京市政府科技委员会于 1999 年共同组建成立。为了促进大学高科技成果的工业化，商业孵化器为研究者顺利开展经营活动创造了良好的条件，同时保障了对新兴

北京理工大学

企业科技发展的必要投资，并给予其形式多样的支持。商业孵化器负责提供科技生产和办公场所，进行市场研究，协商制定财政贸易计划，保护知识产权，并且提供法律解释和其他相关服务，例如项目保障研究，协助注册、安排税收账目，法律咨询服务和财产的金融账目评估。

吸引北理工大学生参与创新型企业的建设，这一举动得到了广泛的关注。为此许多专门的项目陆续上马。其中有一个项目叫做"未来33"，它始于2004年，在七年的时间里该项目为大学生建立了超过40个训练室，为他们将来在商业孵化器的自我发展挑选出了200多个项目。还有一个特点就是：2003年7月在人称"中国硅谷"的中关村，北理工为在校学习的外国大学生和留学归国的中国公民开办了留学人员创业园，目的就是促进科技成果的交流和为创新实践活动提供有利的条件。

今天在北理工科技园里已经落实了300多个项目，其中也包括国家级的项目。共计170家企业年收入超过15亿美元、年利润将近2亿美元，创造了3000多个机关工作岗位。

引人瞩目的另外一个特点是中国的大学本身就在积极创办新型企业。其中有一家在中国国内信息技术领域领先的企业先河科技有限责任公司，它正是北理工在2001年建立的，其展现出了对网络安全系统、监控和风险评估系统、检测系统以及其他程序性产品先进的研究能力。

2005年在北京市教委和市政府工业发展局的支持下，北理工开设了汽车制造技术转让中心。该中心与多家领先的汽车公司和北京市多所科技高校密切合作。其主要职责是：推广高校学者多年科研工作的成果，为汽车制造业经营方面的共同发展解决技术难题，催生更多科技成果，促进高校的技术向经济领域转移，促进人类资源的一

中关村高科技园区

中关村高科技园区

体化；建立专业化信息传播平台；用一体化服务实现企业保障。其活动集中在以下几个专题方向：环境保护和资源节约，新技术应用与设计，汽车系统和枢纽的设计与优化等。

2010 年北理工庆祝了自己 70 岁生日。从规模上讲它与我们白俄罗斯的理工学院不相上下。北理工在 70 年历史里迅速发展的一个重要条件就是为国家经济培养人才的多层次连续系统。北理工拥有相当可观的教学资源，每年将近有 4.4 万人入校学习，其中有 1.4 万多人为全日制本科生，5600 人为硕士研究生，2500 人为博士研究生。教师、科研人员、专家总计超过 3400 人，其中有 8 名中科院院士，400 名教授，900 余名副教授。学校还拥有 60 多门学士培养课程，130 多门硕士培养课程以及 60 多门博士培养课程。高度职业化的教师队伍决定了教学的高质量。

　　仅在北京市北理工就有三个分校区，建筑面积 110 多万平方米（数学占地 4342 亩）。中国大学的校区可以说是一个缩小版的城市，这里为师生们提供了一切社会保障：商店、休闲区、咖啡厅、药店、图书馆等。所有这些都建得很专业、很有品位，这再一次证明了国家在帮助高校树立教育环境的良好形象方面所作出的重要举措。体育也是校园中大学生们生活的重要组成部分（这里需要指出，校区宿舍不仅保障异地大学生的住宿，北京市大学生也可以享受）。北理工拥有很好的体育设施和操场，其中包括北理工体育馆——一座宏伟的综合性体育建筑。在 2008 年北京奥运会期间，它承担了举办排球比赛的任务。

　　北理工拥有现代化的科研基础：17 所科技中学、43 所科研机构、研究中心，其中有 4 个国家级实验室，4 个部级实验室，2 个教育部直属重点实验室和 4 个北京市政府直属重点实验室，其活动协调由北理工科技处来完成。科研项目的资金主要来源和渠道是国家自然科学基金会、国家社会科学基金会、中国高科技研究发展国家项目、国家基础研究重点项目、中国科技部和地方科技部的个别项目、北京理工大学基础研究基金会，以及同企业签署合约等。2009 年北理工的科技工作总产值达到了 10 亿元人民币，根据这一指标，北京理工大学名列中国大学前十强。

　　1956 年中国第一个电视频道诞生于北京理工大学。1976 年北理工的专家们又设计并建造了第一台"大型天象仪"。北理工成功运用科技成就的例子首先就集中体现在交通运输

北京理工大学体育馆

领域，例如第一台低排量的氢内燃发动机、水力变压器、电动公交车（北京奥运会时已经投入使用），虚拟世界技术、卫星宽带通信的多模式、中国首个会打太极拳的无线机器人、为神舟 4 号、5 号、6 号、7 号运载火箭设计的数字压缩绘图技术等。

北理工在国际合作的发展上也投入了很大精力。学校支持在教育领域建立稳定的联系并实现该领域的合作，其中与 80 个国外大学在不同方向以各种形式开展的学生交换项目就是很好的例子。在北理工的编制中有许多世界知名专家学者和出色的教育家，还有来自 31 个国家的将近 400 名外国学生在这里就读。

白俄罗斯国立技术大学代表团应邀参加了北京理工大学建校 70 周年庆典，因而有幸了解到北理工所取得的所有成就。庆典活动之一是一次中欧高等教育论坛，来自 70 多所高校的领导在论坛上介绍了自己院校所取得的成绩，交流了关于高等教育合作的想法。各高校代表一致认为，民族文化国际开放度的提升和人类文明发展的全球化趋势应当在高等教育体系中占有一席之地。

身在中国你就能明显感受到中国人对前苏联加盟共和国怀有一种怎样独特的情感。在庆典活动中专门举行了中、俄、白三国领先科技高校的单独会议。根据这次代表会议的结果，来自20多所高校的校长签署了建立中、俄、白国际联合投资协议。组织的发起者是白俄罗斯国立技术大学校长赫鲁斯塔列夫、北京理工大学校长胡海岩和莫斯科鲍曼国立技术大学校长亚历山德罗夫。这些大学将派出本国协调人员来参与联合投资协议的下一步工作。

参与联合投资协议的另一所中国高校是哈尔滨工业大学。它与白俄罗斯国立技术大学一样，也成立于1920年。哈尔滨工业大学隶属于中国工业与信息化部，是首批进入"211工程"的院校之一。

经过90年的发展，哈尔滨工业大学已成为一所大型的、多学科、世界知名的科学、技术、研究型大学。哈工大的学者始终走在创新的最前沿。在多年的实践活动中哈工大完成了多个大型复杂的国家项目。2007年哈工大的科研资金达到了11亿元人民币，根据这一指标哈工大位列全国高校第二。该校为高科技研究作出了巨大贡献，在不同的科学领域取得了许多新发明，例如研究出了中国第一台计算机、第一台智能象棋计算机、第一批焊接机器人、第一个世界级的雷达系统等。哈工大还创立了与航天科技发展相关的特有课程，这在中国是独一无二的。

我们参加了2007年6月举办的第18届哈尔滨国际经济贸易洽谈会，同年9月又在哈尔滨举办了白俄罗斯科技产品展览会，在这之后我们同哈工大的合作便积极地展开了。在这些展览会上展出了白俄罗斯科学院和教育部所取得的成就，在展览会之前我们也做了大量积极的工作，这些工作由白俄

罗斯国立技术大学"理工科人"科技园下属的与黑龙江省的科技合作中心和我们的正式伙伴——中国、俄罗斯和白俄罗斯工业技术合作中心共同完成，工作包括进行市场研究，寻找合适的合作伙伴以及发放在展会上进行谈判的邀请函。

　　在中国的展览会不仅吸引了专家，也引起了普通爱好者的兴趣。所有人都非常友好和善，好像随时准备好要跟你交谈一番。但事实上由于语言障碍，对话并不总是能够顺利地进行。来自北方省份的年龄大一些的参观者会讲一两句俄语，而年轻人，大部分是大学生，他们却愿意用英语交谈。他们对什么都感兴趣，给我们的印象是他们参观展览就像在大学里学习知识——在同外国专家的交流中获取知识和经验。大多数参观者可以算是好奇的人。他们对下列问题比较感兴趣：你们企业生产什么？你们来自哪儿？在回答了"我们来自白俄罗斯"后紧接着就会是"那白俄罗斯在哪里？"这个问题。我们的国家总会让普通民众联想到俄罗斯，一起交谈的人也会时不时把我们叫做俄罗斯。一些参观者喜欢收集广告和其他印刷品却不怎么关注上面的内容。许多广告商也加入到了参观者的队伍中，他们唯一的目的就是卖东西。当你在中国做广告推销自己的产品时经常会遇到被反推销的情况，这并

哈尔滨工业
大学

哈尔滨工业大学

不是例外，所以如果有这种情况发生的话，你要对他们引起注意了。

　　我们在前面所提到的展览会上的主要成果是与哈工大光机电一体化研究所所长索来春博士的结识。他知识渊博且对我们的科学选题和有关技术问题做了相当充分的准备。所以在6月份的洽谈会上他直接签署了白俄罗斯国立技术大学技术园与哈尔滨工业大学光机电一体化研究所的合作协议，这一协议旨在通过共同努力在用电子物理的方法加工原料方面建立一个白俄罗斯和中国科学创新中心。哈工大和白俄技术大学的专家们正在致力于研究抛光零件的相近工艺，只是运用不同的方法（电火花方法和电脉冲方法）。我们负责在白俄和中国的企业中互相推广各自的技术和提供设备，同时也决定对完善工艺流程、设备现代化和改进生产条件进行共同设计研究。

　　如果你找到了感兴趣的，最重要的是"投缘"的伙伴，那么同这些中国科技组织的合作就会发展得很快很高效。很快我们的工作就得到了河南省科技厅的支持，我们的方案被白俄罗斯国家科技委员会和中华人民共和国科技部列入了白中科技合作项目并得到了省政府的财政支持。两校间的合约也签订完成，双方的专家多次互访，共同培养研究生的计划也在实施。作为取自中国套装的白俄罗斯现代化技术设备，这一结果在哈尔滨高新技术区获得了通过，而中国的技术和设备也计划在布列斯特农业机械制造厂股份公司投入应用。这一项目已经被列入了白俄罗斯2011—2015年国家创新发展计划，当联合企业结束建设时该项目也应该完成了。需要重

点指出的是，合作方之间不仅有良好的业务关系也有深厚的友谊：共同度假，举办文化活动等。我还记得我们一起在雪地里踢球，一起体验俄式洗浴，一起骑马，深入别洛维日森林，一起吹杜杜克管，一起在斯大林公园河岸边和哈尔滨的太阳城里散步，

放飞灯笼

一起挂灯笼和其他至今记忆犹新的场景。

科技园：教育、科学和生产的共生地

作为科技园的领导，给我留下印象最深刻的就是科技园和商业孵化器的发展规模以及中国领导层在这一问题上所给予的重视。早在 1982 年中国就在建立科技园设想的基础上通过了这一创新项目。到了 1985 年在离香港不远的深圳，中国政府就无偿拨出了 316 公顷土地，同时提供财政支持来建立第一座科技园。多次到过深圳参加外国专家国际论坛后，你就会知道，在中国科技发展得到如此大规模支持的情况下，其事业怎么可能不取得巨大的成功。深圳从一个普通的小渔村成长为一个已经超越了省的概念的工业科技大城市，而在我国科技园却只做自己的事情，深圳的经验对白俄罗斯而言很值得关注。

深圳科技园的创办者是深圳市政府、中国科学院和广东省国际信托投资公司（政治、科学和资本的联合会）。中央政府为具有战略重要性的技术项目开启了低利率的长期贷款。由于当时该地区缺乏大学（本地大学开设于 1984 年）和风险资本工业，所以为园区制定了三步走的适度发展战略。第一步："工业园"，第二步："技术定位的工业园"，第三步：

"研究园"。在园区内须遵守五条基本原则：科学研究成果直接商业化、共同研究和开发、采用国外先进工艺、公司内部研究和开发，仅研究现期能被商业化的技术。仅在前十年深圳科技园的研究工作就取得了超过 90 项新技术和新产品的成绩，其中大多数都得到了国际认可。

从 1988 年开始得到科技园和商业孵化器支持的国家级项目"火炬"计划正在实施，该项目被看做是科教兴国战略的重要组成部分之一。为了适应国家应对外部世界而制定的改革开放总体政策，该项目的目标定位为对中国科技实力巨大潜力的充分利用，并根据市场经济规律推动高新技术研究成果的商业化、工业化和国际化。

在这里想特别指出，中国政府无论在国家一级，还是省一级都借助各种各样的机制来提供土地，为基础设施和交通设施、不动产建设、与不动产配套的现代化装备、包括公用的科研装备等提供财政支持。遗憾的是，在白俄罗斯我们仅仅是意识到自己应该这样做了。

今日深圳

2011 年 8 月 12—23 日，第 26 届世界大学生夏季运动会在深圳举行。

　　说到国家参与建设技术园，我们可以拿深圳的技术园（深圳高科技工业园）来作为例子，它随时都准备迎接专门来深圳访问的各种代表团。技术园依靠城市预算资金建立于 1996 年。投资收益是投资本身的 100 倍。国库每年收入 1000 亿元人民币，地方财政投入 250 亿元。技术园占地面积 11.5 平方公里，运营着 4000 家企业，创造了 40 万个工作岗位。除此之外园区中还建设了"虚拟大学"平台，它实现了对大学生和商业孵化器内学生的远程教学并已与 100 多所大学签订了协议。这一平台成了培养高素质工作人员的基地，从其中已经走出了 3 万多位硕士和 72 位博士。在同众多公司的合作中已经完成了 1000 多个项目，建立了将近 650 家新公司。

　　国家政策相当重要的一个方面不仅是创立和建设科技园，还有为科技园的相应活动和设施创造条件。国家用各种方法鼓励公司（不论其所有制形式如何）参与到科技园的发展建设中去，例如使用前景较好的技术的企业，可支付其正

深圳市科技园

常所得税的 15%，而产品中有 70% 用于出口的公司则只需支付 10%；重建的企业可免除从其委托之日起 2 年的赋税；如果修建新的大楼是依靠国内资本注入实现的，那么就可以免征收建设税；产品实现在国外市场销售的公司可免征收出口税，等等。

在中国国家级的科技园已经有 54 所，它们发挥着下列关键作用：科研、技术转让、孵化、风险投资基金和支持大学生创业梦想的基金。在中国总共建立了将近 450 个商业孵化器，其中有 100 多个是国家级的，它们基本上都和高校有着积极的合作，其中有一部分就位于大学校园内，这就可以实现科学家优秀成果的直接积累和下一步的推广应用。

令人惊奇的是，国家并没有硬性规定科技园或者商业孵化器的工作质量标准，也并没有硬性规定数量上的指标。在中国，科技园本身的开设对国家和地区的经济而言是有益的，这是不言自明的道理。我们白俄罗斯有必要学习中国的顽强和一如既往。在白俄要想建立一个科技园，需要准备附带经

深圳市科技园

济效果的商业计划，而且需要使其在各个层次和各种委员会中获得通过。有时开设科技园文件上的墨水还没有干，我们这里就已经要求它带来数十亿的收益了。

中国的科技园基本评价标准分为以下几个部分：已经成为公共公司的数目、已成功项目的份额、在科技园中发展起来的公司收益、许可证的数量。这里有几组数据，都来自 2006 年在北京"火炬"中心（Torch High Technology Industry Center）的会谈内容：在国家级的科技园中运营着 38565 家公司，共有 448 万名工作人员，这些公司的出口总额达到了 726 亿美元。"火炬"中心研究出了建立研究与应用程序类产品和高科技产品的专业园区（软件园）的特殊计划，有 29 个这样的园区拥有国家级资质。其经济总指数如下：园区内公司数量 12248 家，在此工作的专家 37 万多名，2004 年出口总额 13 亿美元。

有趣的是，中国人对自己的研究成果并不保密，他们愿意积极地同朋友们分享经验。所以北京国际商业孵化器每年都会为国外专家举办国家科技创新研讨班。在三周的时间里学员们会参加讲座，参观大型的科技园、经济发展区、商业孵化器和位于其中的公司企业。研修班开始于 2006 年，之后每年都有我们科技园的专家受中国驻白俄大使馆邀请以学员的身份参加这样的研修班，还有白俄罗斯科学院研究所、大学、国家和地方权力机关的代表们。我们大学科技园的工作人员从中获得了极宝贵的经验并将其运用到了自己工作当中。最为重要的是研修班的材料在白俄罗斯国立技术大学"创新管理"专业大学生们的"创新基础设施管理"教程中也得到了运用。

2009 年我和我们的校长 Б.М.赫鲁斯塔列夫一同考察了江苏无锡，它坐落于长江下游地区，我们被邀请去参加城市国际创新园的介绍。园区管理机构计划用 3—5 年的时间完成约 30 万平方米土地的建设，包括建置 100 多个企业，聘用 1 万多名工作人员和实现总价值约 1.2 亿美元的高科技产品生产。意识到这一目标的重要性，园区的管理机构决定为白俄专家在无锡创新园内部建立一个用于创新和经营活动的平台，目的是实现白俄技术专家研究成果的工业应用。无锡国际创新园和白俄大学之间达成的协议，即关于为白俄专家共同实现创新计划和商业经营的协议也已经签署完毕。中方准备提供给白俄专家的一系列优惠政策，为商业机构磋商作为保障，实现创新和良好经营环境的优质转化。为了这个无锡商业机构的建立，中方从政府基金中申请了 100 万元人民币，减免了面积达 100 平方米的办公地点三年的租金，并且提供 100 平方米保障居住，100 多万元作为 3 年内的风险资本。对这种科技园基础设施的建设速度我们只能表示赞叹，对这种创新商业活动所得到的有利条件我们只能表示羡慕。

外国公司在中国国内市场销售产品的能力十分有限，而且竞争激烈，基本上三种类型的私营组织可以从事这样的活动：中国的有限责任公司、100% 国外投资企业和联合企业以及那些在自由经济区设立的中国商业组织。这样一来，白俄生产方的科技密集型和高技术产品就有可能在开设自己的科技生产基地时直接进

2009 年 11 月，白俄罗斯国立科技大学校长 Б.М.赫鲁斯塔列夫在和江南大学的大学生们交谈。

2010 年 10 月 10 日，白俄罗斯总统卢卡申科在 2010 上海世博会上参观中国馆时为长春市白中科技园揭幕。

入中国市场。

当今，在国外发展科技密集型经济的战略不仅在白俄罗斯，而且也在中国得到了国家层面的支持。2010 年的上海世博会上，白俄罗斯总统 А．Г．卢卡申科在吉林省省会城市长春为白中科技园的启动揭幕。长春市也和我国首都互为友好城市，其规模和知名度在中国东北位列第三。作为中国最重要的工业中心之一，长春市享有很多促进其经济和科技发展的国家优惠政策。1991 年中国政府决定在长春建立高新技术开发区，白中科技园正是建在这一片区域中，它也成为共同实现成熟想法和完善创新项目的平台。国家对科技园的支持体现在各个层面上。吉林省政府和长春市政府共同拿出了 70 多公顷土地和必要的资金来建设和发展白中科技园的基础设施。科技园第一批大楼陆续建成，其中包括办公楼、生产楼和科技楼，而且建设的工期达到最短。在白中科技园的行政楼里常年开设白俄科教机构展览。

像中国的许多科技园一样，白中科技园有着自己的优势：光电子学、雷达技术、新材料、建筑和动力工程、农业和生物技术以及信息技术。白俄和吉林省两个领先的科技教育中心——白俄罗斯国立技术大学和长春市光学精密机械与物理研究所（CIOMP）——已经为科技园奠定了基础，共同建立了科研组，在不远的未来将成为生产仪表、微电子、光学和药学仪器的高科技企业。在白中科技园中白俄"索拉尔"公司正在顺利运营，它同中国"激光书"公司共同创立了吉林

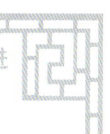

长春市

众合光学联合公司。公司生产并在中国和国外市场上销售医学激光设备，为企业创办者们带来可观的利润。

顺利建立白中科技园应归功于中国驻白俄大使馆的前任科技处参赞李长华。李先生在完成了自己的论文之后又回国继续工作，他的勤劳和发展巩固同独联体国家国际合作的思想体现在建立中俄科技园和中白科技园上。如今他担任这些科技园的领导。他曾多次组织科技机构和高校专家们的相互交流活动，举办研修班、会议和展览。

在参观了中科院长春市光学精密机械与物理研究所（CIOMP）后，你就会对政府给予科技机构材料技术基地发展的关注程度之高而感到震惊了。在前苏联专家的帮助下，建于1952年的光学精密机械与物理研究所成为中国光学的摇篮。时至今日它已占地超过1平方公里，配备有现代化科研技术装备。将近2000名科技工作者在这里工作，其中有中科院院士、180名教授和300名副教授。

长春市光学精密机械与物理研究所

2010 年 4 月，广州市国际科技园奠基仪式。

研究所还有 3 个博士后流动站，6 个博士点，8 个硕士点，总人数超过 1000 人。在这里科学交流和与国际科技组织的合作被赋予了重要的意义，研究所与世界上 30 多个国家开展着合作项目就是一个很好的证明。这给提高研究所的市场研究竞争力提供了有力的支撑，同时提升了工作人员的专业度。在国家项目的框架内，国外专家也受到了研究所积极的邀请。

研究所与科学工程企业"波利马克"（即白俄罗斯国立技术大学科技园"理工科人"的子公司）签订合约，并在此范围内展开工作，这便可以作为研究所国际合作的例子。白中两国专家共同设计并筹备了光学仪器表面磁轮抛光项目的可控性平台。项目的经费由中国科技部在白中科技合作项目框架内提供。在所有的工作完成之后，新仪器和微技术将被应用于中白两国的光学和光学机床制造企业中。

研究所的体制内不仅加入了 13 个科研部、实验室和中心，而且还加入了极其重要的 7 个创新企业。它们基本上都属于有限责任公司，创立者有研究所的设计人员，也有私人投资者。得益于这种互利互补的联合形式，创新产品商业化的时间被缩到了最短。例如位于研究所内，同时位于白中科技园内的长春希达电子技术有限公司（Changchun Cedar Electronics Technology Co., Ltd.）。它从事发光二极管屏幕的研制、生产和销售工作，还为活动环境培养科学干部。希达公司各色的发光二极管不仅在中国的各个地区可以看得到，在美国、加拿大、俄罗斯、德国和日本市场上也可以看得到。其技术特色和发明质量符合最好的世界级标准：拥有

宽广的视角、在使用中很可靠以及在系列生产中很便捷。希达公司拥有自己的电子技术和技术实验室、监控周围环境的光电仪器测试实验室等。高素质的工作人员团队从事着发光二极管在各个领域应用的科学研究。令人高兴的是，当下有许多白俄罗斯的组织与希达公司成功地开展着合作，在白中科技园和白俄罗斯国立技术大学里，希达公司启动了白俄罗斯国立技术大学的科技园"理工科人"和白俄有限责任公司"电子大陆"与其的合作。在白俄与希达公司共同生产发光二极管的自主加工份额从将近70%增加到了2012年的95%。"电子大陆"公司也将在明斯克周边建立电子技术生产工厂，其中就包括发光二极管的生产工厂。

企业的创新积极性——战胜竞争者的基础

从2005年8月起，在白俄科技合作中心和河南省的支持下，白俄罗斯国立技术大学和中国"高远"公司的合作启动了。

2010年4月，独联体国际科技合作论坛上的白中两国专家。

高远路业集团是开采、维修、筑路和制造道路设施等领域最大的企业，拥有先进的试验和研究设备，可保障符合世界上发达国家标准的高科技层次的研究。该公司有着先进的运营体制，在中国全境开展工作。其分公司分别位于西安（研究中心）、信阳（生产公司）、合肥（生产公司）、上海（经纪公司）、北京（生产公司）。高远路业与中国西安、南京等地的著名高等学府合作密切。正如我们所看到的那样，该公司不仅同大型科技中心合作，还拥有自己的研究中心来发展品牌科技。

大家普遍认为，我国科技的弱点是成果的市场转化能力差。商业科学或者工业科学的出发点都是生产，也就是说首先要做的是为未来科学研究的应用打下基础，但在我们这里经常会发生相反的状况。在中国的大公司内部建立自己的科研中心，基本上是不用依靠公司来创造条件的，这被认为是一种准则。商业科学一个绝对优势在于，研发人员对自己科技产品质量的高度负责，这在学院科学中是没有的。产品的质量、产品和技术符合生产要求及国际国内标准，这些成为刺激公司管理者发展自身科研能力的主要因素之一。

2010年10月，来自长春市科技园的专家，在了解白俄罗斯国立技术大学科学家们关于热处理材料的研究成果。

如今，高远路业是一个全国控股公司，拥有负责科研、建筑和生产的分支机构。在十多年的时间里公司组建了专业的科研团队，由教授、副教授以及其他有经验的科学工作者等高素质人才组成。

高远公司旗下的子公司"高远圣工"负责为高速公路的养护生产设备，主要从事研究、加工、生产和销售高速公路养护车

2005 年 6 月，长春市，"白俄罗斯科技日在中国"的参与者和组织者们。

辆、道路覆盖面诊断设备和实验装置。该企业使用的是最新
科技研究成果，它是河南省最先进的高新技术企业之一，同
时也是沥青回收和再利用协会（ARRA）和国际稀浆封层协会
（ISSA）的成员。

　　为了达到最好的质量和最高的可靠度，生产的技术装备
始终在进行不断完善，而且高远公司自己也在从事中国高速
公路的养护工作，这就给技术装备的结构带来了重大的变化，
而这些变化的出发点正是完成工作的具体要求。高远公司同
世界很多国家建立了伙伴关系（澳大利亚、印度尼西亚、德国、
波兰、俄罗斯、哈萨克斯坦、刚果、尼日利亚、加拿大等），
并将其发展和输出定位在了更高的标准上。

　　白中两国在科技领域的合作从没有像今天这样迅猛过。
其中一个例子就是高远公司和白俄罗斯国立技术大学之间建

立的关系，这个伙伴关系已维持了很久，为双方带来了一系列积极的结果。每年双方都会共同进行协商、展览、会议，共同完成两国财政支持的科研和其他项目，这些项目在专家委员会论证通过时也获得了高度评价。

高远公司董事长兼总经理刘廷国先生曾不止一次出访白俄罗斯。在他的积极参与和我校校长的支持下，2006 年建成了白中在筑路领域的科研中心。目前该中心配备了进行共同科研和试验所用的、符合世界标准的先进设备。中心的人员由白中两国专家组成，他们利用公司先进的材料技术科学基础来共同落实科研项目，这不仅是为了白中两国，也是为了世界上其他国家的发展。同时，我校专家和大学生的教学，各种实习组织也显现出了巨大的前景。

中方在 2009 年公布了公路覆盖面沥青混凝土可靠性的评价方法和工作寿命预测的确定方法，来自白俄罗斯国立技术大学的专家们制定了这一方法。该方法使中方在考虑到本国自然气候、交通和其他条件的基础上最大限度地了解和采用白方先进的成果，采用白方路面养护的创新技术可以在很大程度上提高可靠性和使用寿命，并可以在很大程度上减少腐蚀变形。应该指出的是，上述方法在应用电脑程序中也可以使用。中方指出了它对于实现整个工作系统的巨大好处。该方法的独创性在于其使用的简易性，而高效性则体现在路面养护项目的最佳寿命和最优形式都实现了资金的节约。在单独协议框架内，白俄罗斯国立技术大学和白俄国立大学的专家们正在研究地质声学系统来测量路面材料的坚固性和变形性。

在发展双边关系的同时，为了更加高效地运用白俄公路养护和街道养护的先进技术，实现创新项目的加工和应用，高远公司和白俄罗斯国立技术大学技术园"理工科人"共同建立了"路建创新"有限责任公司（明斯克）。考虑到中白两国关系发展的高水平，高远公司致力于与白俄道路领域的企业展开合作，为其提供技术装备，或者根据其装配来共同组织生产（已根据我国条件进行了调整）。

从少到多的一步

在国际科技合作的格局中不仅有中国的大型企业，也有中小企业的代表。他们在国外和国内市场都很活跃，促进着境外知识和技术的传播。这里可以举出一系列这类公司与白俄机构合作的成功范例。在我中心的协助下，根据"哈尔滨宇神科技有限公司"同白俄罗斯国家科学院的科研机构"A．B．雷科夫传热传质研究所"签订的合同，前者制定了技术项目，对天津市六号热力发电站冷却塔进行了空气动力涡轮器的现代化改造。而白俄罗斯国立技术大学技术园"NK–GALAR"公司（明斯克）的委托人设计、制造并在2009年向中国提供了一台氢化物气体深度清洁的装置。其订货人是中国"宇大"特种气体科技有限公司。需要指出的是，中国科技

2012年4月，白俄罗斯国立技术大学、白俄罗斯国立大学和"高原"公司的专家学者在进行路面诊断设备的研究。

部支持在创新领域的经营活动。上述两个项目都加入了白中2008—2010年科技合作项目。该合作对于白俄罗斯的科技创新工作者来说是有利的，因为上述研究已经被应用到了白俄的经济之中。而根据白俄今天通过的发展高技术科技密集型出口的政策，产品销售市场的问题就可以迎刃而解了。

高水平人才——国家政策的优先方向

在中国，为经济各领域培养高水平人才是国家政策的主要方向之一，与其他国家机关一起负责其实际落实的是外国

专家事务局。它是中国的政府机构，也就是说它拥有国家机关的地位，承担来自世界各国的，经济、技术、教育、科学、文化、管理、保健等领域专家的相关事务管理责任。这个部门也负责派遣来自政府机关和企业的技术、行政管理人员去国外学习或实习。

今天外国专家局在其总部共有 200 多名工作人员，在各省和大城市都设有分支机构。该局保障了每年吸引将近 46 万名外国专家来华，同时派出将近 5 万名中国专家出国培训，并保障他们的经费。

中国组织这项活动的经验是有益的。任何一个企业都可以向外国专家局提出申请邀请外国专家来华进行最多 3 个月的解决企业生产问题的磋商。通过境外的代理机构外国专家局寻找专家并依靠国家财政来保障其到达中国企业的行程。

外国专家局组织安排了同 60 多个国家和地区的 300 个国家机关、国际组织、大学和非政府组织人员的相互联系和交往，100 多个机构的国外专家与外国专家局确立了长期的合作关系。

白俄罗斯与中国指定部门的合作关系是在 2009 年 2 月签署的"关于计划组织白俄罗斯国家科技委员会和中国国家外国专家局之间的合作"议定书和 2009 年 9 月白俄罗斯教育部和中国国家外国专家局签署的"关于进行职业培养、提高技能、实习和互培干部、交换专家方面的合作"协议中确立下来的。

外国专家局颁发给了白俄罗斯国立技术大学（唯一一所被授权的白俄院校）从事白中两国交换专家领域活动的授权证书，这证明了两国教育合作的高水平，是对白俄罗斯国立技术大学人才培养和进修经验的认可，也增强了我校作为事业伙伴的声誉。该证书是白俄罗斯国立技术大学组织中国专家在白俄实习的法律基础，使两国交换专家成为可能，并为白俄罗斯国立技术大学和中国科学、教育、生产组织在培养人才和交换专家方面共同合作开创了巨大的前景。

在上述标准文件的框架内，一系列合作项目成功地进行着。从 2010 年 10 月 21 日至 11 月 9 日，2011 年 6 月 10 日至 29 日，在白俄罗斯分别举办了 25 人和 16 人的中国高校领导及行政管理人员的进修班。进修的目的是学习白俄罗斯的高等教育体系，其中包括大学管理、组织科研工作、创新活动、培养高级科技人才以及教育国际化。

在进修期间，中国教育机构的领导们参观了白俄罗斯 20 多所大学，领先的工业企业和科学机构。根据两次会谈的结果，签署了将近 130 个关于院校间合作的文件（备忘录、协议、合同）。目前白俄罗斯国立技术大学科技园"理工科人"正积极同河南省、山东省和广东省的外国专家分局开展合作并同它们签订了合约。

外国专家局这个组织是在专家交换领域进行具体工作，和白俄罗斯教育机构、科学部门落实科技项目，以及在这些项目上给予必要支持，也包括财政支持。邀请白俄罗斯进行合作是中方对白俄罗斯专家高超的科研、职业和教育水平的认可。

2009 年 10 月 29 日，湖南省长沙市，超级计算机"银河一号"。由中国人民解放军国防科技大学的科学家们研制。

168

少林寺
方丈的礼物

格里什克维奇·阿林娜·塔杰夫舍夫娜

白俄罗斯国家通讯社、白俄罗斯共和国总统新闻处评论员，"白俄罗斯—中国"协会副主席，白俄罗斯妇女联合会理事。

中国是一个令人惊讶和赞叹的神奇国度。中国古老的传统文化与现代文明的交融给人留下了深刻印象。2001 年、2007 年和 2011 年，我三次来到中国，每次都能感受到这里的惊人之美。

第一次到中国算是开启之旅。第二次踏上中国领土已时隔五年，我似乎到了另一个国家，因为北京和上海变得难以辨认。也许是因为我对中国的认识和理解更加深刻与清晰了吧。第三次来北京是为了参加白俄罗斯—中国经贸合作委员会会议，在这次会议上确定了两国双边关系新的发展方向。

下面就说说中国给我留下的最深刻印象。

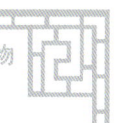

长城从东至西长约 9000 公里

长城

到中国之前我已经很多次听说过长城。当然只有亲自参观这个名胜古迹才能见识到它的宏伟。

长城是古老中国的象征之一，是世界上最宏伟的建筑之一。从飞机上俯瞰，长城异常美丽，而登上长城则会留下难以忘怀的印象。

2007 年 8 月的一天，我和朋友们一大早就驶出北京，渐渐远离那繁华的都市和它那富丽堂皇的殿堂、奇特的新建筑以及无尽的拥堵。大约一个小时就能看到壮丽的群山：或峭壁崎岖或郁郁葱葱。

这是我第二次登上长城。第一次是在 2001 年，我们完全是步行爬上了长城，令我终身难忘。第二次就没那么困难了，因为大部分路我们都乘坐缆车，只有少数时候是步行。爬长城时帽子和雨伞是必备品，因为山上的阳光非常灼热。

爬长城可不是件容易的事，山路极其蜿蜒曲折，缺乏锻

长城——古老中国的象征之一

炼的人很难攀爬。尽管如此，大批游客中仍能看见来自世界各地带着婴儿的妇女和可敬的老人。

八达岭是一段经过修复的长城，距离北京 60 公里。而整个长城始于黄海的辽东湾附近，绵延于中国北方的群山和戈壁滩上，从东至西长约 9000 公里。令人惊叹的是，城墙上能自由通行马车和 10 人一排的队伍。长城从战国时期开始建造，前后持续了 2000 年。

长城是中国的象征。在八达岭长城入口处有毛泽东的题词："不到长城非好汉"。每年都有近 1 千万名来自世界各地的游客参观长城。

现在长城经常进行修缮，因为部分城墙由于腐蚀和人为破坏遭到毁坏，一些游客只能在当地居民的帮助下攀爬未开放的城墙。

古时候，长城是阻止非法入侵者的屏障。入关的唯一方法是通过关卡。为了入关，想要通关者必须拿到特别通行证。

有人说长城是太空中能看到的唯一人工建筑，是否属实不得而知。1987 年，长城被联合国教科文组织列入世界文化遗产名录。2007 年 7 月，长城被选为世界新七大奇迹。

天坛

我在中国还参观过一个宏伟的文物古迹——天坛。天坛是北京唯一一个圆形寺庙，它是明朝时期的建筑瑰宝，距今已经有 500 多年历史了，其主建筑屋顶是鎏金宝顶蓝瓦。

天坛始建于 1420 年明永乐年间。最初实行天地合祀，叫做天地坛。1530 年，在北京北郊另建地坛，自此，原天地坛则专事皇帝祭天、祈谷、祈雨和祭祖，并改名为天坛。

古时候，皇家的主要宗教仪式之一就是祭祀天地神明，而只有皇帝才有权举行祭祀仪式，因为皇帝是天地选出的最高统治者。

据说，每年都要在特定的日子举行几次祭天仪式，而天坛内举行的仪式数量更是数不胜数。天坛内还栽种了大量的林木，铺设了林荫路和花坛。这一切都保留至今——游客们在这里能听到各种鸟儿的歌唱，看到繁花似锦的美景。

天坛

1、2. 中国古老的寺庙里总是有很多游客。

天坛经过几个世纪的修建，有些建筑已倒塌，有些建筑经受火灾后进行了修复，修复工作至今仍在继续。

整个天坛建筑群占地 270 公顷，被两重坛墙包围。外坛墙长约 6 公里，包围着整个天坛，内坛墙长 5 公里，墙内是主要建筑群。建筑群规模宏大。天坛南侧为方形，北侧为圆弧形，象征着"天圆地方"。

天坛最南边的建筑是大理石祭坛——圜丘。据说，每年冬至这一天皇帝都要在这里祭天，干旱时在这里祈雨。祭坛平面呈圆形，共分三层，皆设汉白玉栏杆。祭坛顶层中心的圆形石板有个独特的功能：站在石板上低声说话，声音会被明显放大。我亲自试验了一回，的确是这样的。古时候，这个地方被用于扩大祭天仪式的声音。大臣们觉得，这样皇帝的声音会显得很雄浑，仿佛能穿透云霄。

天坛北边是祈年殿。祈年殿建于 1420 年，1889 年毁于雷火，后按原样重建。祈年殿是一座鎏金宝顶蓝瓦三重檐攒尖顶的圆形建筑，屋顶仅用楠木柱和枋桷相互衔接支撑，非常轻巧。28 根楠木柱各具象征意义，中央 4 根龙柱象征四季，中圈 12 根金柱象征一年 12 个月，外层 12 根巨柱象征一天 12 个时辰，三层柱总共 28 根象征二十八宿。中国人喜欢象征事物，这在天坛里的每一步都能感觉到。

面朝祈年殿而站，殿左右各能看到一个一层建筑物。古时候，其中一个建筑用于存放祭天时盛放各色食物的器皿。另一建筑是神乐署，是专门培训祭祀乐舞人员的地方。现在这里存放着中国明清以来的古老乐器。

祈年殿南侧的一条大道通往另一个寺庙建筑群——皇穹宇。皇穹宇内供奉着历代先祖皇帝牌位。其建于 1530 年，是一座圆顶的建筑，用蓝色琉璃瓦铺设屋顶，四周环绕着一堵高六米的围墙。墙壁能够有规则地反射声波，而且回音悠长，故称"回音壁"。

天坛体现了中国明、清艺术家和建筑家非凡的建筑艺术成就，代表了中国古建筑的最高水平。

上海巨龙

上海是新中国的象征之一，它是一座现代化的国际大都市，是国际金融和运输中心。与历史悠久的北京不同，这里到处能感受到最现代的潮流。

我前往参观的上海浦东新区最令人惊叹不已。新区人民政府的官员在政府大楼内接待了我们，邀请我们在极具现代风格的大厅内饮茶。政府官员向我们介绍说，浦东新区的建设历史充分反映出了中国发展的历程。上世纪 70 年代末，中国开创了新的发展纪元，开始实行改革开放政策。80 年代，中国经历了几个重要时期——创立经济特区、开放沿海城市

上海——现代化国际大都市

　　和内陆地区。90 年代，这类地区的建立成为深化改革的基础。中国向外国资本开放了 14 个沿海城市。从 1988 年起，中国对世界的开放已经延伸到长江流域沿岸城市和内陆省份。

　　浦东新区创立于 1990 年。当时中国政府决定在上海创建浦东新区以吸引外资，与此同时还开放了一些长江沿岸的城市，而浦东则成为发展"龙头"。

　　中央和地方政府仅仅用了六年时间就在长江东岸的村庄和荒地上建立了浦东新区。很快，浦东就成为中国对外资最具吸引力的地区之一。

22 年来，浦东已成为中国改革开放的象征。新区设立了几个功能区域，例如，张江高科技园区、外高桥自由贸易区、陆家嘴金融贸易区。其中，张江高科技园区包括技术创新区、生物医药产业区、集成电路和软件产业区。推广工业高科技是中国经济的首要任务之一。外高桥自由贸易区是中国第一个大型自由贸易区，这里有出口和转口商品加工企业，这里进出口免税、无需进出口许可证，这里建有外贸企业，能自由使用外汇。而位于浦东中心的陆家嘴金融贸易区是个现代化的金融贸易中心，这里设有中国和外资银行分支机构、证券交易所、金融保险公司以及政府管理机构。

陆家嘴——中国历史上首个由外国专家参与建设的城区。据说，规划陆家嘴时借鉴了巴黎、伦敦、纽约的城市建设经验，使用了最现代的建筑技术，是被公认为世界上最好的建筑方案。1992 年建设方案竞标时，不仅有中国，还有法国、意大利和日本的专家递交了未来城市模型。来自世界 10 个国家的专家组利用一年时间仔细地研究了城市建设方案，考虑到了所有细节。

我不得不承认，正是由于中国中央和地方政府以及各国专家的共同努力，陆家嘴金融贸易区以及整个浦东新区才成为高效经济活动的典范。

很多上海游客都喜欢漫步在黄浦江畔。我非常喜欢这里展现出的城市新面貌。中央是上海东方明珠电视塔，这是个与众不同的建筑，晴天从高塔上能尽览整个城市的美

龙是中国的一种图腾，龙的形象到处可见。

漫步在城市街道，游客一定会看到很多沿街小铺。

水上购物和餐饮中心

丽风光。从高处能清晰地看见，城区是分片规划的，商务区有摩天大厦、办公楼、休闲区有公园、音乐厅、体育馆，居住区的建筑风格则各式各样。

最好的药是食物

当然，来到中国不仅要了解中国的成就，还要了解它的传统，包括饮食。最好的药是食物，这种说法我在中国听了不下一次。中国人对待食物的独特态度让人惊讶，他们认为食物能带来健康、体力，让人精力充沛。在烹调中国菜时，不仅要美味，更要有益于健康。

早、中、晚餐已不仅是填饱肚子，它更是一种神圣的仪式。在这里午餐是不能省的——午餐时间必须专时专用，饭馆里几乎总是人满为患。

我在北京的第一顿晚饭就见识到了中国朋友的热情好

客。当菜的数量超过20道，而且一个比一个好吃的时候，你就会明白，中国饮食可谓是中华文化特殊的篇章。绿茶是中国饮食的一个典型象征，它解渴、滋补，并且能够平衡摄入的各种营养。

坐在带转盘的餐桌旁

顺便说一下，在中国，多人聚餐会选用带转盘的圆桌，饭菜可以从桌子的另一边转到自己跟前，这样就很容易够到菜。

绿茶也是中国最流行的饮品，在饭店款待客人时可少不了它，绿茶是在瓷壶或者瓷杯里直接冲泡，喝时不加糖。通常，中国的宴请从喝茶开始，以喝茶结束。当客人到达时，总是用一杯新沏的茶水来接待客人。在中国，饮茶不仅仅是为了解渴和消磨时间，它还是一种非常重要的古老传统。

在中国古代，由皇帝主持的一系列宫廷庆典中，与食物直接相关的仪式是最重要的。从上菜的顺序、餐桌的摆放到侍者的衣装和随菜而起的音乐，一切都有严格的规定。

中国厨师喜欢说："没有做不好的菜，只有做不好菜的厨师。"可能这就是中国饮食奥秘之所在。

厨师们都有一些他们绝对遵守的原则。北京饭店的一位厨师曾告诉我一些厨艺秘诀。他说，所有食材必须仔细加工，1/3的烹饪时间都用在准备食材上。

通常的加工方法有蒸、烤、煮，这可以保持食材自然的味道和颜色，避免营养物质的流失。因此要使用大火和各种锅。为了保持食物的品质，每道菜的食材都要单独加工。每道菜只能烹饪几分钟，这样所有营养物质才能最大限度的保留住。

各种作料、调味香料和调味汁的使用非常关键。中国饮

食中要使用 300 多种各式调料。有一个黄金原则就是保持色、香、味俱全。在挑选配料时要注意他们之间的相容性，这可是整个烹饪技艺的关键。大约 40 种配料进行不同组合就可以做出上千道菜。

独特的烹饪方法、丰富的调味料、美观的菜品摆放和特殊的配料搭配——所有这些烹饪规则构成了中国饮食的独特性，使中国饮食极具吸引力。除了中国，没有任何一个国家拥有如此精湛的烹饪技艺。这是中国古老文化不可或缺的一部分，是中华民族的传统。

北京烤鸭代表了中国烹调技艺的巅峰，是每个中国人都喜欢的一道菜。我有幸在北京和上海品尝了这道菜。戴着白色手套的厨师当着客人的面片鸭肉，端上桌的是带皮的一片片鸭肉，配菜有黄瓜丝、葱丝和甜面酱，用透明的薄饼卷起来吃。

中国人认为中国饮食是非常健康的。例如蛤、鱼、虾类食物能补充人体所需的蛋白质和矿物质。豆类，首先是大豆蕴含丰富的植物蛋白，能促进大脑发育。看来，中国人取得如此巨大的成就，或许正是因为他们善于利用大自然的馈赠为健康服务。当然还要加上他们的勤劳和努力以及对祖先传统和经验的尊崇。

中国饮食包括很多地方特色菜系，这些地方位于完全不同的气候带。气候条件对饮食传统、食材都有影响，这就造成了饮食的差异。

让我惊讶的是，几乎每个省份都有着自己独创的饮食。但是中国饮食主要分为四个地方菜系：北京、四川、上海和广州。

四川地区是中国物产最丰富的地区之一。这里有很多晒干的、腌制的、熏制的辣味食材。川菜善用蒜、茴香、香菜、八角，是最辣的菜系，也是我最喜欢的口味。川菜吃起来很容易上火，想要去火就喝上口绿茶。

北京菜或是北方菜传统上善用羊肉及芝麻，经常食用面条和馒头，做菜喜欢用糖醋汁，充分融合了家常菜与宫廷菜的特色。

上海菜或东部菜的特色是各式各样的汤、海产品和鸭肉菜肴。其独到的烹饪技艺是红烧加米酒。

发达的渔业成就了广州菜，同时它也受到了 1644 年明末从都城逃难至广州的御厨的影响。广州菜对食物的要求是食材要新鲜、调料要少。广州菜的代表菜有炒饭、鱼翅汤以及用蛇肉和龟肉烹制的特色菜。

中国菜食用顺序与我们完全不一样。汤在中间或最后上，主菜不是一道接着一道，而是一起上。

正是由于这些地方差异造就了中国多样的饮食风味，以及中国的多样化。而关于食物的治疗效果最具说服力的是我在北京藏医院听到的，这正是我接下来要说的。

健康的圣殿——藏医院

北京藏医院是一所独特的医疗机构，是真正的健康圣殿。藏医院不仅在中国闻名，很多外国人都慕名来这里就医或取经。

藏医院里的气味很特别，这里弥漫着煎制各种草药的香气。

藏医院接待来宾的办公室用中国人最喜爱的红色和金色装饰。墙上的大幅彩画反映出健康、幸福和长寿的哲学，上

北京藏医院

面画着每个藏族家庭都有的承载幸福的金杯。还有很多画反映出了藏医理论的基本元素。

藏医认为，人的生活方式、行为、精神、饮食、环境、甚至房间装饰都对健康具有重要意义。我有幸结识了一些藏医大夫，他们都在北京藏医院工作，其中有藏医院院长、中国西藏文化保护与发展协会理事、中国民族医药协会理事和副秘书长、中央民族大学黄福开教授，副主任医师、北京藏医院科研教学处主任仲格嘉。关嘉活佛是医院的一位资深医师，他从小就开始学医也是西藏一间寺院的著名喇嘛。

另外，医院还聚集了来自中国各省的少数民族医学精英，他们每人都有自古传下来的独门秘方。传统与现代诊疗方法的结合创造了今天的医学奇迹。

黄福开先生说，近 10 年来，藏医院已经医治了约 100 万名重症患者，其中 95% 都已治愈。

北京藏医院还是藏医的传承之地。除了提供医疗救助外，这里还从事科研、教学工作，有5家科研所，并设立了中央民族大学学生培训中心。

医院设有门诊楼、住院楼、研究部、药学部——共计23个特色科室，以及藏药浴康复中心、美华妇产、肿瘤学研究中心、体检中心。中心实验室配备了中美和欧洲最先进的设备。一些诊治还结合了藏医、中医和西医。

藏族人民从祖先那里继承了代代相传的知识，有口头相传的，也有书籍相传的，这些书籍并没有因为时间的久远而发黄，它们是数世纪以来的珍宝，被视为古老藏医传统的永恒见证。

藏医认为人是反映宇宙各种现象的微观世界。在生命活动过程中，人类对周围环境产生影响，而宇宙也会反作用于人体。当平衡被破坏时，人体就会生病。藏医把人体和病症分别比作土壤和种子，为了生长种子需要肥沃的土壤。

与医院领导会谈时的媒体代表。

植根于古老文化的藏医奥秘代代相传。

藏医植根于藏民族。在经典医书《无畏的武器》（该医书属于藏医形成过程中的早期著作）著就之前，藏医已发展了很长时间。从产生、成熟到最终成立传统藏医学校，藏医走过了 2100 年的历程。《四部医典》中记载，藏医在世界整个传统医学发展中起到了特殊作用。很多学者将藏医与传统中医、古印度医学和古阿拉伯医学并称为四大传统医学体系。

藏医的古老医学著作中指出，藏医有问诊、望诊和触诊。三种诊断方法，这些方法至今还在沿用。问诊即首先要询问患者的病史、居住条件和饮食习惯；望诊即对患者的第一印象，患者在医生面前的状态；触诊就是通过触摸分析脉搏。

我观察过，医生用三根手指搭在桡动脉上为患者诊脉。这样，需要研究患者身体上的 12 个穴位。依次按压在这 12 个穴位上，时间依次增加，记录下脉搏情况。在描述脉搏时会使用到这些概念，例如"沉脉"、"浮脉"、"迟脉"、"数脉"、"洪脉"、"细脉"，而这些复杂的概念就如"像在风中飘扬的旗"、"像滴落的水"或"像跳动的青蛙"。

仲格嘉在向我们介绍医院科室时说，古藏医方包含近

1000 种著名的藏药。藏医体系拥有庞大的纯天然药物宝库，（治疗时会使用从草、矿物、矿石中提取的药物，）包括植物的根、果实、花。

有一部藏医书记载："世界万物都可用作药物。"包含 20—70 种成分的制剂配制时要极其细致。除了植物药、动物药外，还会用各种盐、矿物、宝石和金属入药。例如"珍珠丸"的成分正如它的名字一样，还有些制剂会用到绿松石。

藏医常用的治疗方法有：针灸、火灸、药浴、药油擦涂。治疗包括外治疗法（按摩、针灸、药浴）和仪式法（念咒、各种冥思）。中国各地的医生采用不同的治疗方法，但最重要也最普遍的治疗方法是草药疗法。

头疼医脚。这种说法在中国很流行，这揭示了中医的实质。重要的是作出正确的诊断、找出病因，然后再进行治疗。

北京藏医院院长、中国西藏文化保护与发展协会理事黄福开称，每名藏医都有自己的治疗秘方。但是所有中国医生都认为排在药物首位的是食物。正因如此，中国饮食具有种类丰富的菜品。藏医认为，饮食均衡、生活方式健康是治疗的最初方法。如果这两种方法不起作用，那时才服用自然界原料、草、根、矿物制成的药物。

仲格嘉认为，生活方式、思想文化以及气候条件对人的健康具有非常重大的意义。人与自然的和谐非常重要。干净的环境本身就会对人产生良好影响。另外，中国现在社会发展的总体方向是为子孙后代保护好环境，促进人与自

出自古代文献的简单图画就像是医学看图课本。

医生可通过脉搏了解患者很多健康状况。

然的和谐。因为很多疾病都是因为水、空气污染引发的。

仲格嘉说："人类生活在大自然中。健康、疾病和药物也存在于大自然中。"藏医认为，饮食均衡非常重要。吃得过饱有害健康，饮食有节是身体健康的保证。藏医将胃比作碗，当你站在餐桌前，胃应该是 3/4 被填满：其中 2/4 是食物，1/4 是水，剩下 1/4 应该是空的。这个黄金原则应该无条件遵守。

吃饭是为了健康，而不是为了解饿。食物能治愈很多疾病。

我们在医院接待贵宾的宴会厅吃午餐。好客的主人点了很多菜招待我们，一个接着一个不停地上菜。我开玩笑说，今天我们肯定要破坏饮食均衡了。但是正如前文所述，好客是中国的传统。应该让客人们尝到所有最好的。

藏医们向我们介绍了每道菜的益处。顺便说一下，这里的厨师很特别，都是藏族人，就像药剂师一样。他们熟悉所有食材和调料的特点，这些食材可是美味健康食物的基础。在这里，饭菜品质要经过特别的检查。因此，藏医院的病人（其中有很多外国人）通过在医院里的日常用餐就改善了健康状况。

我特别喜欢金莲花泡的茶。美丽的金色花瓣在透明的杯中漂浮，散发出阵阵幽香。我品尝过很多种中国茶，最特别的就是这种金莲花茶。这是夏季饮品，能解渴、滋补、提神、缓解疲劳。

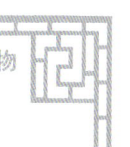

记者在了解北京藏医院工作情况。

酒宴上不喝杯 65 度的藏酒是不行的，这种酒还可用作药物。仲格嘉告诉我们，这种酒的酿造秘方是藏族人代代相传的，绝对保密。

顺便说一下，中国还有个传统——酒宴时可以用酒杯边缘轻触餐桌，而不是像我们传统的叮当碰杯。当从餐桌另一边够不到同座人时，这种方式非常方便。

宴席上还有一种藏啤——这是一种透明美味的饮品，用西藏的纯净水源酿制，含有丰富的微量元素。在北京可买不到这种啤酒，只有在西藏才有。

仲格嘉说，水是

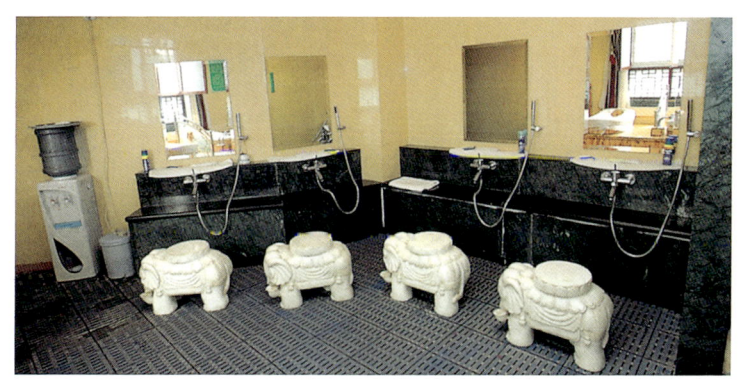

患者在这里接受水疗

诊疗室的内部装饰有助于精神松。

上天赐予的礼物。藏族人对待这种健康的源泉非常特别。他们建议早上空腹喝纯净的水，晚上最好不要喝太多水。

记得我与藏医院资深医师、西藏寺院著名喇嘛关嘉活佛会面时，他赠送给我一条白色丝质哈达，这是典型的藏族礼物，象征着长寿、幸福、健康。

少林寺

少林寺的历史蕴含着很多传说。这座著名的寺庙位于嵩山中，距河南省登封市不远。为了去少林寺，我们先乘飞机前往郑州——河南省省会。河南省约有1亿人口，人们都说，如果你了解了河南，也就了解了中国。

就这样，我们又开始了一段惊人之旅，这段旅程给我们留下难以忘怀的印象。新华社河南分社办公室主任雒应良在机场接待了我们，他是个热情开朗的人。我们在旅社休息了一小时，路上吃了午饭，这里距少林寺还有100公里路程。路上茂密的丛林有点像白俄罗斯——这种地形我在中国是第一次见到。渐渐地，我们从平原进入到了丘陵地区。

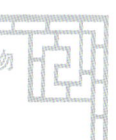

著名的少林寺吸引着世界各地的游客。

　　嵩山是断层山，尽管不高，但非常奇特。山峰、山脊、山顶和悬崖勾勒出来的轮廓就像一条睡龙。

　　雄伟的嵩山总是吸引着人们，早在古时候这里就居住着许多僧人隐士。中国很多著名的诗人在到过嵩山后，都被这里罕见的美景吸引。据中国传说和神话记载，嵩山山谷是大禹的杰作。从前，大禹治水时化身成巨熊疏通河道。有一次，大禹的妻子看到了丈夫如此可怕的模样，被吓成了石头，据传说记载，现在这块石头就在山谷中。

　　少林寺南门正对"卧佛"山。巨大的山峰和平坦的山顶像是尊佛像。这尊卧佛似乎在保护并提醒着少林寺的僧人们必须勤加修炼。

　　山谷的入口处，有一尊抱拳欢迎姿势的铁和尚像迎接游客。这就快到达我们的目的地了，距少林寺还有大约2公里。车就停放在这里，接下来的路是步行。一路上能看见数百个

和尚杨彪 9 岁就到了少林寺。

练武的青壮年男子。绿色的林荫道将我们带向美丽的雕花大门，门上刻着三个著名的汉字"少林寺"。这个大门背后就是武术传奇的发源地。这里的一切都充满了神秘感，记录着少林寺僧兵的伟大胜利。

一位 22 岁的少林和尚杨彪（音）向我讲述了少林寺的历史和生活。他从 9 岁起就在少林寺。这个帅气的年轻人穿着僧服，黄芥末色的轻质袍子，袍前的襟带随意系着，下身是长裤。他中等个头，衣着整齐、神态端庄，浑身上下透出一种安静、自信、友善和不寻常的力量。

少林寺于 495 年在北魏孝文帝的主持下为安置印度僧人跋陀所建。寺庙因远在嵩山中，便以山名命名。

跋陀是少林寺第一任住持，一直在少林寺翻译经书，座下众多。少林寺第二任住持是菩提达摩（下面简称"达摩"）。

少林和尚杨彪讲述少林寺历史。

据传说记载，他是南天竺的皇室王子，但为了研习佛法放弃了世俗享乐。他的师父是天竺国佛教禅宗第 27 代祖师般若多罗。达摩学道得法后游历了 3 年，之后在少林寺后的嵩山小山洞中修行了 9 年。达摩是中国禅宗初祖。

让人惊讶的是，少林寺历史上经历过几次大火，房屋被烧毁殆尽，完好保留下来的只有几座佛塔。唐代初期，少林寺得到皇室的极大垂青。620年，13个少林和尚帮助李世民（唐朝第2个皇帝）巩固了皇位，于是少林寺得到皇帝首肯允许设有僧兵。从那时起，少林寺开始作为武术圣地享誉

古老壁画记录了少林寺历史

中国，并被赐予大量银两、土地建造佛塔，现在的佛塔已成为佛教的宝库。

如今的少林寺是武术学校和佛教寺院。1983年，少林寺被确定为中国国家重点佛教寺院。

隐匿在山中的少林寺从外面看非常雄伟壮丽。每个建筑都屹立了数个世纪。古老的壁画记载着少林寺的历史和武术的发展。向游人开放的内院朴素典雅。少林和尚的真正生活是避开外人的，很少有人能见到他们真正的练功情景。

关于少林僧兵的传说至今仍广为流传。在这里你能感受到，传说和现实交织在一起，以至于有时很难分清哪个是传说，哪个是现实。在上千年的历史长河中，中华民族已经学会保护和发展自己古老的艺术。同时这也不会阻碍中国快速吸收最新的技术并将其推广至生活的各个领域。

在寺院修行的和尚有着非常严格的作息时间表。他们每天早上4点起床晨跑，沿着古老的石阶跑上山，下山后，继续跑步至5点。每天练功长达6小时。

但是练功和武术还不是最主要的。他们大部分时间都用来诵经、祷告、冥思，这是居住在寺院里的和尚必须做的事。

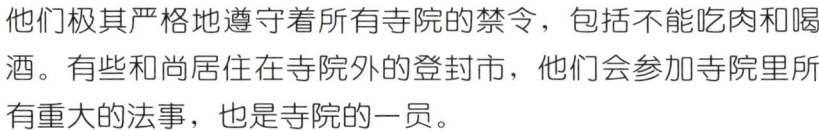

寺庙内

他们极其严格地遵守着所有寺院的禁令，包括不能吃肉和喝酒。有些和尚居住在寺院外的登封市，他们会参加寺院里所有重大的法事，也是寺院的一员。

90年代初，在少林寺附近建成了一座宏伟的建筑——少林武术学校。它是一所特殊的少林武术研究院，主要招收外国人。今天的武校已成为高级武术培训中心，条件要比真正少林和尚练武的那些小院落好得多。

少林寺是反映中国武术传统的鲜活传奇。我看到少林寺很多殿堂都承载着关于传说中人物的记忆。例如，紧那罗殿就是为了纪念其护法神所建。

传说记载，1351年红巾军围攻少林寺时，山顶突然出现一个身高10米手拿火棍的和尚。看到他后，红巾军都被吓跑

了。后来，之前被认为是普通和尚的紧那罗被敬为少林护法。明朝时他的故事被刻在石碑上，石碑从那时起就保存在少林寺内。据说，和尚们就是在位于少林寺入口右侧的紧那罗殿前练习棍法。殿内是手持火棍、高大威猛的紧那罗神像。

　　文殊殿 20 世纪初被焚毁，1983 年重建。文殊是超群德才和成功的化身。通常被描绘为坐在莲花宝座上或骑着雄狮手持宝剑，象征着智慧和力量。殿内的石头上刻着："震旦虽阔别无路，要假儿孙脚下行，金鸡喜衔一粒米，供养十方罗汉僧。"

　　另外，和尚在外游历修行有一样必不可少的随身物品——著名的少林手杖。数世纪来手杖已变为兵器，和尚们总是杖不离手，特别是在远行时。14 世纪，福居禅师创立达摩杖法

与少林寺方丈释永信会面

练武中　　　　　　　　　　　　　　　　少林寺位于宏伟的嵩山中

将其引入武术中。传说记载，他用这套神奇的达摩杖法将三个手持利刃之徒打趴在地。少林寺大殿墙上的古老壁画中描述了这场战斗的情景。

　　知道少林寺的人，一定听说过神奇的"罗汉堂"或"木人巷"。这是少林弟子练武功成通过考验的地方。

　　石头地板上可以站入两条腿的坑洞让我感到惊讶。这些坑洞是僧人长期在此练功，脚踩在地上施力发功对地产生千斤的力量冲击形成的。少林寺的武僧至今还在使用这种"入地功"。可以想象一下，这么多年来需要多少功力才能让石块变形。

　　有传说记载，少林弟子需要通过考验才能离开少林寺。只有通过所有考验的人才能从少林寺正门出去，未通过考验的人则只能走偏门。最难的是最后的终极考验。巷口堵着一个重约80公斤烧得通红的巨大香炉。少林弟子要用前臂紧紧抱住香炉，将其移到一边。此时，在其前臂上就会印上两个图案——交缠的老虎和龙，这是少林武僧的象征。也只有将香炉移开的胜者才能从少林寺正门出去。

　　少林和尚们骄傲的例数着参观过少林寺的贵宾，其中有国际奥委会主席、中国奥委会主席，还有俄罗斯总统弗拉基

米尔·普京。河南省官员说，当时还想举办个少林和尚与总统安全部门代表的比赛，但是后来中国政府取消了比赛，只为贵宾进行了武术表演。据说，这场武术表演给俄罗斯人留下了深刻印象。

少林寺方丈释永信是个富有同情心、性格开朗的人，他给我讲述了和尚们的生活情况和健康的秘诀，回答了我的问题。他认为最重要的是精神与肉体的和谐。我们交谈了约1个小时。

释永信从小就信佛。1981年，16岁的释永信出家到少林寺。6年之后，这个机智、勇敢、强健的青年成为中国最年轻的少林长老，当时他才22岁。1999年，释永信荣升为少林寺方丈。这在宗教史上也很少见，他是少林寺1500年以来最年轻的方丈。1995年9月3日，少林寺喜逢建寺1500周年，举行了盛大的庆祝活动。

少林寺大约有300名和尚。他们中很多人不仅会武功（少林和尚们会使用30种兵械）、哲学和佛法、还会医学。长期的冥思帮助他们领悟到事物的本质。丰富的古藏书帮助他们获取知识。当然，在这里他们也不拒绝汲取现代知识。我就见到过坐在电脑前的和尚。

这里还有着上千年的医学传统，并被和尚们不断地改进完善。他们掌握着医治很多疾病的古方，这些古方的核心就是草药。他们还会

1、2．少林武术学校距离少林寺不远

1、2、3、4. 少林武术学校

积极利用大自然的力量。例如这里的山中有一处泉水能缓解关节痛。

　　据说，少林和尚还参透了长寿奥秘。我就此还询问了释永信。他说："不是说能延长多少寿命。关键取决于心灵的和谐，以及健康的习惯、饮食和睡眠的质量。"我想知道，那些想要领悟武术奥秘的人需要在少林寺内习武多长时间。释永信回答说 9 年。

　　很多父母把孩子送到了这里，但想到这里来可不是件简单的事。抛开其他不说，强健的体魄、毅力、信念是一定要有的。顺便提一句，那些领悟到武术精神的人中也有白俄罗斯人。

　　少林寺外的山中还有座尼姑庵，那里现有 30 个尼姑。

想要当尼姑必须得到父母的同意，还必须成年。

少林寺武术学校距少林寺不远，是一所国家公办的武校。

校长高柏芳（音）说，学校年龄最小的学生只有5岁，最大的30岁。大部分学生都是17岁的青年。我认识的来自四川的一个6岁孩童就在这里学武。这名小武者体现了真正的奇迹。

孩子们的武术表演给我们留下了不可磨灭的印象。这些孩子们经过长期艰苦的训练已练就了一身本领。劈掌、搂摔、地功、翻跳、劈腿、猛扑、少林擒拿手、剑术、枪术——所有功夫都如此精湛，你根本来不及看清手和枪快如闪电般的出击。真是一场奇妙的表演！他们那高超的弹跳力、蛇一样的柔韧性和强壮的体魄真是无人能敌。这场精彩表演的导演

夜间实景演出重现了古老少林寺的神话传说。

1、2、3.
夜间实景演出

傅英（音）先生也是这个学校毕业的。

孩子们训练时会采用各种方法，使身体各部位得到全面的锻炼，并培养他们的内力。每次练习约 8 小时。

这所学校还招收外国人。外国人日收费 20 美元，对中国人收费则便宜得多。不过外国人的生活条件比他们同龄的中国人要好得多，要求也松很多。外国人只要待 3 个月，而

中国人则要学 3 年。学生中也有来自白俄罗斯的孩子们。

我们离开少林寺时，朦胧的暮色已笼罩着整个山峰。我的中国朋友们一脸神秘，急匆匆地赶路。原来是有一场神奇的晚会——音乐大典"禅宗少林"，在嵩山中等着我们。

观看这场演出是我 2007 年中国之行的尾声。在距少林寺几公里的山中，规模宏大的实景演出精彩地演绎了少林寺的神话传说。和尚们有的从山峰中跃出，有的在大殿内搏斗。群山、瀑布、小溪就是演出的舞台。舞台道具是真正的月亮和星星。

大量光束穿过环绕观众的山坡，观众就坐在山坡的天然座位上。一切如神话般虚幻。突然，雷声隆隆在山中激起阵阵回声，宣告演出开始。轻柔的中国音乐刚停息，又响起雷鸣般的行军声，歌舞立刻转换为交战场景。

这场武术音乐大典的主题是信善的力量和必胜的信念，突出反映了我在中国所见所闻的本质。中国人民正努力地将自己的生活变为美丽的童话，也为了子孙后代的幸福而不断创造。中国千年的历史使这个民族养成了勤劳、顽强、团结、自信的美德。

我的中国：
对真实奇迹的思考

巴拉诺娃·娜塔利娅·彼得洛夫娜

明斯克国立语言大学校长。

20 多年全世界都在饶有兴致地观察着中国发生的一切。经济高速发展，成功实现大规模投资方案；适应国家安全形势的独立外交政策；社会人文发生着可见的和不可见的积极变化；人民生活水平提高；信息产业飞速发展；运动员身体和精神素质协调发展——这就是当今的中国。

很多人试图破解中国现象的奥秘，试图弄清楚、弄明白是什么让中国迅猛腾飞，进而使中国开始成为世界舞台中的主导性玩家。我就是这其中的一员。

我对中国的第一印象来自童年时父亲送给我的一本中国童话书。书里的故事非常有趣：关于大力士的故事，有个农村大力士干活比别人快、比别人好，休息时间长，但能一直劳作到夜晚；关于绣花女的故事，她绣的衣服总能给人带来好运，因为她每缝一针都祝福穿这件衣服的人幸福。还有关于孩子们的故事，孩子们在特殊的学校学习，在学校老师教他们传统的武术，告诉他们什么时候使用武术，怎样使用武术。故事中的所有人物都居住在同一个村子；在远处，每幅插画的背景都能看到似飘带蜿蜒起伏的长城。我对画中的人物特别着迷，也特别喜欢给图画上色。穿着我给他们涂上的彩色衣服，他们更加可爱、美好，而他们的国家也像童话般美丽和神奇。我想象自己也来到这个国家见到喜欢的画中人物，在那里与他们一起生活。

10 年过去了。今天，我惆怅地回忆着，童年的我对于中国的记忆是多么幼稚。不过，可能正是由于这些才引起我对中国的兴趣，才认识到中国人民非常勤劳、顽强、乐观、进取。

20 世纪下半叶的中国错综复杂。"文化大革命"、纠正文革错误、经济改革、国家现代化。60—70 年代中苏意识形态对抗时期，有关中国形势状况的消息非常少。而那些正式报道的消息则让我与中国人民的感同身受。祝愿中国人民幸福，希望中苏友谊长存。我坚信问题总会解决，我们会共同走向未来。

后来，问题开始出现在我们国家，所有注意力、所有思维关注的都是我国的问题。我没有再专门定期关注中国发生的一切。之后与中国的重新联系更令人惊讶，开始是间接联系，后来是直接接触。

成年后的我对中国这个别具特色国家的认识开始于 1996 年，当时有个课题是在白俄罗斯发展汉语专业学校。

明斯克国立语言大学是白俄罗斯院校中第一个开始培训汉语言专家的院校。早在 1992 年翻译系就出现了以汉语为主要外语课程的学生小组。汉语教学的推动非常困难；要知道一切都是从零开始。没有教学计划、没有教学师资、没有课本、没有教学材料，什么都没有。但在我国建立一所高等专业教育学校的愿望是强烈的。

经验都是一点一点积累起来的。所有的成绩正是由于长期坚持以及在中国驻白俄罗斯大使馆对我们的关怀下取得的。不同时期主持过中国在白俄罗斯外交事务的中国特命全权大使吴筱秋、鲁桂成，直接负责教育问题的李正和（音）、贝文力，现主管这项工作的梅汉成都给予我们支持和帮助。现在回想起他们，我总是满怀崇敬和热诚。没有他们的参与、他们的合作、他们善意的提醒和支持，无法想象我们所做到的这一切。他们帮助我们获取急需的教科书，配备专门的计算机视听教室，购买软件。总是能与他们在困难的时刻商讨各种问题。重要的是他们不仅是我们忠实可靠的朋友，还帮我们在中国同行中找到了真正的朋友。

在他们的帮助下，我们与中国的大学建立起联系，学生获得成为未来语言学家所需的进修机会。1999 年，我第一次来到中国。

我们大学组成的一个小代表团来到北京签订大学语言文

豫园位于上海老城区，是上海最有趣的景点之一。

茶道准备

化合作协议。就这样我亲眼见到了童年时的神话国度。如果说中国只是让我惊奇、惊讶、惊叹，那就等于什么都没说。这真是百闻不如一见。这第一次的旅程让我明白，中国不是能用理智来理解的。

是什么让现在的中国如此与众不同？是独特的大自然？是力量之源的长江还是孕育人类文明同时又带来毁坏的"中国之痛"黄河？是湖岸茶室旁古树树冠上起舞鸟儿的动听歌声？我想，每个人都有自己的答案。

有些人肯定会立刻想到中国的茶艺：穿着红色民族服饰的姑娘平稳地移动着手臂，用充满魔力的动作将水倒入煮水器上的茶壶中，发出咕咚咕咚声……表演茶艺的人仿佛置身于古代，感受着古时的呼吸和韵律。这时每个轻微的不经意的挥动都有着自己的意义，茶也变得极其独特，似乎你从来就没喝过。

有些人会一下想到包含上千道菜品、世界上公认的美味——中国饮食：北京烤鸭、上海八宝鸭、南京板鸭、各种馅的饺子、无与伦比的调味汁、外观诱人味道浓郁鲜美的特色菜……以及世界上最好的带圆转盘的中国式餐桌，这样的餐桌使每个人都能方便地品尝到每道美味，并能与朋友愉快地交谈。

或许有人会说，应该是中国人民独特的生活基调。这种

中国饮食是世界上公认的美味

基调是建筑工地喧嚣着，明亮的摩天大厦耸入云霄，紧挨着转弯处就是嘈杂的街道，街上满是匆匆赶路的人，还有狭窄又弯曲的小街，小街上有传统建筑风格的小房子、小旅社、咖啡馆、小饭馆，在这样的小饭馆里你才能发现烹饪的奥秘。

所有这些都是正确的答案，但是这些答案只是结果。要想知道原因，必须去感受中国。要想感受中国，只需要仔细观察这个国家的人们如何前行又是什么指引他们前行。

中国人尊重历史并善于从历史中借鉴经验。这个非凡民族的思想、哲学、生活方式、感情和愿望在向前发展时，它的根一直不断地汲取着古老文明的智慧。

历史经验同现代融合而发展。孔子曾说过："三人行，必有我师焉。择其善者而从之，其不善者而改之。"古训得到了传承。后辈们向先辈学习，吸取点点滴滴的知识和经验。创造了强大丰富文化的民族历史记忆就这样产生并得到巩固。

上海豫园在游客中知名度很高

早在 1999 年，我就接触到了中国的历史遗迹，足以让我感受到它的宏伟，惊异于它的完美。

早晨的北京

万里长城建于 2000 多年前，横贯中国北方绵延 9000 公里，现今的长城虽有部分遭到毁坏，但仍像从前一样雄伟。登上长城，我们看到设有望口的高大垛口墙，城墙上每隔 200 米建有一四边形堡台。长城像一条巨龙一样，蜿蜒盘旋在崇山峻岭之间。尽管我们在长城上待了几个小时，想要静静地倾听大自然的声音、想象一下远古时期，但是游客们汇成的人流源源不断，

万里长城仍像从前一样雄伟

少林寺

很多是中国人。他们是全家出游——有曾祖父、祖父、父母、儿孙——全都在一起，互相跟随，互相搀扶。看到年轻人对老人的呵护，我就想到了孔子关于"父母之年，不可不知也：一则以喜，一则以惧，""事父母几谏，见志不从，又敬不违，劳而不怨"的训诫。

此刻，我更能体会到，人们举家出游是对过去的尊敬、是为今天汲取能量，为了巩固亲人间的联系、继承传统，也是为了孩子和他们的下一代。

在少林寺我也有类似的感受。少林寺是古老智慧的聚集地、是思想者的庇护所、是永不枯竭的生命之源、是善念和善行的诞生地；是人类净化心灵的源泉。我很难找到词语表达这种赞叹和景仰之情。每个踏上这片神奇土地、享受纯净的人；每个呼吸到充满森林和泉水芬芳的清澈空气的人；每个看到湛蓝天空、一瞬间与这片美妙土地融为一体的人都能体会到这种赞叹和景仰之情。

我确信，人们从中国各个角落来到少林寺是为了倾听大地的呼唤，感受到对自己力量的信心，许下美好的愿望。或许，来到这里的人们所有心生善念集合起来的力量能将这原初之美传达到世界的每个角落，永远停留在到过这里的每个人的记忆中。

从少林寺返回时，我透过车窗看到一望无际的稻田、整齐的鱼塘和河湾。到处都是劳作的人们，他们如此轻松愉快，为这片土地奉献着。我觉得，我明白了为什么会是这样。

第一次中国之行，我就探寻到了中国式现象的部分奥秘。中国人民非常珍视自己的历史，历史中有他们亘古不变的基本生活原则的源头，在历史中他们找到了民族坚忍不拔的见证、获取了迎接时代挑战的力量。历史中蕴藏着今日的力量。

我第二次到中国是 2005 年，当时是为了参加第一届多元文化世界中全球汉语发展论坛。在论坛上我做了关于白俄罗斯汉语专业学习方法的报告。

中国人民非常珍视自己的历史

这次行程在专业教育计划中非常有用，我有幸看到全世界对掌握汉语，了解中国文化的重视。美国大学代表人数让人吃惊；奥地利、德国高等院校所采用的教学方法让人赞赏。我们明白，我们需要在白俄罗斯推动对中国文化的了解，否

2010 年上海世博会

则就会不可避免地落后。要知道成立语言学校必然需要很多时间，而汉语有着神秘的象形文字，有着不同于其他语言的悦耳发音。

必须积极行动起来，这一点后来在 2010 年参加上海世博会期间得到了证实。参观展台时，我们惊奇地发现，大片展区都留给了美国、加拿大、法国、澳大利亚、西班牙及其他国家的著名高校进行展示。他们公开地在中国市场上进行输出教育服务的竞争，同时考察中国大学对引入教育的兴趣。

再回到 2005 年的论坛上来，论坛组织者当时为参加者安排了非常有趣的节目。我们参观了剧院、博物馆。给我留下难忘印象的是参观位于天安门广场的人民大会堂。天安门广场是中国的主广场，也是世界上最大的广场，它的面积之大真令人惊讶。毛主席纪念堂也坐落在这里。每天黎明都要在这里举行升旗仪式，每天都有很多人前来观看。为了观看升旗仪式铭记这有意义的一刻，有些人在黎明前几个小时就

夜晚的北京天安门广场

奥运会期间的"鸟巢"

开始占位置，真让人吃惊。当看到人民大会堂的宏伟壮观，我再次情不自禁地感受到这个雄伟建筑所蕴含的民族能量。

当时，中国正热火朝天地筹备第 29 届夏季奥运会。数千名志愿者积极参与奥运筹备，准备向世界展示当今中国的真正国力。奥运会的成功举办一点都不让人惊奇。因为这是全中国、是满怀同一创造激情的上亿人民努力的结果。也许，为了重要目标汇聚能量团结一心——是中国式现象的又一个奥秘所在。

在认识到中国会接受建设性的新思想、并将其创造性地应用后，我得出一个结论，如果需要，那就同化吸收。中国人没有发明自行车，但他们会接受现有的东西并积极地展开生产，同时进行进一步的科研并取得相应的成果。难道全球化的真正含义不就在于此吗？

所选方式的合理性早在 1999 年参观青岛 "海尔"集团时就得到证实了。"海尔"是中国最大的制造冰箱、电视机、

2008 年 8 月 8 日，北京第 29 届夏季奥运会盛大开幕式。

洗衣机、空调等生活家电的集团。过去它只是个小厂子，现如今它的生产车间、现代化的生产设备、生产环境让人惊叹不已，最主要的是它具有完善的工人组织和纪律，这让任何一个欧洲国家都感到羡慕。形成这种劳动方式的原因在于工人们清楚地知道集团的发展前景，并将自己的未来前途与此紧密联系在一起。

　　每次离开几年再回到这个国家的人都会下意识地关注其发生的变化。

　　我第二次来到中国时隔 5 年，第三次是隔了 4 年，第四次隔了 2 年，最后是 1 年——每次都能看到城市面貌发生着变化。城市里屹立起摩天大厦，有了最现代化的饭店，就像是被施了魔法，出现了大型贸易中心，机场和车站建起了新的大楼，修起了现代化的高速公路、立交桥。所有的一切都发生在极短的时间内。

　　当我与中国朋友说到这些奇迹，他们很平静，他们更关

上海的现代化建筑

注的是现在中国还存在很多问题和无法解决的矛盾。这是自然的。事物前进的原理正是在于解决矛盾，同时又不可避免地出现新的矛盾。另外就是一个国家解决自己问题的能力如何。中国有这个能力，因为中国有精神强大的妇女，能担负起家庭责任的男人，幸福的孩子和相信未来的青年人。

　　孩子是我对中国最鲜活温暖的回忆。我在公园里、火车上、机场和飞机上、朋友家做客时都能见到孩子们。每次搂着中国孩子，与这些大孩子和非常小的孩子们交流，我都能感到一种柔情并想要保护他们。我认识的所有小孩子都非常善交际和乐观。他们用黑眼珠盯着我，就像在问我会不会欺负他们，不过他们同时对人又很信赖和友好。

　　根据中国相关政策，许多中国家庭只生一个孩子，这些家庭的孩子承接了所有的爱。这就产生了孩子教育问题：孩子可能会被娇生惯养，变得任性。这样的孩子被称之为"小皇帝"。有一次，在北京—南京—上海的高速火车上，我遇

孩子——对中国最鲜活温暖的回忆

　　到一个有这样孩子的家庭——孩子一岁半，非常可爱。他一直被奶奶抱着，奶奶护着他不被风吹着。我们相互介绍认识。孩子父亲是大企业的工程师，母亲是图书馆员。奶奶照看孩子，希望孩子像他早已过世的老伴一样成为物理学家。奶奶会考虑到各种方法保护着这个"小皇帝"远离可能遇到的危险。我们还在谈论着，小孩子已经睡着了，也许是做了美梦，因为他在梦中笑了。

　　中国的孩子——祖先丰富的精神和智力经验的继承者。

和爷爷在一起

青年人自由开放

他们将沿着根植于历史的 21 世纪道路前行，祝愿他们能取得成功！

中国的青年自由开放，大学生，接触到了大众文化。比起传统的茶，他们更喜欢百事可乐，他们爱好最流行的音乐。总之，中国的小伙子、姑娘们具有和我们年轻人一样的特质。

对于中国的年青一代，他们更为自己的祖国自豪。这是容易理解的。现在的大学生们都很勤奋。在上海、南京和北京的三所大学内我不止一次看到过，学生们周末还要学习。很多人都在努力学习外语，首先是英语，为了将来大学毕业后继续出国深造和从事有价值的职业。21 世纪初的青年为自己树立了远大的目标，他们明白为了达到目标必须前行。

中国的妇女让我尊敬，其中有两个我由衷钦佩——她们是东南大学党委书记郭广银和中国国家汉语国际推广领导小组办公室（汉办）主任、孔子学院总部总干事许琳。

许琳是个直爽、有魅力、有活力、有能力的人，她能及时评估形势并提供最佳解决方案，她的能力和敏捷思维让人倾倒，旺盛的精力让人着迷；她还是个出色的交谈者、超凡能力的领导者，同时又是个非常好的、让人愿与之相处、共事、共同解决问

许琳参观白俄罗斯国立大学孔子学院

题的女性和母亲。汉办由她领导让我们觉得很幸运。

郭广银是个善于思考、意志坚强、沉着冷静的人；她非常有魅力，能平静自信地权衡工作中的所有状况。她具有丰富的经验，善于总结不同人的观点，还善于熟练地找出各种状况的解决办法。与她交谈得越多，就越赞叹她善于交际的能力，越想向她学习。

感谢命运让我遇到许琳和郭广银。与她们的相识不仅能让我更好地理解中国女性领导者，还让我对近两年我们努力的主要目标燃起了希望，这个目标就是在明斯克国立语言大学开办孔子学院，进一步发展并使我们的孔子学院成为强大的教学法中心。

2009 年，当我们意识到继续开展教科书编写、建立电子教学模式的可能性不大时，我们明白了要想真正创办现代汉语教学学校没有孔子学院的存在是不可能的。但是，此时在明斯克已经有一所白俄罗斯国立大学孔子学院，再想创办第二所，就算活动侧重点不同，发展前途也不大。但是我们仍开始着手研究这个问题。

不是一切问题都能立刻轻松简单地解决的。首先得证明我们设想的重要性和是否有足够的能力。为此，我两次到访北京孔子学院总部，与中国教育部下属的国家汉办党委书记、孔子学院总部副总干事马箭飞会谈。

在国家汉办，我手里拿着互动式教科书，看到中国专家已编写好的普通教学法材料，开设孔子学院的愿望几乎触手可及了，孔子学院有助于提高白俄罗斯学校及其他院校的汉语教学质量。

2011 年 9 月 18 日，我们的愿望终于实现了，孔子学院揭牌。中国全国人大常委会委员长吴邦国出席揭牌仪式，今后我们的大学将承担起这项新任务。

除了上述已提到的任务，孔子学院将开展学生的教育引入和教师实习，为学校老师开设讲习班，开办夏令营，共同承担科研工作，组织教育、文化学、国情学和语言国情学、汉语教学法等问题的科学方法和科学实践会议。我们还想编写专业词典，创造革新技术，提高翻译技能，当然最主要的是推广汉语，拉近两国文化。我们坚信，孔子学院的成立将

会为中国文化、语言和传统在白俄罗斯以及在明斯克的传播作出不可估量的贡献。明斯克国立语言大学学习汉语的学生们将成为特殊的文化带头人和中白两国人民友谊大使。其他高等院校的汉语教学也会加强。今后语言大学将为汉语学习者开设讲座。

1、2．明斯克国立语言大学孔子学院揭牌

第六届世界孔子学院大会再次让我惊讶。来自世界各地的 2000 多名孔子学院代表为同一目标会聚在一起，不单是出席会议，而且为了积极开展工作。我还是第一次见到这种情况。大家讨论近几年的行动纲领，到处都充满着激情，每个人都乐于分享自己的意见、建议，每个人都有想问的问题。会议组织也让人印象深刻。所有要素，甚至是可能出现的不可抗拒力都考虑到了，一切都无可挑剔，从抵达时的会议登记到会议最后一分钟。我们所有人都应该向中国朋友学习。

我校孔子学院的中方合作伙伴是东南大学。东南大学是

南京东南大学

强大的现代化教育中心，大学里设有语言学院。

东南大学坐落于南京。学校发展飞速。它的校园是真正的现代化模式校区，有令人惊讶的图书馆、文化中心、舒适的学生宿舍、商店、体育馆、绿色休闲区，当然还有配备了最先进设备的教学楼。在这里学习既体面又舒适。

东南大学副校长浦跃朴向我们介绍学校时谈到了学校中期发展规划。从他的话语中，从了解到对我们合作全面支持的那一刻起，就能感受到他对所取得成就的自豪，对实现雄心勃勃计划的自信。

我也相信这将会实现。我的自信来源于学校所取得的成绩，以及对中国政府和领导人在教育领域所实施政策的分析。

今天，教育成为国家首要的优先任务。国家已经做了很多并将继续努力改善教育质量，初步已经展现成效。

高等教育尤其受到关注。为了确保高等教育适应时代需求，中国政府实施了大规模的高等院校改革计划，其核心就是保证教育质量。确保教育质量涉及扩大各省在地方教育机构中的权力、扩大高校的独立性、发展高校自治。最好的学校应大胆地试验：审批新课程、新技术、甚至是整个教学计划。大学面临的任务是强化与客户、实际经济部门的联系。大规模投资科研，广泛发展远程教育。现代化改造高校教学物质基础。计算机教室、局域网、卫星电视是中国大学现今的标

准配置。

加强中国高校在世界排名的位置体现出中国政府为发展高等教育作出的不懈努力，而这仅仅是开始。中国正在发展适应社会市场经济的教育体系。列入日程的任务包括培育学生的创新精神，培养有理想、有道德、有文化、有纪律的接班人。

各级教育应具有连续性，要广泛发展继续教育。为了让青年人才参与到科学中，探寻最佳的工作体系。现已开展了大规模的创造性工作，要实现荀子"学不可以已"的训诫。

今天，中国有超过2000所大学，学院和高等职业学校，在校生（据统计，在2010年，约有3000万在校生——译者注）约900万人，其中包括550多万名本科生，约30万名硕士生和博士生，450多所高校有资格接收外国留学生。

近年来，外国留学生中白俄罗斯留学生越来越多。所有人都喜欢到中国学习。我们的学生说，在中国各方面都觉得

南京东南大学图书馆大楼

很舒适。这是一个很好的现象，因为这是发展对未来很重要的人际关系的直接方式。

中国进化发展的例子值得借鉴，很多人认为中国当前发生的变化不可思议。我也赞同这种观点。中国为人才创造了条件，让最优秀的专家、科学家参与科研。几乎世界上所有大公司都与中国合作。中国能自给自足，生产的商品还出口到世界各地。这是如何做到的呢？

在寻找答案时我做了一件此时我的中国朋友们常做的事情——从中国古代思想智慧中寻找答案。我觉得我找到了答案。

古时候老子曾说过："其安易持，其未兆易谋。其脆易泮，其微易散。为之于未有，治之于未乱。合抱之木，生于毫末；九层之台，起于累土；千里之行，始于足下……民之从事，常于几成而败之。慎终如始，则无败事。"

有时间感，及时权衡利弊，这就是答案之一。当今的中国懂得时间，行事平静自信。这就是我看到的当今中国的一个最重要特点。

拥有时间感，自信行事是一个非常复杂的艺术。看来，中国人民掌握了它是因为他们珍视历经数世纪的古代文明遗训，将其运用到行动中，明白这其中包含的智慧是永恒不变的。让我们来看一看，例如，古时的一位哲学家杨朱说道"人肖天地之类，怀五常之性。有生之最灵者，人也。人者，爪牙不足以供守卫，肌肤不足以自捍御，趋走不足以逃利害，无毛羽以御寒暑，必将资物以为养性。任智而不恃力，故智之所贵，存我为贵；力之所贱，侵物为贱。"

遵循古老智慧的中国人民学会了管理自己国家的生活，

就像中国另一个思想家吕不韦在《吕氏春秋》中所描述的："故小之定也必待大，大之安也必待小，小大贵贱，交相为待，然后皆得其乐；定贱小在於贵大。"

这种古老的智慧在中国得到较好的诠释，因此整个国家和个人的生活方式才会变化。我认为，对变化的内在意愿，既包括古代，也包括现代——这就是中国的文化特点，在现代这种意愿变得更加丰富。这种意愿包括现今中国人民集体智慧中的洞察力和真知灼见。这也引起我对中国人民的尊敬，让我为中国同事与朋友感到自豪。

我们所有人都明白，生活变化是符合规律的，就像一天不可能跟另一天完全相同一样。人类才刚刚进入 21 世纪，但我们已能感受到，这个世纪将诞生在未来引导经济、文化、社会生活以及人类本身变革的全新思想。我极其希望，我们优秀的白俄罗斯人民能与中国人民一起迎接明天，让我们世代相连，共同创造生活。

大学生和外交官眼中的中国

普罗霍茨基·伊戈
尔·伊戈列维奇

　　白俄罗斯驻中国大使
馆参赞。

　　1998 年，当我考入白俄罗斯国立大学国际关系系时，我第一次认真地思考了中国和汉语。上中学 11 年级时，我就很清楚自己的追求，就是成为国际关系领域的专家，如果有机会将来从事外交工作。

　　我无法确切地说出是为什么，但是我想学阿拉伯语和法语，今后想在中东工作。影响我作出这种决定的可能是一些故事片和文艺书籍，可能是苏联时期在阿尔及利亚做医生的亲戚给我讲的故事，也可能是我收藏的中东国家的大量硬币，硬币上的阿拉伯花字神秘而具有吸引力。

　　但是命运却另有安排。在我考入大学的那一年，一年级生能选修的只有五六种欧洲语言和汉语。说实在的，我对这种变化完全没有准备。我所收

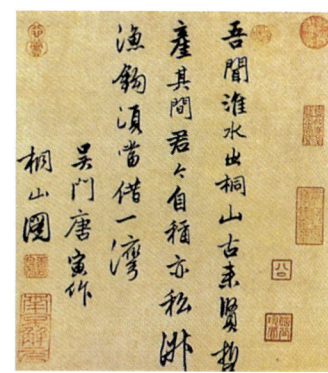

藏的硬币中只有两三枚中国硬币和一枚日本硬币——这是我第一次见到中国象形文字，那时这种复杂的象形文字把我吓住了。

但是已经没有时间让我考虑了，确切地说，只有一两天的时间作决定，这种决定某种意义上可能会影响我今后的生活、毕业后所选择的生活道路。

开完会后，从系里出来前往地铁站的路上，我思索着所面临的选择。为什么会是汉语？我开始回想我所知道的关于中国的一切。思想非常混乱，脑袋里出现了孔子、鸦片战争、水稻、筷子、西安兵马俑、长城、茶叶、功夫、天安门广场以及很多其他东西。要么还是选英语和法语（国际关系系必须学习两门外语），阿拉伯语就作为选修课？还有件事让我心烦意乱，很多学生会后立刻报名选学欧洲语言，而想要学汉语的几乎没有。就在这一天，我才知道，在白俄罗斯只有白俄罗斯国立大学和明斯克国立语言大学才有汉语，而且，近年来每 5 年才招收一届学生。而全国能熟练说汉语的也不过 20 — 30 人。这时我才明白：汉学家在白俄罗斯是个"稀有商品"，未来的需求将会增加。

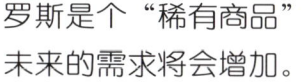

于是我作出了决定。报名学汉语的只有 10 个人，而能升到 5 年级的只

有一半。但是，距离毕业还有 5 年漫长却又短暂的岁月来学习中国文字和了解这个伟大的国家。

第二学期结束后，我们的汉语教员宣布，根据考试成绩，有两名学生将到中国交换学习 1 年，我就是其中一个。我和我的朋友去北京语言大学学习。前往北京的旅途令人难以忘怀——坐了 7 天火车，穿过整个俄罗斯，车厢里挤满了从莫斯科贩卖到北京的猫狗。这次旅途让我铭记一生。火车仅在贝加尔湖沿岸就行驶了近 8 个小时，然后经过被水淹没的区域，根本看不到铁轨，火车好像在漂流。这 7 天我吃了如此多的罐头，恐怕我这一生都不可能吃这么多。我和朋友不敢冒险下车，我们害怕被留在广袤的俄罗斯大地上。我们开了一听又一听的罐头，好在父母为我们准备了如此合适的储备品。我记得，穿越边境线时给我的印象最深。被带刺铁丝网分开的两个边境城市外贝加尔斯克和满洲里就像是两个不同的时代。俄罗斯这边都是 20 世纪中期歪斜的建筑，给人的感觉很阴沉，而中国这边都是现代化的高层办公楼，让人觉得很明亮。在火车上，我们认识了很多中国朋友，他们提醒我们，一定要在火车站和出租车司机谈好价钱。我们照他们说的做了，把价钱从 200 元砍到 100 元，觉得很满意。当车停到大学门口后，我发现出租车司机用狡猾的眼神看着我们，我就问他，把我们送到车站需要多少钱。回答是：如果按照计价器，只需要 25 元—30 元。

就这样我们开始了一段全新而有趣的生活——第一次离开父母来到中国。

一个大学生对中国的理解

直到现在我才明白，在中国交换学习的一年是多么地重要。因为正是在这一年，形成了我对中国的认识和看法，尽管有很多天真和表面的地方，但这是极深刻的第一印象，后来这第一印象发生了复杂的变化。

在北京语言大学学习的那一年，我不仅提高了语言水平，了解了中国文化，还结交了来自世界各国的很多朋友。我和7000名外国留学生一起背记中国象形文字，此后这所大学的外国留学生人数逐年增加。实际上，我认识的所有留学生都觉得，如果不谈他们的汉语成绩，在中国的生活非常舒适和安全。我们一致认为，中国是一个十分令人向往的地方。

北京地铁车厢内

那些在中国待过一年或几年后的人又会回到这个国家。

随着一天天对汉语的深入学习，对中国和中国人的更多了解，我惊讶地发现，尽管有网络、电视、书籍，我还是像很多没有到过中国的白俄罗斯人一样，对中国及其居民有种与现实极其不符的特别认识。当然，只不过我是居住在世界超级大都市——北京，北京的街道上能见到来自地球最远角落的人，北京有大型跨国公司和银行，全世界的新产品，诸如电影或电脑设备总是最先出现在北京。

当然，2000年的中国还是另一副样子。2008年，中国庆祝改革开放30周年，改革开放由邓小平提出，它使中国发生飞跃式的发展，使中国站在世界的舞台上，成为世界大家庭的一员。一些年纪大的同学还记得70—80年代的中国，他们亲自见证了中国这些年走过的道路。我从1998年开始了解中国，2000年第一次来到中国并从那时起开始了自己的记录和20—21世纪之交在中国学习之时，我还想象不到2003年杨利伟的太空之旅、2008年北京奥运会、2010年上海世博会，更想不到我还能参加为纪念这些事件举办的官方活动。但这是后来发生的事，现在暂时还在2000年……

13年前北京只有2条地铁线，大学旁只修建了四环路。现在北京有六条环路，9条运行通车的地铁线和几条在建的地铁线。我在北京上学时，很多地方还是用煤生火取暖，冬

北京

天空气里到处都是奇怪的气味。后来，北京人不仅不再需要用煤取暖，新建筑中连蒸汽采暖也找不到了——到处都使用中央空调和地热采暖。

当然，还有中国饮食。关于中国饮食能单独成篇甚至成书了。我想，每个在中国生活的外国人都有很多他们了解中国饮食的有趣故事和笑话。在中国学习工作的日子里，我品尝过各式各样的菜肴，从学生食堂、农家饭到北京最贵的饭店及中国高官的招待会。给我留下最美好回忆的还是中国学生食堂。在这里，你的面前总是有很多价格便宜种类繁多的菜肴供你选择。即使是现在我还总去这种食堂，有时候每到周末我就和同样在中国大学学习过的同事打扮成学生模样，一起去食堂，在那些来自世界各个角落的年轻人中就餐。10—15 年前我们就跟这些年轻人一样。我还记得，有一个月奖学金很快花完了，我就和朋友们去隔壁大楼的食堂里买包子，素馅包子 1 个 1 毛，荤馅包子 1 个 3 毛。有时一天只花 2—3 元，还会买 3 毛一包的"德宝"烟（当然，是没有过滤嘴的，像卷在纸卷里的干烟草）。

遗憾的是，明斯克没有一家真正的中国餐馆，无论明斯克餐馆里的中国菜多么美味，其味道总是与在中国吃到的相差甚远。我希望，随着中国扩大对白俄罗斯的投资，我们能开一些真正的大型中餐馆，让白俄罗斯人能正确地评价有着上千年历史的独特的中国饮食。

还要再谈谈学习这件事。首先，我要负责任地说，白俄罗斯留学生经过在明斯克两年的汉语学习后，他们的基础毫不逊色于欧洲和美国一流大学的留学生。我甚至可以说，比

起很多欧洲学生，汉语语音对于白俄罗斯学生来说更简单。白俄罗斯语中有些读音完全与汉语读音类似，例如"zh"、"ch"、"sh"。而象形文字对于所有人来说都是同样的困难。有些人汉字写得非常漂亮，而有些以优异成绩毕业并在中国读了研究生的人写出来的汉字就像中国三年级小学生写的字。我记得，我和朋友一到中国就报名学习书法。我的朋友在明斯克时就喜欢练习书法，他用同班同学都看不懂的符号写满了一张又一张的纸。我很平静地看待这种象形文字，只知道，这是我需要学习的，是不能逃避的。书法教授让每个报名学习书法的留学生在黑板上用汉字写出一句话。当轮到我时，我刚开始在黑板上写字，老师的脸色就变了。他说，他看到我写字觉得很痛苦。事实上，我是左撇子，用左手拿笔书写、画画更让我舒服。因此，已形成上千年的严格的汉字书写规则被我颠覆了，我写字是从下到上、从右至左。老师有些尴尬，他建议我一笔一画地多写几遍"武术"和"气功"两个词。就此结束了我对书法的了解。不过，坦白地说，不正确的汉字书写规则并没有妨碍我对汉字基础的掌握。

北京

在中国经过一年的交换学习后，我还坐着那辆火车，带着对中国的了解和印象原路返回了家乡。通过3年级的自考后，我升入4年级并开始给国际关系系"国情语言学"班的一年级生教汉语。这是第一次为培养未来的白俄罗斯汉学家而招收学生。我自己还是学生，却要教那些比我只小3—4岁或比我还大的学生学习汉语。但是我们还是建立了正常的师生关系，与其他老师不同，我脱离教学计划更多地讲述在中国的见闻。我会告诉学生们各种他们感兴趣的问题，从中国青年人爱听的音乐到中国的汽车市场。所有学生都顺利通过了1年级考试，大部分人取得了好成绩，但就算是在我的班级里，能学到5年级的也并不是所有人。

　　从白俄罗斯国立大学毕业后，我再次获得了去中国学习
的机会。这一次是去外交学院进修一年。这是一所非常有趣
的学校，过去这里不招收外国人，城市地图上也没有标注这
所学校。从白俄罗斯国立大学国际关系系毕业后，我非常想
看一看，中国是如何培养未来的外交官的。在白俄罗斯和中国，
外交官的培养方式和方法基本相似。唯一引起我注意的是：
在中国外交学院任教的老师都有丰富的外交工作经验。尽管
我们的国际关系系老师都具有较高的职业水平，但这种具有
外交工作经验的老师却寥寥无几。我认为，白俄罗斯国立大
学培养国际关系领域专家的优势是教学生讨论、辩论、分析、
证明自己的观点，这都是外交官今后工作所必需的，至于他
能否维护国家利益或者保护在国外陷入困境的白俄罗斯公民
则不那么重要。我一般喜欢气氛活跃的课堂，在这种课堂上
老师不会向我们照本宣科，在这种课堂上我们能进行激烈的
辩论，讨论当前的国际局势或对国际关系史上的重要事件作
出自己的评价。

上海

苏州

　　我和朋友进入外国留学生班，班里还有外交官，主要学习语言。但是考虑到我们已经接受过较好的语言培训，老师批准我们去上为中国 4、5 年级生开设的一些非常有趣的课，其中有"国际关系史"、"现代国际关系"、"外交公文"、"外交礼节和礼仪"。我记忆最深的就是"外交公文"课。外交公文课本中的内容都是从外交部和中国驻外机构公文中选取的真正的外交照会。讲课时还穿插些有趣的中苏、中美、中印和其他国家关系史。当时这位看起来已经 80 多岁的教授，年轻时曾当过毛泽东的翻译。

　　有一次，大使馆邀请所有在北京学习的白俄罗斯留学生参加庆典。我和朋友走出中国外交部附近的地铁站时，我停了下来，看了看外交部大楼并对自己的朋友说："我觉得我还会来这幢大楼，而且不止一次，帮我照个相留念吧。"他为我照了相，事实上后来我不止一次来过这幢大楼。

　　在中国学习的两年时间里，我曾走过不少地方，除了北京我还到过上海和苏州。三个不同的城市，三种不同的感受。宏伟的北京是政治首都；上海是金融中心，完全是另一种生活方式和生活节奏；沉寂了几个世纪的苏州以其独特的园林、运河和佛塔，以及质量上乘的丝织品而闻名。通过在中国两年的学习和在白俄罗斯国立大学四年的学习，我获取了一定的知识和经验，毫无疑问，我想最大限度地学以致用。幸运的是，我正好从事了外交工作。

一个外交官对中国的理解

2004 年 11 月，我第一次被派往中国担任白俄罗斯驻中国大使馆三秘（领事）一职。在机场至大使馆的路上，我又见到了熟悉的街道和建筑，但是我觉得，我变了，中国也变了。在我的新角色中，在中国学习期间获得的知识和经验从工作第一天起就让我受益匪浅。我想，也许那些不懂汉语、从没到过中国的外交官工作起来会非常辛苦。然而，白俄罗斯外交官们在中国工作很舒适。白中两国关系的水平和特点决定了这会是份舒适的工作。我想，所有在中国工作的外交官都会赞同我的观点。中国对我们来说不单单是友好国家，白俄罗斯和中国的关系已经上升到战略伙伴关系。这不是单纯的口号，而包含很多东西。尽管两国相距遥远、在世界政治经济格局中的重量级别不同，但两国建交 20 年来已形成了非常友好的互信互助的伙伴关系。

我经常回想，有时候也会引用白俄罗斯驻中国前任大使阿纳托利·托济克的话："白俄罗斯不是小国，而是一个不太大的国家"，托济克先生有时候会纠正我们的中国同事，也常纠正白俄罗斯代表团负责人。我认为，每个刚开始自己职业生涯的年轻白俄罗斯外交官，都应该记住这个事实，只有这样，在与外国伙伴建立和发展关系时，他才会自豪地说，他代表白俄罗斯，将捍卫白俄罗斯的利益。

我担任领事两年，在此期间获得了宝贵的工作经验，这主要涉及签证和领事保护工作。

接下来在大使馆工作的三年主要是推动双边经贸和投资合作。这三年发生了很多事情，也十分有趣。2007—2010 年，我们为白俄罗斯引进中国投资、在中国成立合资企业广泛开展工作，与中国大型银行和跨国公司建立了联系。这些工作成果包括：改造后的明斯克 2 号热电站和 5 号热电站成功交付使用；2012 年在白俄罗斯建成 3 家水泥厂；在中国建立联合生产线组装"别拉兹"自卸卡车、"白俄罗斯"拖拉机、

"戈梅利农机" 联合收割机。

白中政治关系水平为双边经贸和投资合作打下了坚实的基础。现在该领域合作成为双边关系的核心和驱动力。白中建交 20 年来，两国贸易规模已增加近 100 倍，2011 年超过 32.5 亿美元。中国政府决定提供 150 亿美元贷款资

2005 年 12 月 4 日，白俄罗斯总统亚历山大·卢卡申科访问中国。

助白俄罗斯的投资项目。成功实施几项贷款项目后，中国公司开始更加积极地探索对白俄罗斯项目进行直接投资的可行性。现在，双方正积极筹备实施在白俄罗斯建设白俄罗斯——中国工业园的大型项目。

毫不夸张地说，得益于两国高水平的双边关系，与白俄罗斯驻欧洲外交代表机构或独联体其他国家驻中国大使馆相比，我们驻中国大使馆的办公条件更加舒适。白俄罗斯驻中国大使不用等上几个星期（而一些大使则需要等上几个月）就能见到各部委的领导并向其通报白俄罗斯领导人对某些问题的立场或讨论当前双边关系局势。白中建交 20 年来，两国关系不仅没有出现过任何紧张局势，甚至连问题都没有。白俄罗斯总统亚历山大·卢卡申科不止一次说过，我们与中国无话不谈。

在参与 2005 年、2008 年和 2010 年白俄罗斯国家元首访华筹备工作时，我再次确认，白中战略伙伴关系不单单是口号，它实实在在地提高了两国关系水平。大使馆最重要最紧张的时刻就是接待国家元首访问。从我自己的经验来看，这几天可谓是一年中最紧张的日子。通常，高访的每个小细节都会留在记忆中。什么时候你再能看到天安门广场上的白俄罗斯

中国公司参与建设明斯克 5 号热电站 2 号机组

国旗，什么时候还能陪同总统车队通过北京市中心？

北京奥运会和上海世博会期间，我特别为白俄罗斯感到自豪。白俄罗斯代表团在奥运会上展现出了独特风采，奥运会结束至少一年半后，我们与中国同事见面时，他们还记得白俄罗斯的优异表现，给予我们的运动员高度的评价。2010年世博会白俄罗斯展厅尽管不是最大、最先进的，但仍以与众不同的外观和友好的节日氛围吸引了上千名参观者，这些都是在那里工作的白俄罗斯专家的功劳。

第一次常驻中国期间，我就到过中国很多城市和地区。有时陪同大使或白俄罗斯官方代表团，有时独自参加会议、论坛或展会，我这才真正见识到了中国。我见过现代化的工业园、设备先进的生产车间、繁忙有序的码头，还有难以忘怀的自然风景——山川、草原、沙漠、亚热带风光。2009年12月，我在一周时内先后去了哈尔滨和海南岛，在零下25摄氏度的哈尔滨和零上30摄氏度的海南岛体会到了两个极端。但是，不论中国的大自然多么奇特，我却越来越想回到自己的家乡。只有在中国我才能理解，我们拥有的大自然是多么珍贵的财富。我会给中国人讲述白俄罗斯美丽的森林、湖泊、河流，但我自己除了明斯克附近的森林和纳罗奇河，根本就没去过其他地方。我的很多中国同行也是如此。他们在白俄罗斯工作的几年里，去过白俄罗斯很多地方，而说到中国，我就比他们有更多机会游览中国的各个省市。

我在北京大使馆工作了5年多的时间，之后回到外交部继续工作。2011年9月，中国全国人大常委会委员长吴邦国结束对白俄罗斯的访问后，我第二次被派往中国。我相信，今后在中国工作的时间里，我将会为两国双边关系写入新的

篇章。除了祖国交给我们的任务外，我为自己定下了任务，就是全力促成开通明斯克至北京的直航。我想，那些与中国有工作来往和在中国学习的人肯定会支持我的想法，我们所有人都需要这样的航班。六七年前我们说过，明斯克与北京之间没有直航是遏制两国关系发展的不利因素。然而，尽管没有直航，两国仍有越来越多的官方代表团、商人、大学生、游客通过各种路线交流往来。我相信，开通直航，将进一步拉近两国人民、促进两国文化共同繁荣，深化两国互惠互利合作。

第二次派驻中国期间，我发现，北京出租车司机大多都更加了解白俄罗斯以及白俄罗斯与中国的关系。他们不会像10年前一样问白俄罗斯的首都是哪里，白俄罗斯都有什么，他们自己会滔滔不绝地讲。这不难理解，北京是首都，北京的出租车司机更有机会了解国际问题。我非常希望，今后在中国其他省份乘坐出租车并介绍自己来自白俄罗斯时，也能听到赞美白俄罗斯的话语。白俄罗斯各州和中国各省之间的地方合作——这是单独的话题。中国很多省份在面积上、人口上都超过很多欧洲国家。地方合作具有很大的发展潜力。中国各地方也在积极开展对外交往，市政府外事办公室工作人员往往比许多国家的外交部工作人员还多。与我们合作最活跃的地方是黑龙江省和内蒙古自治区，我们在所有领域都开展了合作。我想指出，正是地方合作及两国地方间兄弟般的关系推动两国关系提升到新的水平。我们要保持与中央政府的交往、与大型国企的合作，但我们还应更积极地走向地方，用我们的产品开拓当地市场，成立新的联合企业。

我想，等我退休后，我要将在中国这些年的经历写成回忆录。而现在，我要专心工作，因为，白俄罗斯与中国的关系正处在建交二十年来最好的时期，大使馆每名工作人员都有机会为两国关系的发展作出自己的一份贡献。

中国的音乐

杜洛娃·叶卡捷琳娜·尼古拉耶夫娜

白俄罗斯国立音乐学院院长，艺术学博士，教授。白俄罗斯国家高等学位评审委员会文化艺术分委会主席。白俄罗斯文化部文化艺术活动协调委员会委员。

　　我有一种奇特但又绝对正确的感觉：即使到过中国很多次，你也未必能自信地说，你足够了解这个国家。在过去5年到访中国的经历中，我不得不承认，每一次这个让人惊奇的国度都会展现出新的力量和色彩。

　　对我来说，中国是一个令人惊叹的和谐世界！我想在音乐领域谈谈这个让人惊奇的国家，因为我的职业不可避免地会让我用音乐来感知认识周围的世界。那么我就试着通过几个概念谈谈自己的想法和印象，这些概念有助于总结我在不同时间对中国不同地区的所见所闻。

和谐

如果知道"和谐"一词也有"和声"的意思，那么，也许这就是能定义欧洲人所认识的复杂多面中国的最准确的一个词。这是中国的文化、艺术、文学、戏剧、哲学、传统、历史记忆和现代生活的节奏。在这里，一切都是和谐的：老上海小弄堂和少林寺寺庙的宁静，纵横交错的公路的嘈杂，现代大都市各种交通工具的轰鸣。匆匆的路人操着听起来洪亮又兴奋的各种语言，公园里的老人们从容镇静的神态，以及岸边第一束耀眼的阳光，一切都像是慢镜头的回放。还有中国乡村原始的简单直观与城市令人叹为观止的现代建筑。

还远远不止这些，你在中国看到的一切都会让你惊呼："这一切是如何共存的？"我慢慢得出了答案……也许，古老的文化就这样刻印到历史中，刻印到与欧洲人的理解完全不同的各种形式、特点、色彩、声音和气味中……我认为，这一地球上的古老文明正是这样保存下来的——既没有丢失对民族传统的认同，又带着智慧和勇气融入现代。

这毫无疑问是一种和声！所有意想不到的东西都如此和谐。我很难说，哪些印象最强烈……每次旅行都有不同的发现和冲击。不是别的，正是冲击！

我就从对饮食的观察开始吧。为什么？因为在世界上任何一个国家，我们都力求使自己融入某种新的味觉中，就像是融入你想要了解的文化……那么，欧洲人能否了解中国饮食呢？除了对北京烤鸭、年糕和要用筷子吃的面条有些模糊

1. 中国庭院

2. 三轮车

印象，关于中国饮食的其他情况我一无所知。

　　第一次访问郑州大学时，我经历了很大的冲击，首先是所见到的与所感知到的相互矛盾。现在，我可以肯定地将这种矛盾称之为和谐，而那时候……郑州大学音乐学院位于老城区，没有进行过现代化改造。音乐学院的大楼、操场、招待所、教师宿舍和食堂占据了整个街区，还有街心公园和人行道。招待外教及客人的食堂布置得非常简单：长木桌、高背木椅、靠墙摆放的架子上放着各式餐具。突然飘来一阵从未闻到过的浓郁香味。细看之下，我发现吃早饭的人中有欧洲人，他们都会熟练地使用筷子，高兴地谈论着什么。在他们的带动下，我决定品尝一下主人们准备的美味。走近了我才发现，这并不是一件容易的事。想要弄明白这么多餐具中盛放的都是什么是不可能的！无论我怎么观察，都无法从食物外表弄清这些常见的东西。甚至品尝了几道菜后，我也没

用 10 个月建造的酒店　　　　　　上海，实业中心　　　　　　上海的胶囊旅馆

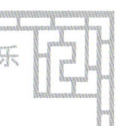

①

有把握说出盘子里到底是什么……重点不在于此！不知道吃的是什么的些许胆怯立即被另一种感受代替：真是太美味了！味觉虽然新奇，都又出乎意料的和谐！现在我对中国各地的烹饪有了一定认识，我能自信地说，这里充满了和谐。传统与外来文化共存于色、香、味的美妙和谐中！瞬间就打破了对甜、咸、酸……的习惯看法。

在我的印象里，上海是一座神似之城、历史之城、和谐之城。漫步在老城区，欧式建筑群、熟悉的街头咖啡馆和庭院令人赏心悦目，似乎你无意间闯入了巴黎或威尼斯的街区。突然，你会发现，他们变成了古老传统的中式房屋、熙熙攘攘的街头摊贩。到处都是自行车、三轮车、摩托车、汽车，艰难地行驶在狭窄的街道和小巷里。类似的感觉也许只在剧院里才有似乎刹那间就穿越了形形色色，自相矛盾的各种文化。

1. 国家大剧院——最有趣的现代建筑之一

2. 国家大剧院——22层高的建筑，建造时使用了22000块钛合金板和1200块玻璃

②

国家大剧院内部

　　是的，在这个迷人的城市里，时代和文化是和谐共存的。到了江边，看向对岸，你就会发现另一种"文化和谐"，"老城"和"新城"的和谐。穿过河流，一眨眼，一排排现代化摩天大楼就出现在你眼前。你会再次惊呼："这怎么可能呢？！"身后是过去，面前是未来？或许，中国悠久的文化历史本身就要求和谐与美丽，要求在反差中寻求平衡。

　　当然，类似的对比在中国其他城市也能见到。这个远离欧洲的国家的历史和文化没有停滞，只不过你无法理解而已。有时，我甚至觉得，融入了与我们更接近、更易懂的欧洲文化中的我们，来到东方后，就变成了充满好奇心、善于发现新事物的小孩子。

　　在介绍自己的中国印象时，我不论追求什么样的"和声"，三个主"和弦"始终深深地印刻在我的记忆中，饮食、艺术和设计构成了这个国家整个"和谐系统"的基础。

　　怎能忘记北京国家大剧院的美丽和高雅，除了拥有3000多个座位的演出大厅、震撼的音响效果、设备先进的舞台外，最令我震惊的是顶棚。只要你抬起头，展现在眼前的不是我们通常看到的顶棚……而是绵延的水面，沿着玻璃流淌，随风荡漾。看到我毫不掩饰的惊奇，中国音乐家告诉我，这个伟大的设计方案是专门针对观众的。听完歌剧或芭蕾舞动听的音乐后，观众们可以走进前厅，继续休息，将自己融入到这个空间中。我心中默想，难道这就是文化传统和现代艺术家自由想象的和谐与统一。

秩序

有什么能比数百万人口的城市或者 13 亿人口的国家的生活更有秩序呢？可以设想，如果没有历史形成的秩序，这个庞大的国家可能无法生存。这种秩序是什么呢？

在我的观察中，这种秩序体现在，如何建造我所熟悉的城市或者如何耕种稻田；如何照料种植在数百公里公路沿线的树木，或者上百辆学生自行车如何像用尺子丈量过一样一排排整齐地停靠在大学宿舍墙壁旁；军人们如何踏出清脆的脚步声整齐地沿街行走；长城如何展现出一排排垛口，每个

2009 年 10 月 1 日，在北京天安门广场举行庆祝中华人民共和国成立 60 周年盛大仪式。

自行车是最
方便的交通工具

转弯处在雾霭弥漫的远方都清晰可见；人们如何缓慢庄重地参观北京天安门广场上的毛主席纪念堂，排着整齐的队伍向毛主席献花；北京城中心紫禁城的琉璃瓦屋顶的中轴线如何延伸至尽头；散布在巨大城市中的大学校园如何整齐排列、合理规划……生活秩序就像是乐谱一样！只要移动一个音符，就无法传递其中的艺术思想。

有一次去一个校园参加考试，路上到处是匆匆忙忙去上课的学生。按照我们在人多地方的习惯，我决定等一会再走。停了几分钟，我突然意识到，这是毫无意义的浪费时间。在这种假想的布朗运动中有其秩序和合理性：所有人都在忙自己的事。于是我也和他们一样行动起来。对我来说，这又是一次新尝试！

第一次参观大学时，数以万计的学生不能不让我感到好奇。而学音乐的人则更多。在我的概念里，学音乐的人通常是少数人，是最有天分的人。然而在中国高校里，我有了一种全新的感受，沉重的就业压力和对一份好工作的强烈渴望使学生们形成了勤奋和坚不可摧的特殊品质。我将其比作是拳击台上的拼搏精神。我在中国见到的这些学生就像是小斗

北京的旅游景点之一"紫禁城"，这里历经明、清两代 24 个皇帝。

故宫

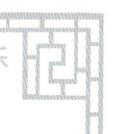

中国民族乐团在明斯克举办音乐会　　　　　来自中国的大学生在白俄罗斯国立大学演唱和跳舞

士，时刻准备着为争取第一名而战。通常在考试后他们会留下来听一听我的意见，或是询问与我一同来的教员对于他们训练水平的意见。他们最后通常会这样说："您能不能再听一遍？现在我真的知道应该怎么做才能打动你了，"的确，有些时候确实会发生这样的事情！

　　中国学生想要学习的最热门的两个艺术专业是钢琴和声乐。我想特别提一下中国音乐家出色的技艺，他们能轻松地克服所谓的专业技术难度。有时候会觉得，这是上帝的恩赐，而不是长期刻苦练习的结果。我想，能与他们相比的还有中国的运动员和杂技演员，他们展示了克服地球引力及人体生理极限的奇迹。这种品质也是音乐家举办音乐会时应具备的重要品质——轻松自在地演奏高难度作品，赢得观众们的热情赞叹。

　　职业音乐家一般都清楚，应付出多大努力才能在技术上完美地演奏乐器。只有意识和能力的统一才能形成这种独一无二的高超技艺。当然，对于音乐家来说，最重要的还是心理素质，以及能引起听众共鸣的深刻情感。这里常会出现矛盾：充满才华的中国学生在展示自己出色的技巧时，有时都不带任何感情。例如，

中国杂技演员

19世纪欧洲浪漫主义音乐所带有的惊涛骇浪般的情感在崇尚技巧、感情内敛的中国学生那里往往难以得到表现。尽管如此，在多次参加中国大学招生考试时，我仍然很高兴能发现这样的年轻人，因为有天才的地方就有希望，他只不过还没有发挥出全部水平。中国学生希望能到欧洲音乐高校学习，包括白俄罗斯国立音乐学院，有些时候就是希望能融入欧洲音乐那种强烈的难以理解的感情世界中。

2009年9月28日，中国女歌唱家（女高音）彭丽媛在北京人民大会堂大型音乐舞蹈史诗"复兴之路"上表演。

时间

音乐，从本质上来说，就是一种时间艺术。时间在每个时代、每种音乐风格、音乐作品中表现各不相同。中国音乐在时间上也展现出独特性。最重要的是，我发现，在这里时间的流动极不均衡！

我举几个例子。时间可以是缓慢的、有序的，就像中国仪式的缓慢节奏——无论是品茶还是在公园散步，无论是宴请还是谈判。在欧洲人的印象里，"中国仪式"这个词常意味着复杂、冗长、虚礼。

我在不同的大学参观和谈判时，总会做好心理准备，不知什么时候就会额外多花费些时间：作决定必须经过反复推敲，每句话都必须经过斟酌、有充分依据。我们所习惯的快速、果断作出决定的交流模式在中国完全不可能

福州市开满鲜花的公园

且不合时宜的。然而，从容缓慢的交流，对客人及其想法的极大尊重，则会使礼宾活动变为朋友般的惬意畅谈。

当寺庙的钟声响起，时间静止，整个寺院都被声音笼罩。当你痴迷地看着颐和园回廊上的壁画时，时间也仿佛停止了。穿过回廊，似乎冲破了时间界线，你会天真地想象，当年皇帝在这个园子里是怎么休息的，都在想些什么？

当我游历中国，在不同的大学短暂停留时，时间飞快而逝；当我处于数百万人口大都市的忙碌生活中，时间分秒必争。而当我在国家大剧院室内音乐厅（800 个座位）听到世界上最著名的弦乐四重奏之———莫扎特和舒伯特的"阿尔班·贝尔格四重奏"时，我融入这美妙的音乐中，体会到其中蕴含的意境和时间空间；当高 36 米的白檀佛像用深不可测的眼睛看着我时任何时间界线都消失了。时间是怎样流淌的，到底有什么区别呢？中国——这就是音乐，在时间和空间中的音乐。

2010 年 4 月，钢琴演奏者们在南宁国际论坛开幕式上演奏。

对比

对比就像个标志，构成了音乐作品的本质。要说中国充满了对比，这只不过是陈述事实。在这里，每一步都能看到对比。特别是第一次来到这里，你会觉得一切都仿佛不一样了：日常生活、文化艺术、自然、城市建筑、设计、潮流、饮食……

只要看看形式和特点毫无共同之处的中国和欧洲文化对比就可以了。至于艺术，有什么能和中国古代绘画那饱含花朵芳香、树枝交错和鸟儿歌唱的简洁和雅致相比？ 20 世纪下半叶中国画家的作品给人留下非常震撼的印象。我见过的绘画有描绘普通人平凡生活的——建筑师和农民，演员和作家。技艺一流！所有细节都如照片般精细！

在参观了北京的中国美术馆后，我想再也没什么值得比较的了。难以想象，这竟然是手工，而不是机器完成的。

当然，对比像线一样几乎贯穿了我的整个印象。再举几个例子。中国某大学考生们一个接一个进入考场。有个女孩子没有脱去外套和露指头的手套就开始演奏莫扎特的奏鸣曲。当我们建议她脱掉上衣时，她却回答说，没有必要。有个小伙子穿着燕尾服，打着蝴蝶结，穿着漆皮鞋，歌唱得一般，

中国画家的画作中常能见到传统事物：岩石、树木、动物、鸟类。

但却深知这个场合的重要性。紧随其后进来一个也许是未来的女歌唱家，穿着庞大的钟式裙，她成功地在评委面前展示了自己，相比之下，前面那个男孩子的歌声只是大声喊叫而已。她豪华的露背长裙占据了钢琴周围偌大的空间，勉强盖住了厚厚的毡靴……走廊的嘈杂声使我们不得不请求助手出来维持秩序。得到的回应居然是大门被猛地推开，几个人闯进考场开始布置打击乐器：鼓、钹、钟琴、脚踏板等。一名在场指挥的男子转过身来告诉评委，他们全家（他、妻子和三个孩子）专门前来陪同即将参加考试的小女儿。他让一个瘦小的女孩子坐到椅子上，这个小女孩真是敢于应付这庞大的设备。她说，她想学习白俄罗斯扬琴。她多少有点经验，因为在中国她学的是中国扬琴。当妈妈拿出乐器，所有人都屏气凝神：它像一个有着细桌腿的雕花桌子，镶嵌着珠母并装饰着木纹花边。扬琴声音轻柔细腻，通过长长的小锤敲打发声。当然，后来她获得了来我们音乐学院学习白俄罗斯扬琴的机会。

空间

在乐谱中，空间总是以不同的方式展现。但它总是能通过声音被感知。起初我觉得，我永远都无法理解这个庞大而复杂的国家，包括在空间意义上。中国的高山和草原、海洋和河流、峭壁和平原在我看来都是难以理解的。

每次与中国的考生们交谈时，我都会发现，他们对音乐空间的认识非常独特。这并不令人惊奇！他们把听觉与民族音乐文化以及对欧洲音乐的最初认识融合在了一起。

我举几个例子。北京某教育中心考场进来一个女孩子，优雅、柔弱，较之手指训练有素和胳膊肌肉发达的学生，她更像是个小塑像。她坐到钢琴旁开始弹奏巴赫的一部前奏曲。她小心翼翼地演奏着，似乎是在触摸琴键，肘部压紧，背部僵硬，琴键像在点唱机中一个个交替着。接下来是贝多芬的奏鸣曲，技术娴熟，演奏正确，没有任何感情起伏，似乎是

北京郊区的龙庆峡

在安静地叙述着某件难以理解事情。最后还需要演唱，女孩子说，她要唱一首中国歌曲。突然，她的背部活跃起来，肘部离开身侧，头部微微下垂，此时会感受到，她是在用心灵歌唱，她知道怎样才能倾吐出声音，不是敲鼓也不是用手指发出沙沙响。当然，她还将继续进入高校学习，与优秀的音乐老师交流，老师们会告诉她欧洲钢琴音乐的优点。但是，只有感知和理解自己民族的文化、色彩、情感、空间，才能使这个女孩全面地看待周围的世界，否则从哪里得到这种对自己文化理解的自信心和说服力呢？

　　一个年轻人垂手站立，清晰简练地用俄语回答我提出的为什么他决定要在白俄罗斯继续自己的学业的问题。突然他不再说俄语，转向翻译求助。他解释称他学习俄语才三个月……但他说话非常严谨有条理，我完全相信他能够很好地掌握这门语言。年轻人称，他毕业于北京大学程序设计专业，然而他的梦想是成为作曲家，他无论如何一定要实现这个梦想。我请他展示下自己的作品。一份乐谱放在了桌子上，这

份乐谱规范通顺，是管乐队和合唱团所用的军队进行曲。我们听了录制的乐曲后发现，这个初入乐坛的作曲家已经能够感知到音乐的空间，而他自己的民族音乐、对他产生很大帮助。年轻人说他完全是自学的。为进一步向我们证明，他拿出了翻译成中文的莫斯科音乐学院和声学课本，开始在钢琴旁展示自己的技艺。所有的评委会成员都对眼前的一切激动不已：这简直不可能！他继续演奏着，虽不算很流利，但他完全理解了自己演奏的乐曲。演奏完毕，他再次回到自己的位置笔直站立好。当然，缺乏系统的前期音乐教育会使他的高校学习并不轻松，但他希望实现梦想、想要获得更高水平音乐教育的愿望，足以能够使他获得这样的机会。

结语

当代中国音乐教育趋势对中国整个教育体系来说都具有典型意义。今天，在这个社会政治和经济广泛交流的时代，欧美教育传统的影响随处可见。在纳入高等教育体系的中国音乐学院中，同样实行两级制教育，即本科和研究生。音乐表演专业主要集中在音乐学院及大学的音乐教育系，却没有专门的大学前的音乐培训体系，有的只是缺乏专业教学方向的儿童音乐学校大学预科班，以及最流行的家庭教师。

然而，更重要的是，今天的中国还保留着苏联音乐教育体系。在中国最大的音乐教育中心——北京和上海——仍然有诸如中央音乐学院和上海音乐学院此类权威高等音乐院校的附属中学。这种音乐教育体系不仅在前苏联时期就已被证明是正确合理的，即使在今天的独联体国家音乐院校中也依然沿用。

然而，吸引中国学生到欧洲或独联体国家继续进行音乐深造的不是到

在维捷布斯克市"白俄罗斯—中国"青年论坛晚会。

2009 年 1 月 23 日，年轻的中国音乐家在明斯克举办音乐会，庆祝中国农历新年——春节。

处可见的高等音乐教育两级制体系，而是我们的教育传统，是白俄罗斯老师在莫斯科和圣彼得堡音乐学校接受表演艺术的经历。

15 年来，白俄罗斯国立音乐学院几乎所有音乐专业都在招收来自中国的学生，我们与中国高校及教育中心开展了广泛的交流。我们合作实施各类教育项目，邀请曾经或现在在中国高校工作的白俄罗斯教育工作者参与。我们最优秀的演奏家都在中国开办过音乐会。当然，没有什么比我在中国音乐高校参观时多次听到过的话语更令人愉快："你们来自白俄罗斯音乐学院？我就是你们的毕业生。非常感谢！"

这种和谐怎么能不让人惊奇？距离不再产生隔阂，反差不再那么可怕，中国声音更深层次地融入欧洲音乐和文化中，不是作为民族元素，而是一个需要我们不断发展和认识的精彩的声音世界。

当北京—维也纳航班开始登机时，我无意看到一群大笑的欧洲人，他们正准备回国。这似乎没什么特别的，可我突然觉得有些伤感，我渐渐意识到那些高耸的山峰、辽阔的平原、平静的海面、缓缓流动的空气——所有的一切都留在了这个和谐的空间中。

当机舱发放食物时，我要了双筷子……

1、2. 2010 年 9 月 13 日，中国全国人大常委会副委员长蒋树声率领的中国代表团参观白俄罗斯国立音乐学院。

北京式奥运会

阿列克先科·根纳季·巴甫洛维奇

　　白俄罗斯奥委会副主席，国家奥运田径训练中心主任，2004年至2010年任白俄罗斯总统体育和旅游发展助理。

　　我们试图超越时间，我们渴望创造纪录。从第一次儿童运动会到少年冠军赛，再到全国锦标赛，然后是欧洲和世界锦标赛。运动有自己的等级和阶段，经历过这些阶段，运动员距离站在奥运会竞技场上的最终目标就只有一步之遥。在古罗马，奥运会冠军被认为是最接近神的人。他们知道这意味着什么——成为强者中的强者。

　　奥运会这项传统已经历了几个世纪。时至今日，奥运会仍然是衡量运动员运动才能的主要标准。对运动员而言，奥运会是权威。不仅如此，对于各国而言，参加奥运会都是具有里程碑意义的事件。这绝不是简单的比赛，这是理想抱负、精神意志和民族思想的较量。对各国而言，参加奥运会和举办奥运会都是莫大的荣耀。

北京奥运期间的街道

在有生之年，我见证了数次奥运会。应该说，参加奥运会以及备战比赛，这不仅仅是运动员的重要责任，同样也是幕后工作人员的责任。各个代表团的领导、技术和服务人员，每个人都要恪尽职守，每个人都要不间断地工作，每一个需求都要被满足。要知道，大事无小事。每一届奥运会都有自己的特色、自己的风貌。奥运会像一个不可思议的生命体，它是鲜活的，你需要同它交朋友，接触它并了解它。如果做到了这几点，奥运会将作为快乐的一瞬间在记忆中永存。2008 年北京奥运会便是如此。这是令人惊叹的一次盛会！"令人惊叹"这个词语可以用在北京奥运会的任何一个方面。无论是奥运会的整体组织，开幕式和闭幕式，还是白俄罗斯代表团在比赛中取得的成绩，都令人惊喜。

奥运会会徽

北京奥运期间的街道

前去比赛！

我还记得最初的情形。俗话说：万事开头难。从某种意义讲，奥运会就像是一次旅行，收拾行囊，飞赴赛场，向奖牌发起冲击。事实上，每一次比赛都需要许多人长时间的组织。在北京奥运会前我们做了长久的准备。

北京奥运大厦

现在来说说几个细节。白俄罗斯奥委会同中国大型运动用品制造商特步签订了赞助协议。当时我任白俄罗斯奥委会第一副主席，我代表白俄罗斯签署了该项协议。当时正在举行奥运代表团领导会晤，这也是北京奥运会倒计时一周年的一项活动。根据该协议，中国公司不仅会为我们运动员提供运动装备（包括 22 个种类），还要奖励在 2008 年奥运会上获奖的选手。冠军将得到一万美元，亚军 5000 美元，季军 3000 美元。运动员还会获得国家奖金（金牌 10 万美元，银牌 5 万美元，铜牌 3 万美元）。

中国的特步公司在招标会中胜

出，得到了赞助参加奥运会白俄罗斯运动员的机会。为奥运代表队提供服装，这是对产品进行广告宣传的最好方法。如果队伍走上领奖台，公司的商标将会被全世界的观众看到。中国人民相信，在北京，

奥运村白俄罗斯代表团。

我们的运动员将一次次登上领奖台。特步公司提供的奖金也成为运动员比赛的额外激励因素。

我们此行不只局限于签订合同，代表团成员还在北京参观了一些体育场馆设施，同时选定了白俄罗斯代表团在奥运村的住处。这令我们感到非常激动。我们代表团分配到的运动员公寓共有六层，我们抢先体验了一下，可以说在这里生活和工作非常舒适愉快。

朋友—对手

2007 年，中国国家体育总局局长、中国奥委会主席刘鹏访问明斯克，这同样是北京奥运会准备期间的一件大事。访问期间，刘鹏同白俄罗斯总统兼奥委会主席亚历山大·卢卡申科举行了会谈。这是他们第二次会晤。总统和中国客人重申了之前的协议，即在奥运会前白俄运动员将在中国的训练场地

白俄罗斯总统、白俄罗斯奥委会主席亚历山大·卢卡申科会见中国国家体育总局局长、中国奥委会主席刘鹏。

1、2、3. 北京

训练。白俄罗斯总统授予刘鹏白俄罗斯奥委会勋章，以表彰他在奥林匹克运动发展和中白两国体育合作中作出的突出贡献。

"在所有运动项目的发展上，你们有令人叹服的进步，我们应当向你们学习"，亚历山大·卢卡申科说道，"对中国代表团来说我们并非对手，我认为，任何代表团同你们的运动员竞争都会异常艰难。但这并不意味着，我们无意拼搏"。

我们的确拼搏了，在中国我们有所收获，我们的合作结出了硕果。合作的重要方向是体育场馆建设，在筹备奥运会的过程中，中国在场馆建设方面取得了丰富的经验。例如，明斯克体育场自行车赛车场就是按照中国专家的方案建造的。

中国国家体育总局代表团在明斯克访问期间还参观了首都的体育场馆和旅游基础设施。一开始，中国客人参观了足球场和足球之家，我们在露天场馆向他们展示了可以保证我国运动员在冬天进行训练的人工草地。刘鹏提到了"接班人"幼儿园的先进设施，那里有我国独一无二的有地热功能的人工草地。

访问期间，白俄罗斯奥运会网球乒乓球训练中心引起了中国客人极大的兴趣。他们十分关心这两项运动在白俄罗斯开展的情况。训练中心主任谢尔盖·泰特林充当解说员，展示了有不同屋顶的网球场，介绍了我们选手在世界网坛上取得的成绩，以及白俄罗斯网球运动员的培养体系，同时邀请中国网球选手来营地共同训练。

刘鹏对访问十分满意，并承诺中方将提供一切必要条件，帮助所有来北京参加奥运会的运动员和教练尽快适应。

梦想世界

北京成为筹办奥运会的城市典范。不久前，我读了安德烈·米赫涅维奇的采访，他是北京奥运会铅球项目铜牌获得者。他表示，至今回想起在北京的生活，他仍然感到很高兴。"北京奥运会的组织工作达到了世界最高水平"，安德烈说，"既有条不紊，又关怀备至。奥运村里的服务非常好，很难想象今后有哪个城市可以与其媲美"。我同意他所说的话。

整个城市早在奥运会前一年即准备就绪。在这一点上，北京与其他举办城市相比有着明显的优势。例如雅典，当时很多工作都是在最后一刻才完成的。组织者将主要的精力放在了奥运安保工作上。如果回想奥运圣火传递过程中发生的一系列事件，就不会对这感到奇怪了。这里补充一句，在北京、欧洲、美国、日本奥运会期间都发生了支持者与反对者的冲突，使火炬传递活动受阻。一些社会和政治组织支持中国西藏自治区内的"藏独"势力，以西藏局势为由，要求抵制北京奥运会。在许多国家，原计划的火炬传递路线被缩短。

国际奥委会主席雅克·罗格对各国奥委会下令，禁止运动员将奥运会赛场政治化。为此，奥委会通过了一项决议，规定如果运动员携带未登记的国家国旗进入比赛场地，例如所谓"藏独旗"，他将被立即取消比赛资格。这项决议是公平的，体育应该与政治划清界限。

关于运动员的人身安全问题，奥运村

1. 奥运会主火炬

2、3. 奥运会开幕式

深夜里的"鸟巢"

所有运动员公寓入口都安装了指纹验证设备，凭指纹方可进入。随后这个系统又增添了新的设备，视网膜扫描验证设备。防备如此之严密。

开幕式于 8 月 8 日举行。进入 7 月，白俄罗斯驻中国大使馆开放了"白俄罗斯之家"。这里不仅是白俄罗斯人民与客人会晤的地方，还是独特的娱乐中心。在这里，运动员可以休息放松，呼吸"来自白俄罗斯的空气"。

开幕式总是令人激动。但对于运动员来说，超过 6 小时的开幕式总体来说非常难熬。在近 40 摄氏度的高温下坚持这么长时间并不容易，特别是他们马上就要参加比赛。有人提议用行政工作人员代替部分运动员，但这一想法没有被采纳。按照新规定，开幕式运动员入场式中，每队行政工作人员不得超过 6 人。

饮食方面不存在任何问题。奥运村餐厅 24 小时供应世界各地的饮食（出于安全考量，禁止各国代表队将食材、熟食和专人厨师带进中国）。我们代表团偏爱欧洲饮食，并不急于品尝中餐。我们甚至在北京找到了白俄罗斯餐厅"明斯克"。这家餐厅太棒了！在召开国际奥委会大会期间，我们曾在这个餐厅用餐。其他代表团成员只能吃尚不习惯的中国菜，他们都很羡慕我们。

奥运村

北京奥运村有一个美丽的名字：梦想世界。这绝对是名副其实。奥运村由 Sasaki Associates 设计所设计，可同时满足 16000 名运动员和工作人员入住。在 66 公顷的土地上建有 20 个九层和 22 个六层的运动员公寓楼，这里有休闲中心、宽敞的餐厅、诊所。在专门的国际区域，还有为运动员专设的商店、俱乐部、电影院。除此之外，还为有各种宗教信仰的运动员修建了临时教堂：新教、东正教、天主教、佛教、伊斯兰教。我认为，组织者已经想到了各种可能发生的情况。

白俄罗斯运动员住地

奥运村于 7 月 29 日开营，距奥运会开幕还有 10 天。为了对奥运村庞大的规模有更直观的认识，我在这里引用一些数字和事实。在 66 公顷的土地上分布着 42 个运动员公寓楼。其中的近 1 万个房间被分为 3 人间、6 人间和 8 人间。在奥运村中生活着来自 205 个国家的 16000 名运动员。第一个入住奥运村的是中国代表团，共有 629 名运动员。为了对这支人数最多的代表团表示尊敬，在中心广场升起了中华人民共和国国旗。奥运村距离奥运会主要场馆并不远，到较远的场馆奥运村内设

在奥运村升白俄罗斯国旗

1、2. 奥运新
闻中心

有巴士专线。整个奥运村都安装了太阳能路灯和雨水净化系统。同时，只有电动车可以在奥运村内通行，实现人员和货物运输。

奥运村的每一条街道都有单独的入口，大门的外形结合了传统风格与现代奥运元素。奥运村本身就是现代城市街区，在奥运会结束后，这些住宅将出售给北京市民。顺便提一下，奥运村的建设速度同样创造了世界纪录。

这里的一切都考虑得细致入微。我没有听到任何来自挑剔的记者的抱怨。奥运会新闻中心，正如组织者所言，是奥运会历史上最大的新闻中心。除了工作间外，这幢大楼里还

白俄罗斯体育代表团参加 2008 年第 29 届北京夏季奥运会开幕式。

有酒店，供报道比赛的记者下榻。

同一个世界，同一个梦想

说起奥运会，当然就不得不提到吉祥物，它们是奥运会独特的象征。通过吉祥物，很多人在经过许多年后仍能回想起当年的奥运会。还记得 1980 年莫斯科奥运会上那个一飞冲天、赫赫有名的小熊米莎吧！我知道，很多人回忆起那一刻，至今仍会流下眼泪。

奥运会吉祥物

北京奥运会标志是中国书法和奥运会传统标志结合的产物，中间印着中国古代象形文字"奔跑的人"，下面用英文写着 Beijing 2008，这行文字同样是用中国书法写成的，下方是全世界都熟知的奥运五环标志。据说，中国奥委会共收到 1985 件奥运会标志设计作品，其中有 222 个来自外国。最后选出的这一个，也是众多设计作品中的"奥运冠军"。

我们还是接着说吉祥物。奥运会的客人们见到了五个吉祥物福娃：贝贝、京京、欢欢、迎迎、妮妮。有趣的是，这几个福娃的名字正好组成了一句话：北京欢迎你！奥林匹克运动的核心思想是推动世界人民团结，宣扬和平与宽容。北京奥运会口号"同一个世界，同一个梦想"非常准确的传递了奥运会的核心价值。这个口号是从来自世界各地的 21 万个方案中选出来的，向我们传达了中华民族在五千年的历史长河中一直致力于推动世界和平发展、社会和谐和人民幸福。这

总统卢卡申科在奥运村白俄罗斯运动员中。

是一种全球思想。

　　奥运会组织者还特别推出了独特的邮政产品，上面印有奥运会所有项目的体育图标。这些标志和奥运会的主标志一样，也是用书法绘制，给它们增添了不同的情调。

　　在大城市举办奥运会并不是件容易的事。怎样能预料到所有可能发生的情况？怎样做才能令所有人满意？北京做到了这一点。北京甚至解决了一些迫切的难题，比如城市交通拥堵。从 7 月 20 日至 9 月 20 日，北京实行了汽车尾号单双号限行措施，同时禁止未通过环保审核标准的车辆上路，这样可以有效地减少道路车流量。此外，为了避免地面交通瘫痪，北京新开通了三条地铁线路。这样，北京的地铁里程从 142 公里增加到了 200 公里，其中机场快轨线连通了市中心和首都国际机场航站楼。

为所有记录赋予我们响亮的名字

　　在奥运会上，一个重要的任务摆在我们的面前：向全世界展示白俄罗斯是一个真正的体育强国，这里的人民不仅心

地善良，而且体魄强健。所有来参加奥运会的运动员都怀揣着胜利的希望努力拼搏。这个时候，举国目光都集中在你一人身上，整个民族都对你充满期待。每次比赛之前，我们的总统、白俄罗斯奥委会主席亚历山大·卢卡申科都要为我们的运动员祝福加油。

妮娜·茹科娃获得银牌

　　令我骄傲的是，白俄罗斯运动员在北京取得了奥运会独立组队以来的最好成绩：4 金 5 银 10 铜，一共 19 枚奖牌。创造了金牌和奖牌总数记录。

　　我想，我们应该记住所有站在北京奥运会领奖台上的人，他们是白俄罗斯的冠军，北京奥运会的胜利者：

　　金牌获得者：安德烈·阿烈莫诺夫（举重，105 公斤级），奥利加·梅恩科娃（田径，链球），罗曼·别特鲁申科、阿列克谢·阿巴玛索夫、阿勒杜勒·里特文楚克、瓦季姆·马赫涅夫（四人皮划艇，1000 米），安德烈·博赫达纳维奇、

安德烈·博赫达纳维奇、亚历山大·博赫达纳维奇获得的金牌

1. 叶卡捷琳娜·卡尔斯丹在北京获得了自己的第五枚奥运奖牌

2. 阿纳斯塔霞·诺维科娃获得铜牌

3. 安德烈·克拉夫申科获得银牌

4. 安德烈·阿烈莫诺夫获得金牌

5. 娜塔莉·米赫涅维奇获得银牌

6. 白俄体操选手获得铜牌

7. 奥利加·梅恩科娃获得链球项目金牌

亚历山大·博赫达纳维奇（双人皮划艇，1000米）。

银牌获得者：安德烈·雷巴科夫（举重，85公斤级），安德烈·克拉夫申科（田径，十项全能），娜塔莉·米赫涅维奇（田径，铅球），瓦季姆·杰维多夫斯基（田径，链球），妮娜·茹科娃（艺术体操，个人全能）。

铜牌获得者：阿纳斯塔霞·诺维科娃（举重，53公斤级），叶卡捷琳娜·卡尔斯丹（单人双桨），娜塔莉·格拉赫、尤丽娅·比齐克（双人双桨），穆拉德·盖伊达罗夫（自由式摔跤，74公斤级），米哈伊尔·谢苗诺夫（古典式摔跤，66公斤级），安德烈·米赫涅维奇（田径，铅球），伊万·季洪（田径，链球），娜杰日塔·阿斯塔布楚克（田径，铅球），罗曼·别特鲁申科、瓦季姆·马赫涅夫（双人皮划艇，500米），奥列霞·巴布什吉娜、阿纳斯塔霞·伊万科娃、兹纳伊达·鲁妮娜、格拉菲娜·马勒基诺维奇、克谢尼亚·桑科维奇、阿丽娜·杜米洛维奇（艺术体操，团体赛）。

我们的出色表现不能只用奖牌来衡量。比如，刚才未提到爱丽娜·兹维列娃，47 岁的她在铁饼比赛中取得了第六名的好成绩，这是不可思议的事！我们的运动员没有一个人放弃了比赛，所有人都坚持到了最后。他们是好样的！

我想，北京奥运会给每个人都留下了最温暖的回忆。从各个方面来看，这都是一次无与伦比的比赛。不仅有出色的组织工作，还有我们创纪录的表现。精彩绝伦规模宏大的开闭幕式，是以往任何一届都难以企及的。北京奥运会也给接下来要举办奥运会的城市设立了极高的标准。是的，在奥运会上处处都能感受到中国特色，但我们也看到了不同文化的融合，这正是奥林匹克精神真正的胜利！

2008 年，北京第 29 届夏季奥运会闭幕式。

谢廖吉娜·伊琳娜·阿娜托利耶夫娜

"BUCC"北京—明斯克房地产发展公司经理助理。

中国是一个神奇的国度，她几乎成为我的第二故乡。中国有着五千多年的历史，她为世界贡献了许多发明创造，是一个令人尊敬的国家。造纸术、印刷术、指南针和火药是中国的四大发明，但中国的发明远远不止这些。望远镜、丝绸、瓷器、纸币、算盘、铸铁、地震仪、十进制和犁，这都是举世公认的事实。孔子、书法、分数、圆周率、气功、中医……数不胜数。

1997年，我开始认识中国，了解她悠久的历史和灿烂的文化。我有幸考入了明斯克外语学院翻译系。这是白俄罗斯历史上第二次招录汉语专业学生（现在想想，这改变了我的命运）。在校期间，我知道了"你好"，还有打招呼的时候可以说"你吃了吗？"。起初这样问候时，坦白讲，总觉得有些尴尬。如果你不邀请对方一起去吃饭，怎么可以问别人吃过饭没有？后来，随着对中国的了解不断深入，我渐渐懂了，实际上，食物对中国人来说有特别的意义。

下面我向大家逐一介绍。

当我还是大学生的时候，我觉得我们不可能认识并掌握汉字。中国老师常常会这样说，如果不付出艰辛的劳动，外国人就不可能掌握伟大的汉语。我们没有教科书，只能用打印的材料，学习起来十分吃力，但这无法阻挡我们的求知欲。我们非常努力地学习汉语，用一切可以使用的方法。几乎每个人都有一个中国的口语伙伴。当时，有很多中国学生来明斯克学习俄语。他们很乐意同白俄罗斯人交朋友，而我们呢，当然也愿意同中国朋友交流。一开始，交流非常困难。"中式英语"不好懂，"白俄式英语"同样不好懂。对于一年级学生来说，还无法做到用汉语或俄语熟练交流。但是我们还是一起度过了快乐的时光，我们互相做客，一起做饭，互相帮助辅导作业。

说到饮食，我就不得不说说对中餐的印象了。在中国实习期间，我被一件事震撼了：不管你在做什么，也不管你有多忙，只要到了吃饭时间，几乎所有中国人都去吃饭了。就像人们说的：仅照常打，饭按点吃。中国人在烹饪食材上的选择异常丰富，这同样也使中餐成为独一无二的具有地区特色的饮食。对外国人而言，一切都令人惊奇，有些人觉得中餐是难以置信的美味，而另一些人却认为，中餐是可怕的，令人厌恶的。"除了桌子，中国人吃一切四条腿的东西。除了飞机，中国人吃一切天上飞的东西。"这可是中国人对自己的形容！如果中国人有办法把某种食材做成美味，那么他们会愿意品尝任

中国学生教白俄学生使用筷子

中国菜

何东西。

我们主要是在餐桌上和同中国学生一起做饭的过程中学习汉语。记得有一次，我请了一个中国好朋友来做客，我们一起做羊肉抓饭，随后她骄傲地给我展示了她的俄语作文，正是介绍这道来自乌兹别克斯坦的美食。当然，中国朋友也指出了我们不少"白俄式"汉语的笑话。

时光飞逝，很快我和另外两个同学被派往中国进修一年。当时，中国对于我们来说是多么陌生与遥远。坐火车从莫斯科到北京要一周的时间，整个一周我们都在猜测与期待，在那个遥远的国度，有什么在等着我们？那里没有亲人、朋友、没有人帮助你，一切都只能靠自己。中国人能听懂我们说的话吗？带着很多疑问的我们坐上了前往东方的慢车。

在边境上，一切都明白了，这里的一切都不同，甚至铁轨都不同。北京以它的高温和潮湿迎接我们的到来。车站里人流如织，周围人们的对话我们听不大懂，准确地说，是完全听不懂。一切都是陌生的、难以理解的，但同时也充满了魅力与魔力。

尽管最开始的半年过得非常漫长，但是我增长了很多见识。第一天，报完名后，我们三个人乘坐三轮车逛了逛北京的名胜古迹。地图上的城市显得并不大，但事实上，我们在路上花费了很长时间。到达目的地后，无论是紫禁城、颐和园，还是天坛，我们都被眼前宏伟的建筑所震撼。我们走进了历史，然后又和今天中国的现实作比较。城里有很多人，骑着自行车，随身携带两个装备：腰带左边别着大哥大，右边别着寻呼机。在所有单位的门口，包括我们大学，都站着保安。老实讲，把这些男孩称为保安并不合适，他们的制服大多都不合身，他们的脚上一定会穿一双旅游鞋。摩天大厦旁边就是低矮的

元宵，用糯米做的甜食。在元宵节要吃的传统食物。

平房，这些平房没有排水系统，家庭主妇们就将污水倒在大街上。这看起来和周围的环境格格不入。这里有高档的进口轿车、漂亮的酒店和大型商场，也有人铺着几张报纸直接睡在车站的水泥地上。但这些都没有减少我对中国的喜爱。要知道这片土地上养活了多少人口（13.5亿，这仅仅是官方统计数据），光这一点这就值得人尊敬。

北京的各个公园都令我印象深刻，尤其是人们对健康生

古老北京的现代建筑

北京的名胜古迹之一，故宫博物院。金水河上的桥。

活方式的推崇。清晨和傍晚，人们不仅仅在公园中散步，还做体操，打羽毛球和做各种游戏。退休的人不愿意待在家中，而愿意做一些对健康有益的事，跳集体舞，舞剑或练太极。早晨五点，我们的大学城里就有爷爷奶奶拿着扇子和剑练习太极。这令人感到不可思议。每个年龄阶段的人都在运动，在居民区的院子里有带有器械的运动场地（不是我们国内的破旧的设备，而是相当不错的器械）。到了傍晚，人们聚集

垂钓的北京人

老城一角

自行车，自行车……   奥运会期间北京的街道

在街道上学习交谊舞，任何人都可以加入，而且完全免费。

在中国，我们是外国人，地地道道的外国人。每个人都对你笑脸相迎，所有人都很好客。在这里你会感到非常安全。这里对"老外"总是很尊敬，你不会产生自己是外人的感觉。大家都是满怀热情与关心来对待你。唯一难以适应的，就是你身边会聚集很多中国人，仔细地盯着你看，或者有些年轻人一声不响的站在你身边拍照。一些中国家长强迫自己的孩子和"老外"拍照。这样的关注对于你本人来说实在有些……

下半年日子过得飞快。我对一切事物都有了一定的了解，有了朋友圈，也不会再有强烈的空虚感。是的，也许我们还是有区别，但是不管怎样，我们都是同样的人。当整个中国为赢得奥运会举办权而欢呼的时候，我也发自内心为中国感到高兴，因为她对我而言更亲近了。

回到白俄罗斯家乡后，生活的节奏一下子都变了。不用像中国人那样急着去上班、吃饭、下班，生活变得平静而从容，午餐后也没有了长时间的午休（在中国的大学我们中午休息两个小时）。大学最后一个学年并不轻松，

早晨的北京日坛公园

热情的中国人民　　　　　　　　　　　北京的街道上

但我和中国的联系并没有中断。最后一个学年我在中国驻白俄罗斯经贸代表处工作，一开始是实习，后来就做了秘书。我的领导给了我工作中最温暖的回忆。

经贸代表处的领导叫任一（音译），任先生当时已年近50，他是一位外交官。作为一名真正的领导，他在每个工作人员身上都能发挥出他们的优点。孔子曾说过：三人行，必有我师焉。择其善者而从之，其不善者而改之。在任先生的领导下工作，我才懂得这句话的含义。他的英语水平很高，在很多国家都工作过，他打算将我培养成一名翻译。每天我都在向他学习。在办公室他有时用英语和我交流，有时用汉语和我交流，让我把他感兴趣的英语文章翻译成汉语（随后他会过来帮我把所有的错误找出来，在这点上我非常感谢他！）。如果有官方声明，只要是需要翻译成中文的材料他

和老外合影

都拿来让我翻译。在经贸代表处工作，我得到了锻炼，和中国人在一起工作非常舒服，他们有组织，负责任，并且会把工作计划得很好。

和中国人在一起，我变得更加热爱自己的国家、自己的城市，通过他们的视角，我看到了之前并没有注意到的东西。

2008 年，北京第 29 届奥运会开幕式，圣火。

多么干净美丽的城市，多么清澈的湖泊和河流，在森林中呼吸是多么美好……一般的中国人都有这样的特点，无论多大年纪他们都可以为很小的事情而高兴，就像小孩一样，而这点我们很早就不会了，这很遗憾。

北京的街道

中国人会为很微小的事情感到高兴

经贸代表处的同事并不多，大家相处得很融洽。过了不久，我们就成了一家人。我们常常邀请他们来我们的乡间别墅做客，一开始是烧烤、休息，后来这些中国人开始自己种蔬菜。他们在土地上通过自己的劳动获得了无法用语言形容的巨大快乐！在中国，空闲的土地很少，和我们白俄罗斯不一样。中国人特别喜欢草地和大片的森林……还有白俄罗斯的美景。

中国人和白俄罗斯人一样，非常热情好客。他们很乐意邀请和招待客人。中国人通常是在餐馆里请客人吃饭，而不是家中。而在白俄罗斯，并没有很多中国餐厅可供选择，因此中国驻外人员的妻子就成了大厨，应该说，手艺一点不比餐馆的大厨差。我和我的家人都很喜欢中国菜。

我在经贸代表处工作了两年多，并同时完成了硕士研究生学业。作为中文教师和翻译，我很幸运，我又被派往中国攻读博士学位。

三年没有去过中国，中国的一切都发生了变化。中国是一个巨大的建筑工地，在这里工程夜以继日，高楼大厦拔地而起。我相信了我的领导的话，他说，当他到家的时候，甚至不认识北京了，他家周围都已经变得面目全非。北京的地图每半年就要重新印刷一次，这样才能赶上城市变化的脚步，如实反映城市的面貌。

曾经是废墟的地方，现在耸立起了摩天大楼，曾经的垃圾场，现在消失无踪，北京变得更加漂亮了。不管来北京多少次，我都会感受到中国人的友好。通过对比，我可以坦白地说，关于中俄两国人民对彼此的态度（不管我怎么说、怎么证明都没有用，白俄罗斯人对于普通中国人来说就是俄罗斯人），中国人对我们的态度要比苏联解体后各国家对中国人的态度更好、更尊重。

我的学业延长了半年，因为我明白，通过书本和研究来学习语言十分困难，我更喜欢直接地交流。总之，我将学习变成了工作。一开始我只找临时的、和学业不冲突的工作，但是没有合适的。在中国工作的半年，同中国人并肩作战（我是同事中唯一的外国人），我学到了比在学校一年都多的语言知识。

经贸代表处的中国同事帮我推荐了新工作。中国每年都会邀请外国公务员来华参加培训或研讨会。有一个 28 人的白俄罗斯代表团要来中国待 20 天。我的中国朋友认为，给白俄罗斯代表团找个白俄罗斯翻译是最好不过的了。这样，我开始了在北京的工作。一开始非常困难，更多是体力上的，而非精神上的。日程

中国——大建筑工地

非常紧张，不是按天，而是按小时和分钟制定的，客人永远是第一位的。准备工作占据了大多数时间，包括起居、饮食、学习、娱乐、观光，而且随时都要有预备方案。如果没有完成任务，就不能休息放假。我们的团队非常年轻（平均年龄 28 岁），非常团结。我被称作工作狂，但我的确在工作中得到了满足，尤其是和中国同事一起，我一直都能感受到来自中国朋友的关心与支持。他们看到，我一个人当翻译不容易，白天要上课，晚上还要和 28 个不懂汉语的同胞交流。我的中国朋友非常照顾我，一会儿给我送茶，一会儿给我送水果和甜食。总而言之，他们时刻记挂着我。一有机会，他们就会顶替我，让我休息。傍晚，在紧张的工作后，为了消除疲劳，我们会一起去做按摩，去茶馆或洗浴中心。

中国的服务业非常发达，有很多洗浴中心、美容院和发

廊。洗浴中心是一个大型的综合服务场所，这里可以蒸桑拿、休息、吃饭、美容、玩台球、麻将以及其他休闲项目。如果有可能，一定要亲自体验一下，因为在如此疲惫的工作后，去这些地方放松一下，一切疲劳都会消失。

不知不觉，我在新的工作岗位上已经度过了三个月。我们为三个白俄罗斯班级准备了研讨会。让我们高兴的是，中国政府部门让我们继续接待其他独联体国家的学习班。得到这一消息后，我们决定要先出去休息休息。后来我们商量好去韩国，并开始做计划。我问了个问题："可以为外国人办签证吗"？得到的答案令我很开心。我的朋友金坤（音译）瞪圆眼睛问"和我们一起走的哪有外国人？"我第一次有了自己人的感觉。他们的确没有把我当外人，完全忘记了我是"老外"。他们信任我更胜于中国的实习生，他们让我负责管钱、银行支票以及同地方官员联系。一些中国人感到纳闷，竟然让一个外国人掌管一切，因此我们决定，派一个中国大学生和我一起装装样子。

对于一个外国人，在中国待 20 天的确很难适应。成年人改变生活习惯并没有那么容易。因此我们的团队千方百计地帮助他们适应，精心挑选餐馆，以求最大程度上迎合他们的口味。但是不论在哪里，所有人都喜欢一样饮食——火锅。代表团里有人说，这真是一个好发明，叫几个朋友来做客，切好肉，准备好蔬菜，然后让他们自己做！火锅的精髓在于，

中国火锅

桌子中间的锅里煮着汤，人们想吃什么就涮什么，如此美味，把人们紧紧地围在同一张桌子旁。

北京是一座交通超负荷的城市，不管道路多么宽阔，在任何时间段都可能堵车，因此我们的行程常常被耽误。我们教大家唱中国歌曲，说中国话。虽然客人们没有说什么，但我能感觉到他们很享受旅程，享受和中国朋友的交流，中国同事也一样。

我在中国工作了两年多，获得了丰富的工作经验，学会了将别人的利益置于自身之上，学会了很多只有在外国同事圈子中才能学到的东西。尽管我还是有些过于"直率"，没有学会像中国人一样委婉表达自己的观点。

回白俄罗斯后，我仍不时会去中国。每次离开那里，都觉得好像已经待够了，但是过了不久又开始想念中国，然后再去。中国总是吸引着我，而中国人都是非常好的朋友。和他们在一起，你什么麻烦都碰不到，只管说出来，中国朋友会为你赴汤蹈火。

给不同级别的领导做翻译时，经常听到中国伙伴邀请我们前往中国。这不是我们所理解的简单的客套。如果你被邀请，就一定要来中国，你就会亲身感受到中国人民的热情和好客。

现在的中国不再像以前那样贫穷。当然，我不是说所有中国人都有钱。众所周知，贫富差距也是中国面临的主要问题之一。但是中国的富豪也不会炫耀自己的财富。对于中国人，最重要的不是财富，而是面子。你可以非常富有，但如果你丢了面子，这才是灾难。经常可以看到，中国人家中陈设非常简单，白色的墙壁上没有任何装饰。这并不是因为没钱，要知道窗前就停着最新款的高档汽车。家中主要的物品——新款大电视，一人高的结婚照，这种场景在中国随处可见。为什么？我不清楚。中国人家门口两侧通常会摆放着石狮，用来驱邪镇宅。金属大门上常常贴着红色的福字或者是印着笑脸娃娃的年画，这是为了祈祷幸福与成功。

我现在的工作也同中国有关系。我在明斯克的一个中国

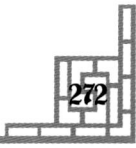

和爸爸一起

在中国迎接新年，在贵州省贵阳市的商场里。

公司里当经理助理。公司不久前才来到白俄罗斯，还在熟悉白俄罗斯的市场规则。我和他们一起学习，经常站在我们公司的立场上。有人略带讽刺地问："姑娘，你是哪国人？"我总是骄傲地说："中国人！"而在和中国同事两个人一起时，我还是会站在白俄罗斯的一边。结果就是，对于自己人，我是外人，而对于外人，我是自己人。可笑的是，有时中国同事会说："艾琳（我的中文名字），你俄语讲得越来越好了！"你知道，我喜欢他们什么？他们尊重自己，不向任何人屈服。善于向别人取经，但不盲目学习，勇于走自己的路，去实现既定目标。

福建省福州市的公园里，游客被成千上万的鲜花所吸引，其中包括郁金香和水仙花。

我很幸运，因为在生活的道路上我遇到了许多好人。我非常尊敬在中国公司的一位领导——陈先生，尊敬他对白俄罗斯的感情，尊敬他对历史的热爱。每次他来到明斯克，从飞机旋梯上走下来的第一件事就是深呼吸，然后对中国下属说："你们能在白俄罗斯工作和生活，这是多么幸福的事啊！"令人惊讶的是，中国人对苏联历史非常了解，甚至能说出比历史教科书上更多的故事。他们记得所有反映苏联历史的电影，因为那些电影伴随着他们成长，还有经典的苏联歌曲。当听到中国人的手机铃声是《神圣的战争》时，我还能说什么呢？除了对自己祖国的爱，中国人还非常尊敬从前给予他们无私帮助的"苏联老大哥"，也许我们应该向他们学习。

不管人们如何评论中国，我始终爱她，爱中国人民！的确，这里很喧嚣，有人随地吐痰，有人胡乱插队，但他们还有更多的优点，这些优点足以掩盖那些我们所认为的缺点。世界如此之大，如此丰富多彩，在不同地区居住着不同生活习惯、文化和传统的人。听听外国人是怎么说我们的吧，在他们眼里，我们也不总是白皮肤和毛发重的人。正是因为不同地方人们的行为举止和生活方式存在各种差异，旅行才会充满乐趣！对着世界微笑，世界也将还你一个微笑！中国——一个神奇的国度，拥有数不胜数的名胜古迹和壮丽河山！中国保留了古老的文明和悠久的传统，同时又建立起强大的现代科技基础。中国历久弥新的宫殿和现代化的摩天大楼成为地球上震撼人心的杰作。中国正吸引着越来越多的游客来经历前所未有的体验！

北京郊区的龙庆峡

中国经济成功的保证——下一代的教育

曼德雷金·罗曼·亚历山大维奇

戈梅利国立大学数学系函授 5 年级，大连理工大学学生，大连白俄罗斯同乡会主席。

　　20 世纪 90 年代中期至今，全世界都在关注并议论中国在科学、体育、经济、教育等方面取得的成绩。几乎在所有领域，中国都取得了显著的成就。许多人不无根据地把这样的结果归结于政府的经济政策，也有这样的观点：中国之所以能取得这样的成就，依靠的是巨大的人口资源优势。我想从中国教育这个角度来分析这些现象。

　　首先，来讲一本描述传统教育的美国著名书籍。这本书名叫《虎妈战歌》，作者蔡美儿是耶鲁大学法学院教授。书中她写自己是如何教育女儿的。该书一经推出，立刻博得青睐，并成为美国年度最重要的文学事件。在自己的书中，48 岁的美籍华裔母亲"近乎没有人情"地提出了自己教育小

蔡美儿

中国舞蹈演员在国家芭蕾
舞比赛中获奖

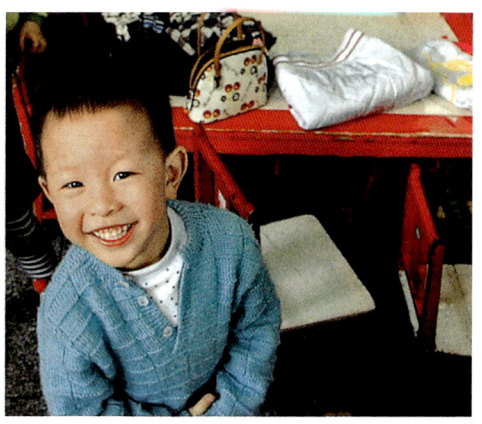

孩子们取得成绩后，家长会立刻给予表扬。

孩的观点和做法，并用生活中的具体事例来增强说服力。蔡美儿揭开了一个问题的答案，那就是，为什么每年有越来越多的中国家庭的孩子，会在各类世界级比赛中屡创佳绩。作者同时也强调了西方教育模式中存在的问题。蔡美儿的教育经验强调了我们已经遗忘的民间智慧的重要性与现实性，那就是一分耕耘一分收获。为了成功需要大量的付出。不是简单地付出，而是辛勤地奋斗，并且要从孩子抓起。

中国家长的任务是教会自己的孩子怎样学习。只有家长的意志、耐心和坚持能决定孩子要做什么。当孩子在课程或练习中取得成绩，他们会立刻得到来自父母的赞扬。这会给孩子前所未有的自信，他们会感到自己选对了学科并获得精神上的满足。孩子开始勤奋和目的明确地学习。

中国人对自己孩子的学业要求非常严厉。他们会提前制定高的目标，不让孩子满足于已取得的成绩。中国人看重

家长会控制孩子的每一步

孩子从小就能够严格遵循日程表，养成辛勤劳动的习惯，这都是让中国人骄傲的品质。

坚强，而不是软弱。他们从来不会自我麻痹，如果他们的孩子考砸了，他们不会说孩子能力不够。他们认为错误总在自己身上，因为他们没有给予自己的孩子足够的时间。

在家庭中，深受孔子思想影响的家长，从小就教育孩子要谦卑和恭顺。他们认为，孩子要一切顺从他们，因为他们更清楚孩子需要什么。家长掌控着孩子的每一步。这样严格的掌控可以保护孩子不因无知而犯下大错。

蔡美儿生长在美国的一个中国知识分子移民家庭。尽管父母在对她的教育中异常严厉，蔡美儿还是真心爱他们，尊敬他们。蔡美儿用中国风格来教育自己的女儿们。她教她们弹钢琴、拉小提琴。在书中她举了这样的例子。她的女儿露露七岁的时候已经可以弹奏两种乐器了。有一天，露露开始练一个非常难的乐曲，小姑娘很长时间都没法正确地弹奏，蔡美儿强迫她不停地练习，直到能完全弹对为止。露露闹脾气、砸键盘，但蔡美儿态度非常坚决。最终，小女孩在七岁就可以弹奏那部作品，技惊四座。

从个人经验出发，通过和中国人的交流，我发现现在有很多家庭仍然用类似的方法来教育孩子，并且认为这是对的。他们不会等到孩子自己对某项活动表现出兴趣的时候才去行动。他们握有主动，帮孩子报各种音乐学校和外语培训学校。这样，孩子从小就可以严格遵循日程表，养成辛勤劳动的习惯，这都是让中国人骄傲的品质。另一方面，当我和中国朋友谈到自己的童年，他们总会叹气："我们没有童年。"确实，有着这样的日程表，在院子里玩捉迷藏很显然不可能。

尽管严厉，但家长非常宠爱自己的孩子。计划生育政策决定了每一个孩子对一个家庭都如此珍贵。家长希望给孩子

更好的教育，为了达到目的可以动用一切手段。家庭——夫妻、孩子、父母——这是当代中国最重要的价值观。

中国的教育体系首要目标是取得最多的成果，为孩子们创造一切必要的条件。中国教育体系包括学前班、小学、初中、高中、大学、研究所。学前教育机构包括私人和公立幼儿园。孩子满三岁后可以入园学习。家长交入园费，每个月都要交钱，冬天还要交取暖费。幼儿园给每个孩子发两身衣服、背包和帽子。每天的饮食有米、肉、蔬菜、汤、水果、果汁和牛奶。这些都可以给孩子成长提供必要的营养。在中国，每一个幼儿园都教授画画、跳舞、书法、唱歌，观看教育动画片，做一些益智游戏。

幼儿园特别重视体育和音乐。每一个班级都有电视、

1、2. 中国教育体系很重视音乐和体育

很多中国学校要求佩戴红领巾和徽章，这会使人联想到苏联的"少先队员"和"十月儿童"。

录音机、电脑和先进的设备。老师们用它们来上课。

在中国，孩子们在中小学要学习 12 年：小学 6 年，初中 3 年，高中 3 年。中国实行九年制义务教育。法律明确规定了这一点，其中写道，每个年满六周岁的儿童都要进入学校接受九年义务教育。进入小学前，六岁的孩子们要进行人生第一次考试——测验一下他们的知识水平。小学毕业后还要进行小升初考试。如果考分足够高，就可以进入重点中学。从这样的高中毕业后，可以顺利进入大学。主要考试科目有：语文、数学、自然、外语、思想品德、音乐、体育等。所有学生都在学习弹奏乐器。不难发现，在世界各类体育比赛中，中国运动员都能取得好成绩，这其中学校作了直接的贡献，他们在体育训练上倾注了很大的心力。每个学生都要选择一个自己喜欢的运动种类。同时教学大纲都是自选，甚至低年级的也是自选。

中学教育在中国有两个阶段。父母只需要支付书本和作业本的钱。无一例外的，所有的学生都要穿校服。通常有夏季校服和冬季校服两种。男孩和女孩的冬季校服一样，其中包括绒线衫或者夹克和裤子。夏季校服女孩可以穿裙子，男孩则是衬衣和短裤。中国的每一所学校都有自己的校服，通常校服比较像带着校徽的运动服。很多中国学校要求佩戴红领巾和徽章，这会使人联想到苏联的"少先队员"和"十月儿童"。

在中国任何一所学校，教学过程中都伴随着巨大的负担。除了已开设的课程，中国学生还要学习更多的汉字，正确地读写汉字。中国政府恰当地评估了学生的负担，并为此感到担忧。因此规定一日学时从早晨八点起，不得超过八小时。

中国学生一周在校学习五天。6:00—7:00 是早自习时间，

孩子们庆祝春节—— 这是中国最重要的节日。

8:00—12:00 学生学习基础课程：语文、外语和数学。每一个学年都会开设这几门课。在课间，为了避免学生过于疲劳，会做课间操。上午课程结束后，接下来就是午餐时间。学生们吃饭速度非常快，吃完后赶紧回到教室进行自习。下午中国学生会学习副科：音乐、劳动、体育、绘画和其他的课程。

低年级学生学到下午四点，高年级，包括在教室里自习的时间，学到晚上 10:00。

尽管中国是五天工作制，但学生会最大限度上利用周末时间：学习、做作业、补课，在家里帮父母做家务。这使我们产生了这样的印象，就是中国的学生没有休息的权利。事实上并不是这样的。

孩子们手提节日灯笼

他们很有意义地度过了空暇时间，去公园游玩、玩一些智力游戏是非常积极的休息方式。他们怎么能来得及完成这一切？中国人非常会分配自己的时间。

在中国学校里采用的是百分制，大学也是，而及格线是60分。每个学生的成绩都会记录在班级的分数簿里，因此家长毫不费力就可以知道自己孩子的成绩。

每一个读完高中的学生，都要经历高考。这个考试同时也是大学入学考试。中国所有的大学都有排名，为了考入理想的大学，必须要在高考中考到该大学的录取线。成千上万个年轻人争取工作岗位，成功与否在于学校的质量和权威。高考成了两三百人竞争一个名额的考试，因此有潜力的考生都努力出色地完成学业。一个毕业生可以同时申请几所大学。读大学，这是所有孩子生活中最渴望，却又最难实现的目标。

提到中国高等教育机构数量从1978年到2000年，几乎翻了一番，从598所到1071所。但是教育机构数量的增长并不能完全满足中国经济和工业各部门对专业水平高的人才的需求。

1995年，中国教育部推出了"211工程"。根据这个方案，在中国将建立100所左右的重点大学（目前有110所），这些大学将为实现国家经济和社会领域发展宏图培养优秀的专家。这些大学可以得到国家大量的补助：在方案的第一阶段（1996—2000年），为该项目拨款近22亿美元。

除此之外，在1998年推出了"985计划"，基本目标是建立一批世界级高水平的中国大学。选出了九所大学，这些大学得到了三年的发展资金，随后学校扩展到39所。对于学校发展，拥有"863项目"是有重大意义

在布列斯特国立技术大学学习的中国学生

的事。该项目旨在促进各个研究领域先进技术的发展。

在实行"211工程"前期，中国没有任何一所大学符合世界高等教育标准。中国大学学历在国外不被承认。现在中国许多领先的大学在世界排名中已经占据了靠前的位置。

在中国，实行着对白俄罗斯大学生完全陌生的学分体系。每一科考核由固定的考试组成，学生要想拿到学分，就要通过这些课程的考试。每个专业都有一定的要求，毕业时要求的学分总数也不同。例如，南京大学国际关系专业的教学共四个学年，在这

2009年，哈尔滨第24届世界大学生冬运会开幕式。

期间要修够175个学分（113分必修课，包括毕业论文，62个选修课学分）。

这个体系规定了学生可以选择所学专业课程的权利。通常课程分为基础课、专业课和选修课。然而选修课程也有一些要求。例如，大连理工大学将所有选修课分为六大类。大学生要从每一大类中选修，并且至少要选一门。这样会使学生全面发展。应当指出，选修课的种类非常广泛，不仅包括常见的社会学、数学、心理学、物理学等，还包括了非标准的，甚至让一些人预料不到的课程——围棋、饮食与健康、军事心理、图形基础、乐器弹奏、著作权方面著名案例解析、中医等。正因为选修课提供了如此多的选择，中国大学生几乎总能得到自己感兴趣的领域的知识。

中国大学的学制通常是四年，有时教学计划会延伸到第五年，例如医学和建筑专业。最后一个学年基本上就是进行实验和论文撰写。

第 26 届世界
大学生运动会火
炬在北京

提到外国留学生的课程，现在国际经贸汉语专业越来越
受欢迎。在一二年级，大学生学习汉语。从三年级开始学习
同中国经济、历史等相关的课程。除此之外，如果外国留学
生通过入学考试，那么他们拥有学习任何一个专业的权利。
在毕业时他们将被授予学士学位。最受外国大学生欢迎的课
程是一个月或者更长的短期培训班。很多选这个课程的学生
都是汉学专业的大学生。他们来中国学习半年或者一年，为
了提高汉语水平。对于大学生这是一个非常好的机会，投身
于语言环境中，同时不仅可以同中国人交流，还可以同其他
国家的人交流。

中国的大学通常有自身的"大学城"——校园。这里非
常方便，因为宿舍楼紧挨着教学楼。除此之外，校园里有一
切生活必备设施——体育馆、商店、市场、食堂。很多校园
都是可以散步的漂亮公园，例如北京大学的校园。北京大学
是中国历史最悠久的大学，以未名湖闻名。天津大学的湖同
样是学校美丽的一景。厦门大学的校园同植物园连在一起。

中国大学生居住条件是有点拥挤，但却很舒适。宿舍被分为四人间和八人间。

就像全世界的大学一样，中国大学里有实验和课上作业、家庭作业。只有完成家庭作业后，中国大学生才会出去玩。在课余时间，中国大学生去听选修课、游泳、学跳舞、学习乐器或者去打工。因为中国大学里大多数地方都要收费，父母为孩子提供学费。我的很多朋友，在大学中学习，在酒店、快餐厅打工，或是在街上发传单。节省下来和挣到的钱每一个大学生都会交给父母。

我想谈谈中国年轻人和外语的关系。懂英语是很多工作岗位的基本要求。在中国有大量的跨国公司，这些公司需要高技术人才，他们要能和世界各地的客户及商业伙伴熟练地对话。中国不断参加不同的博览会、会议和竞赛，这就决定了语言在国际交流中的重要地位。

对外语学习的支持表现在各个层面上。例如，在美国中

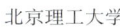
北京理工大学

1、2. 在中国驻白俄罗斯大使馆，中国留学生穿上各民族的服装举行晚会。

国人非常少，只占美国人口的 1% 多一点——这是由于严格的移民政策。而在美国各个著名高校，中国学生的数量不低于 1/3。为"神童"开设的特殊学校中国人更是占了多数，而且人数还在不断增长。中国政府鼓励年轻人去国外一流大学深造，然后回国为自己的祖国作贡献。中国银行甚至会给在国外求学的学生提供贷款。中国有目的性地同未来的人才打交道，并要求他们回国为经济作贡献。许多中国的教员前往美国和欧洲任教，他们教授不同的课程——从中医到汉语。大量的中国大学生不仅在美国留学，还去欧洲留学，包括白俄罗斯。

在中国，许多孩子从幼儿园起就开始学习外语。在初高中和大学，外语通常是英语，这是必修课。除此之外，学外语在中国是一种时尚。对于年轻人，这是一个最好的刺激因素。

略带自信地讲，如果没有在经济、政治和教育方面独一无二的方法，现代中国不会取得如此大的成功。从孔夫子时代至今，中国人对待自己的文化遗产，不仅是保护她，而且会利用这些千年传承下来的经验。就像我们看到的，传统的教育方法，父母积极地参与孩子的生活，是完全有道理的。每个人可以选择参与的程度——一些家长偏向于完全不干涉，只进行一些不明显的控制，一些家长愿意在家中树立自己的领导权威。他们都可以得到好的结果，可以培养出聪颖的孩子。例如，我们可以回忆一下苏联时期的科学技术，著名的苏联科学家，他们都是传统大众教育体系的代表。当时西方教育中刚刚出现区分对待法。中国学习了苏联的经验，同时加上几千年的传统，最后得

1、2、3．明斯克《中国教育》展览

到了独一无二的，并且非常高效的教育体系，有时甚至是残酷的。但是结果通过这样的锻炼，得到了有思想、可以处理信息的、有自学能力的人。要知道这是任何一种教育体系最重要的目标：教会人如何学习。结果是中国产生了优秀的科学家、有学识的领导、天才的工程师，他们代表了现代的、先进的和强劲的中国。

普列斯卡切夫卡·伊涅萨·尼克拉耶夫娜

《苏维埃白俄罗斯报》中国站记者

中华大地的根基——
中国家庭：传统与现代

婚礼

近一百年间，中国婚礼和典礼发生了巨大的变化，甚至比之前几千年变化都大。但是考虑到最近一百年中国翻天覆地的变化，便也不足为奇。

古代的婚礼由六个仪式组成：送礼，在订婚那天的祝福，新人见面等。通常适龄男青年会请媒人来帮自己挑选合适的新娘。媒人那里有近期的来访卡片，上面有年轻人的姓名和年龄。通常，媒人会去可能成为新娘的父母那里说媒。如果双方都同意，选个好日子去见姑娘。见面的主要目的不仅是评估未来媳妇的性格和外表，还要了解娘家的状况。

订婚和订婚仪式是传统婚礼中的重要礼节。按照民间传统，订婚比一切法规都重要，从此刻起，基本上一切就无法

1．新郎和新娘　2．红色的裙子——幸福平安的象征　3．新郎在占卜师的帮助下选择新娘　4．中国新娘

改变，因为取消订婚，会让整个家庭蒙羞。婚礼一旦举行，甚至如果未婚夫突然死亡，已是寡妇的妻子将住进男方父母家，在那里度过一生。

　　婚礼上最华丽的部分是迎新娘。这天，新娘穿着红色的衣服——这是幸福和平安的象征。姑娘坐在花轿里，婚礼开始了，这时新娘头上盖着红盖头——这样恶灵就不会破坏这个喜庆的日子，离开父母家，新娘一路上都在哭，表现出对娘家的爱与依恋。

　　新娘到达夫家后，典礼的主要部分开始了。在一些地方，新娘需要跨过夫家门前的火盆——这标志着，烧去所有可能破坏夫妻生活的坏的和恶的东西。在另一些地方，新娘要手持花瓶，跨过马鞍，这是因为在汉语里，花瓶和马鞍的最后一个字，谐音是"平"和"安"，意为平安顺利。

　　在这之后，年轻人进入新人的房间，在这里要一拜天地，二拜父母和夫妻对拜。之后，要喝交杯酒（或者将两杯酒混在一起，然后重新斟满"新酒"）。男女各剪去一丝头发，绑在一起，成为结发夫妻，意为永结同心。在酒宴上婚礼进入了高潮，这时新娘将给每桌的客人敬酒。

　　最后的礼仪是在新人的房间里进行的。他们坐在床上，

新郎新娘结婚装饰

婚礼中

床上洒满了花生、枣、坚果和干果。这些东西用汉字表达了"早生贵子"的意思。只有到了这时候，新郎才能掀起新娘的红盖头，看到自己的妻子。这时客人们就离开洞房，因为新婚之夜，不管在何时何地，都是神秘的。

《中华人民共和国婚姻法》是中国的第一部婚姻方面的法律，仅仅在新中国成立半年后就颁布实施，于 1950 年 5 月 1 日正式生效。这是具有革命性的事件，宣布了男女平等，一夫一妻制和离婚自由。对国家而言，这是一个突破。过去，不仅是皇帝，就连普通老百姓（尽管是富有的）都可以拥有几个老婆。但皇帝除了正室（皇帝的妾被称作"妃"，但皇后只有一个）之外，还有许多嫔妃，嫔妃的数量就依据皇帝的个人喜好了。有些皇帝有很多嫔妃，达到数千人。当然也

新娘乘轿来到新郎父母家

新人拜天地、拜父母、互拜

在一些地方，新娘需要跨
过夫家门前的火盆。

婚礼的装饰

参加婚宴的客人

有特例：明孝宗（1488—1505 年）以专情著称。他只有一位
皇后——张皇后，没有妃，没有嫔。

在 20 世纪初期，拥有三妻四妾在中国社会非常普遍。
不仅皇帝可以，任何有钱人都可以。拥有妾室代表着富有和
社会地位。而且这也是很惬意的事：妾不是妻，可以随时将
其逐出家门，不需要理由，不用考虑后果，无需物质承诺。
逐渐地，在某种程度上受西方的影响，这种状况不再出现。
而 1950 年《婚姻法》规定，多偶制婚姻和强迫婚姻不受法律
保护。

20 世纪 50 年代的婚姻带有一些革命色彩。农村的新娘
像从前一样，还是喜欢红色（尽管红色已经有了新的革命意
味），但城市里的人，对时尚灵敏的人们，穿着革命风格的
套装，当时中国称之为"列宁装"。不管城里的还是农村的，
新人们在衣服上都要别上不变的红花。通常，婚礼上主要的
客人和见证人就是新人们所在工厂的党委书记。结婚证书上
面用红笔写着"婚姻自由"、"男女平等"，还要签上新人、
媒人、见证人和双方父母的名字。然后开始婚宴。每个客人
要给新婚夫妇红包或者喜庆的东西——锅、镜子、罐子、洗
脸盆等。在婚礼上，城市里的知识分子和党务工作者认为，
尼·奥斯特洛夫斯基的《钢铁是怎样炼成的》书籍是最好的

婚礼蛋糕

礼物。

20 世纪 60 至 70 年代（1960—1976 年），中国经历了"文化大革命"，婚礼也不能幸免。那时的结婚证书里写道："我们伟大的领导——中国共产党，我们意识形态的理论基础——马列主义。"最流行的结婚礼物——《毛主席语录》（红宝书）和领袖石膏像。只有"囍"这个字没有被政治影响。在中国，这个字自古以来都用作装点新人卧室。婚礼简单而严肃，仪式最后还有集体唱革命歌曲。这是当时典型的城市婚礼。

70 年代，婚礼变得更加朴实，粮食、其他食品和香烟都凭票领取。对于这样重要的事件，不会给提供额外的票证。因此，为了举办婚宴，新婚夫妇的家庭将会节省自己的口粮。在领结婚证后，组织会给新婚夫妇发放购买橱柜、床和椅子的票。

到了 80 年代，改革开放后，婚礼也发生了很大的变化。城市里的新娘用白色婚纱代替了红色服饰，而对婚宴最好的装饰成了拍摄婚纱照和影集，如今这个在中国是很大的产业，这里面有巨大的商机。拍摄婚纱照如此受欢迎，那些在 50、60 年代结婚的人都会去补拍婚纱照。也会有儿女为了庆祝父

按照传统，新人要在国内最著名的地方拍照。

母的结婚纪念日，带父母去拍婚纱照。

对于当今的婚礼来说，在饭店举办婚宴是必须的事，尽管这不同于我们的传统，而且时间也不长。马基列夫申科·瓦列莉亚·孙，她同丈夫孙超在北京住了四年。她说，她办了三场婚礼。第一场在明斯克，当时孙超和瓦列莉亚在白俄罗斯学习。新娘的亲戚、新郎的朋友，共 40 个人参加。另外两场婚礼当然是在中国。

在 50 年代，女性希望嫁给工人，因为工人收入稳定。60 年代流行和农民结婚——在"文革"暴风骤雨肆虐的年代，农民没有经济和政治问题，所以备受欢迎。军人承担着保卫国家的职责，成为 70 年代女性最想嫁的职业人群。80 年代初期，随着改革开放，外交官和知识分子被认为是金龟婿。进入 90 年代，一切都被推

现代婚礼中的
新郎和新娘

现代中国流行欧式婚礼

翻重置：你做什么，什么职业都不重要。金钱、住房和汽车——这才是吸引现代姑娘的东西。考虑到性别比例严重失调（男性比女性多出3400万），中国女人完全可以对男人挑三拣四。

新一代男性已经到了适婚年龄，由于没有未婚妻，他们没法结婚和繁衍后代（对中国人而言，这是神圣的义务，这样才对得起祖先）。中国女人比较挑剔与任性。在中国，男人要准备聘礼，而其中最重要的就是住房。2011年3月，北京的商品房每平方米要比美国的贵3000美元，而中国人的年均收入仅有4466美元。许多男人会为了能够娶妻生子而奋斗终生。

一个家庭——一个孩子

对于白俄罗斯和中国而言，人口增长都是令人头疼的问题，只不过头痛的"病因"不同：我们想的是，怎样做才能让我们的妇女多生孩子，而在中国则提倡妇女晚生少生，并且盼望着人口能够开始减少。

根据最新的统计，截至2010年11月1日，中华人民共和国共有1339724852位公民（不含港、澳、台公民）。

提到出生率下降的原因，我们通常归咎于经济困难。"第二个孩子——富裕的标志"，我的同学这样和我说（他有两个孩子）。但中国人口增长的历史证明：问题不仅仅是由于经济原因。

一个家庭，一个孩子。

在1949年（新中国成立之年），中国有近5.42亿人口，经过20年人口增长了2.65亿。那时中国的生活水平并不高。

70年代，中国政

府已经遇到了严峻问题。如果不控制出生率，那么饥饿将会威胁到国家的经济水平。而且水资源严重匮乏——按人均计算，中国水资源拥有量不及世界平均水平的 1/4。这也就不足为奇，1979 年全国开始实行计划生育政策。

对待这项政策有不同的看法。但这是中国的客观必要，世界同样需要中国采取这样的措施。根据 2010 年的数据，在计划生育政策实施的这些年，中国实际上少生了 4 亿人。如果不加以限制，那么这 4 亿人就会降生在地球上。

但是将这项政策称为"一个家庭——一个孩子"并不完全准确。例如：在农村地区，生第一个孩子后，如果是女孩，四年后可以允许生二胎。这是"中国特色"，农民喜欢男孩，而国家虽然进行了积极的宣传工作，让人们确信生男生女一样好，而古老的传统仍起作用。如果不懂古代人民的传统和文化，第一眼看上去，可能会觉得奇怪。

一些少数民族可以有两三个孩子，这与他们的户口所在地农村还是城市有关。

国家养老金系统目前还无法覆盖边远农村地区。更重要的是中国法律要求成年子女要赡养父母。谁能赚更多钱，谁在地里劳作得好，谁更能吃苦，最终在生孩子方面自然而然会考虑到这些。是的，当然是男孩。农民认为，女孩无助于家庭致富。但是事实证明，并不总是这样，有许多地方政府提供了很多非传统致富方法。

来自吉林省的农民孙富平无法掩盖自己巨大的失望，当他知道自己有了个女儿后，他甚至不想去看小孩。一整年他为上天不公平而痛苦。但是地方政府帮助他盖了蔬菜大棚，这样他的家庭收入翻了几倍。孙富平说："现在我再也不想

1. 小学生

2. 内蒙古自治区的蒙古族家庭

3、4. 爸爸妈妈的最爱

要儿子了，对我来说，男孩和女孩有什么区别呢？"在一些地区的农民，如果他们遵守计划生育政策，他们将获得一个月 95 美元的补助。物质激励的措施非常有效——农村人口的增长明显放缓。

国家提供"蜜糖"，同时也不会忘记颁布禁令和罚款（在一些城市的超生罚款达到 1.5 万美元，如果不交罚款，就无法给第二个孩子上户口和得到承认）。若干年前，开始流行选择性人工流产。妇产科的医生对未来的妈妈说："你怀了女儿。"女人不但不高兴（女孩意味着蝴蝶结、洋娃娃、听话、总黏着妈妈），而且还去做人工流产，希望下次能生儿子。性别偏好的结果就是 2010 年男女新生儿比例为 118∶100（国际正常水平是 100∶103 至 100∶106）。因此，国家规定禁止医生向未出生胎儿父母透露胎儿性别，除非是医学上必要的

情况。如果医生把一切告诉准妈妈，将被免职，而医院会被罚款。

为了公平，这里应该指出，所有限制出生率的措施都是首先在汉族中推广。你知不知道，中国居住着 56 个民族。其中人数最多的是汉族（占 92%）。接下来是壮族、满族、回族、苗族、维吾尔族等。还有塔吉克族、乌兹别克族、哈萨克族甚至有俄罗斯族。根据官方统计数据，中国的俄罗斯族共有 13500 人，而其他的一些少数民族在人口数量上甚至相当于一个不大的欧洲国家。例如，藏族有 460 万人，蒙古族有近 500 万人，而壮族共有 1.55 亿人。他们都可以有两到三个小孩（取决于农村或城市户口），而有一些少数民族的代表，例如珞巴族（2300 人），高山族（2900 人），赫哲族（4300人），对这些民族完全没有生育限制——想生几个就生几个。

2008 年 5 月发生的汶川大地震夺走了 6.8 万人的生命，政府号召失去孩子的妇女再次生养（倒塌的学校和幼儿园带走了成千上万孩子的生命）。甚至那时推出了从未有过的优待条件：政府承担怀孕和生产期间的费用。在必要时，准备人工授精技术。正因为这些政策，数千名四川妇女重新体会到了做母亲的快乐。

计划生育政策实施已经超过 30 年，这意味着，独生子女一代已经长大成人，他们也已经建立了家庭。国家对他们有这样的政策：如果男女双方都来自独生子女家庭，那么国家允许他们生二胎。还有一个条件是在一胎和二胎之间，间隔不得少于 4 年。

小皇帝们

计划生育政策，毫无疑问带来了好处。放宽了"双独家庭"生二胎的政策，国家却遇到了意想不到的问题，很多城市家庭根本没有要孩子的打算，更不要说两个孩子了。城市家庭收入越高，他们生的孩子越少——这个规律不仅适用于人口老龄化的欧洲，也适用于充满活力的亚洲。人口年自然增长

1　　2　　3

1. 汶川地震后，又一个获救的小生命。

2. 独生子要全面发展

3. 如果是"双独家庭"，政府允许生二胎。

率在过去的十年达到了新中国成立以来的最低点：由1990—2000年的1.07%降到了0.57%。这种形势在中国三大一线城市更为严峻：北京、上海和广州，大概有60万个这样的家庭。一代年轻人已经成长起来了，他们对古人"多子多福"的观念表示怀疑。现在的年轻人，不光是城市里的青年，都追求事业和物质享受。因此在某种程度上说，政府的政策成功了。实际上，如果每个人都这样想，在我看来，这是对生活方式和家庭传统的一种破坏。遗憾的是，在一定的时间很多国家都经历了这样的遭遇，这种现象很普遍。令人惊奇的是，在中国，传统家庭观念保持了这么久。

很多家庭不想要小孩也可以被理解为经济困难——这也是全世界共同面临的问题。孩子可以给人带来快乐，当然，抚养孩子要花费很多。对于中国人而言，通常一个家庭只有一个孩子，因此，在父母看来（更多是在爷爷奶奶看来），要给孩子一切最好的东西，这是特别要紧的事。

在孩子出生前，便开始了长久而昂贵的"旅程"。在九个月怀孕期间，准妈妈的平均花销超过600美元——做定期检查，饮食营养和孕妇装。

中国孩子的第一次"测验"是在一岁生日时。这个半娱乐半认真的游戏代代相传，被认为通过这个游戏可以确定，孩子在长大后会变成一个什么样的人。当天要准备丰盛的午餐，这是为了庆祝孩子一岁的生日。午餐过后，父母把许多

4、5．孩子永远是孩子

不同的物件摆在孩子面前，用它们来确定自己孩子的喜好。学者证实，这个游戏在南北朝时期（386—589 年）就已经普及。供选择的物品有：书、玩具、化妆品、饰品、花、钱，以及客人和亲戚带来的一切礼物。在一切就绪后，最有趣的游戏就开始了：把孩子抱过来让他坐下，然后众人开始观察，看什么东西吸引孩子的注意力。在很多家长看来，最好的选择是书。如果书第一个被孩子选中，那么就意味着孩子会成为爱读书的人，而如果上天开眼，那孩子就会成为著名的学者。这样的选择一直都会成为父母的骄傲。但并非所有父母都能如愿以偿，成为"小书生"的幸福父母。因为对于小宝贝而言，他眼前的选择有很多。一些家长甚至"耍滑头"，把书放在离孩子最近的地方，或者会轻轻的拍手，把孩子引到"该去的"方向。他们这样做，当然仅仅是出于良好的愿望（下面会提到教育的重要性）。

孩子总归是孩子。他们中有些完全不在乎父母的提示。最让人难为情的就是当男孩选择了化妆品和饰品的时候。所有人都会说他长大后会是花花公子，他的生活就是在不断地找乐儿。然而，父母和骄傲的爷爷奶奶可不希望这样。

"我儿子还不满 1 岁，但是他真的很费钱"，26 岁的刘晓娟说。她有一个小孩，尽管允许，但没有再要一个小孩的计划。每个月在饮食和医疗服务上就要花掉不少于 180 美元。北京的一家出口公司的老板、35 岁的谢青带着一丝沉重表示

1. 买什么呢?

2. 新年礼物

赞同:"尽管我6岁的儿子甚至不知道什么是钱,但他的生活同钱紧紧相连。"像许多其他的现代中国家长一样,谢青将儿子送到声誉好的幼儿园,那里有合适的生长环境。合适的环境没有便宜的,通常没有低于1800美元一年的。令人好奇的是,公立幼儿园(更便宜)被认为比私人的更加权威,但数量却有限。而且将孩子送入公立幼儿园需要有当地户口。因此在新学期开学注册的那一天,这样的幼儿园门口无比嘈杂:家长(通常是爷爷奶奶)要在这里排几天的队。

开始上学就意味着花销的增加。在接下来的12年——从7岁到19岁——仅上学每个月就要至少花费120美元,并且随着年级增长而增长:从最开始的38美元到毕业时的162美元。国家实行九年义务教育(不久前才完全实现),但是父母要为课本付钱。主要的问题在于自主择校费。一开始父母要花一大笔入校费(好的学校3000美元,这很常见),而接下来是,数额不小的"共建费"。政府尝试和这种现状做斗争,但目前还未见效。

在"中国新贵"中,流行将唯一的孩子送到私立学校,这里的学费比公立的要贵两三倍。如果你希望自己的孩子进入大学(这是所有家长的愿望),那么就得补课。费用从每小时18美元到60美元不等,这要取决于课程的难易度和孩子的能力。

唯一的孩子应该全面发展,这是对于幸福家长的绝对公理。音乐课(钢琴课每月60美元)是全面教育的必要部分。但并不是所有家长都能为培养孩子承受如此昂贵的费用。

大学学费被认为是父母最后的责任。因此每个家庭(不

管是在城市还是农村）主要是为了子女教育在储蓄。四年的大学生活要花费父母 4880—6110 美元。经济状况好一点的家庭更愿意将子女送到国外求学，这要花费 1.8 万—3 万美元。每年有近 2.3 万的中国学生去美国、英国和其他国家求学，其中包括俄罗斯和白俄罗斯。白俄罗斯凭借高水平的教学（花费相对较少）和安全的环境吸引他们来求学。白俄罗斯人民对中国人非常友善。

根据社会调查显示，大多数家长认为自己的孩子进入大学代表着最好的未来。幸福、拥有好的家庭和其他愿望被远远甩在后面。大多数家长认同这样的主张，"没什么比好成绩更重要"，只有 5% 的受访者认为，"身心健康比学习成绩重要"。中国的孩子是最忙最辛苦的人，因此而有 32% 的高中毕业生遇到心理方面的问题。医生认为，原因就在于孩子们承受了来自社会、家长、学校和同龄人的巨大压力。同时，一部分心理学家和心理治疗师认为这一现实很危险，而其他人则说："心理脆弱会影响未来取得成就。"

在古代中国，对待孩子的态度完全不同。比如说，从怀孕起就开始算岁数，每年新年再加一岁。没到三岁的小孩不被看做是一个独立个体，如果夭折了都不需要安排葬礼。一

1、2. 不同的年纪有不同的烦心事

玩耍

个人随着年龄的增长，社会地位会随之提高。

在最初的两三年，孩子就像是被当作父母身体的一部分来照顾。孩子和父母一起吃住，趴在妈妈的背上，和妈妈一直不分开。只要哺乳期的孩子一哭，妈妈就立刻给孩子喂奶。而孩子吃母乳的时间也很长，三四年，甚至更久。

教育的目标是让孩子意识到和知道自己在家庭体系里的地位和作用。要努力培养孩子最重要的品德——尊敬长辈和谦虚谨慎。如果孩子之间产生了争执，父母通常会让年龄大一点的孩子让步。夸奖自己的孩子而指责别人的孩子被认为是最不体面的行为。

孩子不专心于学业总是会招来责罚。在中国，教育自古以来就有很高权威性，为了在激烈的竞争中找到一份好的工作，为了保存家庭颜面，为了让孩子考上大学，家长从来不觉得自己对孩子苛刻。有一种古老的惩罚手段，现在成功地在中国的学校里得到运用（你会很惊奇）——禁止孩子参加集体活动并公开批评孩子。

尽管旧中国和现代中国在教育孩子方面存在着本质上的差别，但教育的目的并没有变，服从集体的利益，这里集体指的是家庭、工作和国家。

我敬爱的老人们

我最惊奇的中国观察和老年人有关。为了弄明白我指的是什么，你需要在清晨六点来到大街上，你会看到一大群人带着扇子做操或跳舞。这里几乎看不到年轻人，有的还在睡懒觉，有的准备去上班，有的有更重要的事。爷爷奶奶忘我地舞着剑，随着鼓声和钹声抖动着扇子，很显然，他们乐在其中。而且这样的满足已经不局限于早晨的集体练习，延伸到了全天，在晚间时跳舞达到了新的高潮。黄昏时在北京逛逛，常常会听到录音机里传来的微弱的歌声，在一些地方有熟悉的鼓声和钹声。这些中老年人单独或成双，带着饱满的热情跳着简单的舞步。他们中年轻人很少。

练习书法

还有一种清晨娱乐——练习书法。值得提一句，在中国一直将书法看做是一门艺术，用不同字体风格写成的书法作品会在艺术博物馆和绘画作品一同展出，要想练好字，手上要有劲儿，因此在某种意义上，练字类似于体育锻炼。在北京的任何一家公园都能看到老北京们（有趣的是，这里几乎没有女性）在练字，他们在石砖上写整首诗。他们的毛笔是一根长木棍，木棍顶端有软毛或海绵。这样的设计可以随时用水将毛沾湿。这样写成的珍品，很快就会被太阳晒干蒸发，作者会因此难过吗？一点也不会，反而正好给再次练字腾出了地方。

白天老人们最喜欢的娱乐项目之一就是下象棋。这个娱乐不是我们通常认为的私人模式，而是集体模式。在家门口（在中国甚至是 10 层到 40 层高的楼都要有大门，而且要用墙围起来——这是传统）和城市道路旁边聚集着一大群上了年纪的人（这里同样看不到女性），分成

太极

每 100 个居民中有 3 人超过百岁

几拨后，开始下棋。一个人下了一步棋，周围的所有人都会积极地献策献计。看下棋格外引人入胜。不同于我们，这里不玩多米诺骨牌。老人们只是简单地聚在一起，喝着茶，聊天。这样的活动形式也很普遍。

读者完全可以对我进行合理地反驳，说我们白俄罗斯也有这样的活动。回忆一下，在周日晚上戈梅利公园里的舞会，或是明斯克切留斯基公园里的象棋战，我不会争辩。但是你能常常看到我们的老人一起进行体育锻炼吗？非常遗憾，他们并没有。

中国人对年龄的态度和我们有很大的不同。当白俄罗斯 75 岁的老头或老太太身体不舒服，孩子会把他（她）送到医院，医生通常会双手一摊，说："那你想怎样，都这把年纪了。"而在中国，人们会把 75 岁的人称为"年轻"。根据当地的理解，60 岁后又开始新生命。因为前面的生肖轮回 5 次，每个轮回 12 年，已经完成。到了 60 岁就可以再获得生活中的一切享受了。关于年龄的经典论述，当然是孔子，他这样说自己："吾十有五而志于学，三十而立，四十而不惑，五十而知天命，六十而耳顺，七十而从心所欲，不逾矩。"

尊重长者——这是中国的传统美德，有几千年的基础。如果抱着怀疑的态度尊敬老人、父母和领导，如果

在石板上写字

舞蹈的快乐延续一整天

他们失去了不容争辩的权威，那么中国就会失去自己的根基。而树木没有了根，想想就知道，将无法存活。

子女的责任和恭敬——这是一切基础的基础，是孔子最重要的遗训。对父母恭敬和关心他们被认为是德行之首。在中国甚至流传着一系列孝子的故事。对父母恭敬最著名的例子是乾隆皇帝（1736—1796 年），他在位期间，中国成为世界上最富有的国家。在 60 年的统治后，他主动离位，因为他的爷爷康熙皇帝也统治了 60 年（注：实为 61 年）。乾隆不想被别人怀疑自己对祖先不敬。

曾经的家庭仪式证实了氏族制度，并且有很多保存到了现在，而且变化很小。如今家庭成员在新年的时候围坐一桌，一边向家里的长者鞠躬，一边说，"这是我应该的"。民间谚语这样讲："不听老人言，便少活十年"。

要想做到恭敬，必须要得到相关的教育。中国的习俗不仅不允许不服从长者，并且要批评孩子任何侵略性的行为。

老人们白天最大的乐趣之———下象棋

这是因为，与其说中国家庭是社会的最小单位，不如说家庭是社会的雏形：一切影响家庭和平及和谐的东西，也会破坏社会的稳定。如果邻居找到某个男孩的父亲，然后抱怨那个男孩做了错事，通常孩子就要面临体罚，并且父亲基本不会考虑事情的原委。

政治是家庭制度的延伸。对待一家之主的态度折射在对待领导和整个官僚体系的态度上，包括对皇上，很大程度上这种态度保存到了现在。建设中国特色社会主义和改革开放，使"官本位"的程度有所减轻。12 世纪的朱熹讲道："父之所贵者，慈也。子之所贵者，孝也。君之所贵者，仁也。臣之所贵者，忠也。"孔子的论述也证明了这一点："古之欲明明德于天下者，先治其国；欲治其国者，先齐其家；欲齐其家者，先修其身。"

毫无疑问，今日的很多东西都变了，但子女的恭敬和责任仍然是中国最基本的基石。因此这里对待老人有如此感人的态度，特别是长寿者。在中国，平均每 100 人中就有 3 人年龄超过 100 岁。〔经核，中国百岁老人占人口比例应为 3.55/10 万人（2012 年）。——编著〕在一些地区这个数字更高，这也成为地方政府和人民不变的骄傲，因为这片土地很神圣。例如，在四川省乐山市，那里有 122 个百岁老人。研究显示，这些人长寿的主要原因是——地理和环境。但科学家认为，别的一些因素也功不可没，体力劳动、开朗的性格、物资充足和子女的孝敬。那些长寿者的家中，通常很和谐，而且他们本身就是孝顺的典范。就像前面提到的中国谚语，他们延长了自己的寿命。 他们是家庭里最受尊重的人，他们

享受着天伦之乐，因为他们生命中的一切都像古老的中国法则里讲的那样：当你变老后，你会成为受尊敬的人，而且有人供养，从来不用为不满足而痛苦。

我们通常怎么想象中国的家庭？四世同堂，留着长长的白胡子的曾祖父，他和五个祖父，十多个父辈和一群晚辈住在一起。但是，现在这样的家庭已经很难找到了。没有人会反对这样的传统观念，即父母在晚年应该和子女同住。这样子女可以照料好父母，做到养老送终。自古以来就是这样的，身边住着孙子和重孙们，老人们看着他们，觉得自己的一生没有白过，孩子们本身也知道，当他们长大或者到了这个年龄，他们同样会有平静安详的晚年。而如果生病了，总会有人来照顾自己。中国社会建立在这个基础之上。

但世界在变化，中国也一样。近些年，父母和孩子分开住的越来越多。在这种现状下，在大城市，比如北京或者上海，有 1/3 的老人不与子女同住，他们也不会觉得这是对传统的破坏，或者是子女不孝，只不过是情况发生了变化，物质条件改善允许他们可以独居。除此之外，随着退休金系统的发展，城市里的老人们成为我们概念里真正的退休者：他们中大多数都有退休金，不用只寄希望于子女的经济补贴。

女性比男性寿命长——这点全世界都一样，中国和白俄罗斯也不例外。丧偶的老人希望可以尽快再次走进婚姻，因为今日有这样的传统认识，上了年纪的中国人要有四样东西：房子、存款、妻子（丈夫）和朋友。人们觉得，没有丈夫或妻子人生不完整。可是数据表明：这样匆忙结婚的离婚率（谁能想到，这样的术语是用在 70 多岁的人身上）达 70%—80%。

如今，中国约有 1.78 亿 60 岁以上人口（占人口总数的13%），到了 2050 年，预计会有 4 亿老年人，占人口总数的1/4。那时，社会保障和医疗会面临非常严峻的问题。

家庭价值和尊敬长者一定还会是中国人传统生活方式的基础。

我的萧老师

斯科尔尼亚科夫·叶甫盖尼·基里洛维奇

"白龙"东方格斗学校校长，学习格斗超过35年，主要研究武术。近20年曾去中国10次，期间在北京体育大学学习两年。他带领着一个退休女子班，她们练习太极超过10年，这被认为是他最好的项目。

我第一次到中国是在1995年，当时我是白俄罗斯国立体育学院的东方格斗课教师。尽管当时已有20年的习武经验，但是我从来没有去过武术的故乡——少林寺。一个中国教授在明斯克进行俄语实习期间，邀请我前往河南大学和少林寺参观。

一位白俄罗斯国立体育学院的教师与我一同前往中国。时隔数年，我已经忘记了他的名字。当年我们年轻力壮，雄心勃勃。我们清楚地知道，我们要去中国的河南大学和少林，那里有真正的武术。我知道，我要学会真正的武术，要把这些武术知识带回明斯克。除了想去中国，去武术之乡的愿望，我们并没有上路的钱，我们也不懂汉语。认识的商人给我们买了往返的机票，提供

了 1000 美元的食宿费用，然后我们就出发了。

少林寺

90 年代中期开始，就有了从明斯克直飞中国的航班。当时从明斯克飞北京的航班主要是运送货物的"独木舟"型飞机。我们乘坐的航班飞的是明斯克到天津的专线。实际上，我们坐的是货运机，共有 15 个人同我们一起飞往中国。在明斯克到中国的九个小时里，飞机越过了几个时区。从同行的人那里，我了解到，他们要去中国采购货物，而我们的目标和任务是在中国认识真正的武术。

天津，我们飞抵的城市——这个城市位于中国东部，渤海之滨。在古代，当时主要的交通靠海运，天津被认为是北京的出海口。舒适的大巴车很快就把我们送到了北京市中心的高级酒店。真正让人感到震惊的是，1995 年的中国，在边远的地区，没有写有英文的牌子和标示，而我们还要穿越半个中国——去河南大学。它是中国最古老的大学之一。

中国的翻译来接我们同机的人。我们向他解释，我们要去哪里，他给我们提供了几张纸，上面写着我们看不懂的中

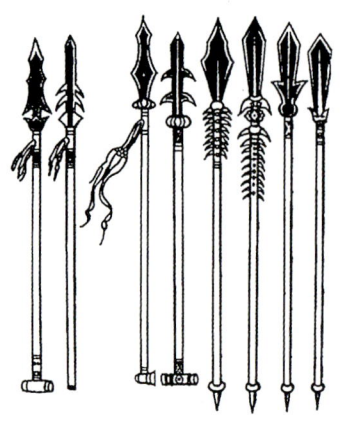

国字。我们在下面写着——这句话是"到车站"，这句话是"到河南的车票"。把这张纸给出租车司机看后，我们被送到了车站。

我们在河南大学待了 21 天，我们去聆听了武术课，掌握了基本的招式——攻击、拉力、柔术、力量运动、手段、综合武术。参观少林寺让我永生难忘——不仅是寺院本身，还有师傅们；甚至是我们吃的食物，用独特都难以形容，更像是星外来物。但最让人感到震撼的是，清晨起，上千人就开始练习武术。总之，通过这趟行程，我们将高质量的武术教学带回了明斯克，而不仅仅是东方格斗。至今，我仍确信，这是第一次，实质上是唯一的一次，将中国格斗艺术教学法引入我国。

除此之外，我们带回了练武专用的武器，剑、矛、钩刀、棍。在离开明斯克前，我们得到白俄罗斯内务部的允许，可以从中国购买习武用具。

中国，少林，武术，我如此喜爱并对它们感到如此亲近，落在地球的另一边。我要翻开生活新的篇章，将真正的武术带入我国。我知道，我还要再来中国，那里留着我的半个灵魂。但我知道，去之前我要先学会汉语。

北京体育大学——我的第二母校
没过几年，突然出现了再次前往中国的机会。当时我仍在白俄罗斯国立体育学院工作，教大学生武术，那时在明斯克已经举办了几次武术会演。在 2004 年，中国驻白俄罗斯大使馆邀请我去北京体育大学，进行为期一年的武术学习。

北京体育大学

在北京体育大学有 1.3 万名中国大学生和超过 2600 名外国大学生。问到这个学校的教学水平，他们说，2008 年北京奥运会上，有 10 名冠军是该校的毕业生。学校设有不同方向的学院。我在武术学院留学生系做了一年的见习。这一年，我同来自澳大利亚、加拿大、以色列、日本、俄罗斯、斯里兰卡，还有欧洲的运动员一起学习。

课程分为两个方向：外家武术——长拳和兵器，内家武术——太极拳，以及语言学习课程。一开始因为语言不通，给我带来不少困难，因为课程都是用汉语讲授的。要学习 2000 个汉字，这样才能听懂和可以进行日常交流，这通常需要六个月。在北京的第一个星期，我甚至因为语言屏障，无法去食堂吃东西。饿了就从隔壁商店买些巧克力和饼干来吃。

第一次去餐厅，我便尝到了失败的滋味。我从字典里查到，如何用汉语读"米"和"沙拉"，我勇敢地走进附近的一家餐厅。但服务员听不懂我说的话。汉语是抑扬顿挫的语言。汉字"米"取决于它的声调，如果不是这个声调，它就是别的词了。

我的英文水平足够应付和外国大学生的交流。他们悄悄告诉我怎样在学生食堂吃饭，这是第一个突破。吃饭和学习我已经完全应付得了，但和外界的交流非常少，这样也许也不错。每天一有空，我就死记硬背汉字。在四五个月的时间里，到 1999 年底，我已经学会了几千个汉字，在大街上和商店里，人们能听懂我说的话了。在大学城里我认识了一个中国大学生——我向他学习汉语，他向我请教英语和格斗。

可以在大街上买到的中国风味小吃

我的汉语水平一直在进步，在体育场，在中国教师的指导下，我学会了几套武术，但我非常思念祖国，于是在第一学期结束后就准备回明斯克。在新年的前夜，我很偶然地认识了讲俄语的中国朋友——吉玛·刘和巴沙·刘兄弟俩。他们在中国出生，他们的父亲是中国人，而母亲是中俄混血，他们的母亲在北京一所大学教俄语。

从那一刻起，我的汉语才有了真正的突破。学习汉字对我而言已经非常容易，同时可以用俄语和他们对话。刘氏兄弟出生在北京，但他们的俄语非常好，因为他们在莫斯科留学过。

我已经打消了收拾行李走人的想法，开始准备第二学期的学习。我越来越能够领悟老师所讲授的内容，我的太极拳水平也提高了一大截。

在中国，老师不仅会讲授高深的知识，而且会对学生提非常高的要求，这是中国几千年来的传统。武术学院对考试成绩的要求很高。我光荣地经受住了考验，我被授予"年度优秀外国留学生"的奖状。除此之外，我代表北京体育大学参加了国际赛事。除了在学校获得的奖状，我还获得了一尊镀金的观音像（慈悲女神）。

随着知识的增长，对中国文化和风俗认识的不断加深，我产生了一个想法，我们应该在明斯克建立一个"中国小岛"。2001 年，在中国驻白俄罗斯大使馆的支持下，白俄罗斯国立体育学院成立了"欧亚"中国文化中心。中华人民共和国驻白俄罗斯共和国全权大使吴筱秋女士出席了开幕式。

生活总是在垂青我，2004 年，我又有了一次回母校拜访

的机会。这次回到北京，回到母校，感觉就像回到家里一样。对一切都感到熟悉，但对很多东西又很陌生。在过去的四年里，北京已经建设得让我有些不认识了。我都不认识去北京体育大学的路了。在 2000 年，大学还是处于城市外围，而现在中国的首都不断向外围建设与扩张，大学城已经不算是郊区，而且这里新开通了地铁。时至今日，回忆起大学的老师们，我仍然心怀感恩，他们教会了我最高水平的全套太极拳，在自己的教学实践和生活中，我经常回忆起我最爱的中国女老师。她是一个 70 岁的个子不高的中国老太太，她教会了我太极拳，还教会了我用中国的方式来理解我们自己的格言：耐心与劳动可以战胜一切，正是她让我懂得了什么叫做自省。

外家与内家

历史上，光是中国格斗艺术和拳法的术语就有很多。"武术"这个术语第一次出现于《文选》（502—557 年），文中有诗句"偃闭武术，阐扬文令"，其意为停止战争，发扬文治。

在这之后出现了许多术语。1911 年，在青岛举行了第一次中国武术冠军赛。后来，在上海也举办了同名的活动。"武术"这个术语得到传播和承认。现在全世界都知道，武术的故乡是中国。

现在武术分为两个方向：内家和外家。外家包括很多，中国有超过 300 个武术门派。而内家少得多，只有三种：形意、八卦和太极拳，太极拳有五种风格，包括陈式、杨式、武式、孙式和吴式。

格斗术于 20 世纪 80 年代传入白俄罗斯共和国。当时是苏联，人们通过李小龙的电影知道了格斗术，后来是成龙。

第一次在中国的旅

棍术

2011 年春天，在北京和萧老师在一起。

2011 年 4 月，在拜师仪式上，萧老师和第一位武术老师李武斌一起。

行，给我机会弄懂真正的武术，还有它的主要类型——长拳。这是我对真正的武术在国内发展所做的力所能及的贡献。

第二次来到武术之乡，我决定了解武术的内家，选择了太极拳。在明斯克"欧亚"中心我给想学武术的人讲授自己所得到的知识。白天教大学生，晚上教中国文化爱好者。当时中心里有一群传奇的"姑娘"，她们是为了健康而来。我之所以这样称呼他们，是因为 10 年前，她们中最小的也有60 岁。

我的萧老师

在中国，人们对老师有种独特的情感。有一句名言流传了几个世纪"一日为师，终身为父"。在中国古代，皇帝在场的情况下，只有一个人可以坐——就是皇帝的老师。孔子留下了这样的思想，就是社会价值体系和相互关系依靠着教育，在现代中国，它们建立在尊重教师的原则上，而这个原则也深刻地写在了格斗中。

如果你遇到一个人，如果他自称东方格斗专家，但他没有拜过师，一切都是靠自修，他一定是冒牌"师父"。中国人的传统观念认为，靠自学成不了大师。如果你要学真正的东方格斗术——武术、空手道、瑜伽，那么就去问问教练，他是哪个师父的弟子。如果他说他读了许多书，然后脑中灵光一现，自己发明了招数。那么赶紧头也不回地离开这样的"师父"，他不会教给你任何有益的东西。

真正的手艺，不管是东方格斗术、针灸或者按摩——只能通过手把手教，由师父教给徒弟。我很幸运。在北京我遇到了自己的老师。

萧维佳，用俄文讲维克多·萧，北京著名的太极宗师。更加幸运的是：师父（老师）精通俄语。维克多·萧，他已经 70 岁了，是著名的中国作家萧三的儿子，他的父亲是第一个将《国际歌》由俄语翻译成汉语的人。

维克多的父母二战前在莫斯科认识。维克多的童年是在俄罗斯度过的。对俄语的熟练掌握决定了他的职业。他多年在北京的一所大学执教。在维克多·萧中年时他拜师太极宗师石明，从师父那里他领略到这门古老内在艺术的魅力。在北京市中心有个紫竹院公园，那里有石明的石像。经常有不同国家的人来到这里向一代宗师石明致敬。

在 2011 年，我向维克多·萧举行了拜师仪式。在中国传统价值体系中，师父收徒是非常重要的事。我成为白俄罗斯首位杨派第八代弟子，咏春分支的弟五代传人。我的帅父教导我要用阴阳相互作用的观点来看一切事物：不仅是格斗，还有生活，自然。我追随师父 12 年，完成了自己的工作，用现代的研究法来认识新的古训。

关于北京烤鸭、太极和生产操

从北京返回明斯克后，发生了令我不愉快的事情。我对所有人说，中国文化有多有趣，中国菜多么得独一无二。过了一段时间，我决定带着妻子去中国餐馆，品味"舌尖上的中国"。看到菜单上有北京烤鸭，就点了。我们等待着、交谈着，喝着绿茶——一切就像在北京一样。这时上菜了：是烤鸭的形状与味道，但是它是一整只鸭，上面还有干酪。没有金黄色一片片的烤鸭肉，没有卷饼，没有黄瓜和葱，更不要提蘸酱和鸭汤了。总而言之，这道菜没有征服我。这不是

很多上了年纪的中国人仍然保持着年轻，这就是练习太极的好处。我们与这群退休者在北京的中心公园结识。

上了年纪的北京人带着自己的宠物来练太极拳

正宗的北京烤鸭。对于那些没有尝过真正北京烤鸭的人而言，他们也许会喜欢这样味道的烤鸭。他们不知道，这道世界名菜完全是另一个样子的。

后来我发现，这样类似的情况也发生在太极拳上。太极拳作为古老的中国艺术，被称作"艺术之皇"，随着时间的推移，出现了健身太极，还有一些代替形式。我看到一些所谓的"教练"，他们从没有在哪里学过这门深奥的艺术，他们甚至在宣传和自己网站中搞错了太极拳的写法。

我提到这个现象并非偶然。中国人认为食物和太极拳是健康和长寿的保证。他们说，食补胜过药补。而太极拳，是举世闻名的健康之源。在全球化时代，这项运动在世界范围内得到了越来越好的推广。在中国，常常能看到这样的场景，清晨，人们（主要是中老年人）在公园里打太极拳。

清晨的一个公园内

我向往着，希望有

一天能在明斯克看到，清晨人们来到公园，在那里打太极拳。因为这不仅有益健康，而且这样的场景非常美丽。我还幻想着，有朝一日白俄罗斯将太极拳作为必要的生产操。为了练习中国"艺术之皇"，除了软底鞋和保持青春与健康的愿望，再就什么都不需要了——不需要大的场地、特殊的衣服和准备活动。如果在午间休息中抽出 10 分钟练习太极拳，那么好处是巨大的。

茶比金贵

绿茶——几个世纪来，一直是中国人的主要饮品。中国最著名的茶叶：龙井，外表像龙的鳞片。还有一种茶——乌龙，它的叶子看起来就像被揉过一样。中国没有"黑茶"这种说法。这里的红茶，就是我们所说的"黑茶"，它的口味也不同，有可能是砖茶，也有可能是散茶。口感的不同取决于茶叶独特的发酵技术。茶叶中最出名的就是铁观音。在中国有很多地方卖茶，从小商店到高级茶叶专卖店，甚至有专业的卖茶叶和茶具的茶市。

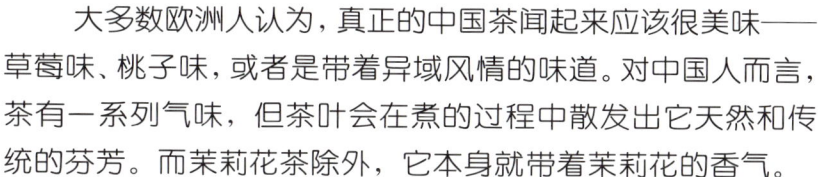

大多数欧洲人认为，真正的中国茶闻起来应该很美味——草莓味、桃子味，或者是带着异域风情的味道。对中国人而言，茶有一系列气味，但茶叶会在煮的过程中散发出它天然和传统的芬芳。而茉莉花茶除外，它本身就带着茉莉花的香气。

关于煮茶和品茶的艺术，有成百上千种传说。其中最美的一个传说就是茶树的诞生。佛在坐禅的时候无意间睡着了，醒来后，出于自责他将眼睑撕了下来，这样就永远不会在坐禅的时候睡着了。他把撕下来的眼睑扔在地上，然后就生长出来了茶树。从那时起，僧人在打坐的时候总要煮浓茶喝浓茶。僧人把茶炊放在火上后，一定要在茶壶里放入银色的饰物和钱币，当水沸腾后，钱币叮当作响，以此提醒僧人放茶叶。

选茶叶时，你将会品尝到不少于 10 种茶。 在北京的茶市上，有很多茶具出售。

中国人的茶道是用来款待和对交谈者表示好感和尊敬。在日常生活中，中国人使用没有把手的、带着茶托和盖子的茶杯，茶杯的形状从中世纪起就没有变过，当时中国已发明了瓷器。为了使谈话更有内容和更好地品茶，当前，中国人也会闻茶香——高杯用来闻芳香，低杯用来品茶。

按照传统，在品茶的时候要使用茶盒。这是一个特殊的支架，通常是木制的，在上面放着茶壶和茶具。除了普通的木制茶盒，还有石头的茶盒。他们是用一整块石头制成的。品茶者用这样昂贵的茶盒慢慢品茶。在北京我有幸和一个茶专家有过交流。这种等级的专家知道非常多关于茶的细节。我掌握了一条,从那时起我就不再用手抓茶叶往茶壶里扔了，而是用专门的小勺。但我怎么也学不来，通过煮茶的声音来判断茶叶。

功夫茶

当我们在茶市上遇到，我请师父帮我挑选茶叶，我想带一些回明斯克。他向我推荐非常有名的铁观音。当售货员将茶倒入杯中，师父阻止了他，"停，停，停，你给我倒的是什么？"售货员很确信地说，这是铁观音。这时师父说，他不需要这样的铁观音，然后说出了具体的品种。他像存储器一样，记得每一种茶叶的香味。我还在长久地沉浸在茶的芬芳中。

在中国可以买到很便宜的茶叶，也可以买到高品质的茶叶，但价格不菲。很少人买这样的茶，因为只有真正爱茶之人，才会花两万美元买 100 克茶叶！例如，在中国已经不再培育的茶叶的最后一批，可以卖到这样的价钱。

每次从北京回国，我都要带茶回明斯克，这是中国最好的礼物。因为茶叶，就像太极拳一样，也是健康和长寿的保证。

相反的文化

认识新的文化总是很有趣。我从小就被中国神话吸引，从 16 岁开始，被格斗术吸引。第一次去河南的旅行就像一个童话，第二次，为期一年，给我了更深入了解文化的机会。

在北京，走出大学城后，我发现一个奇怪的现象。公交车司机大多数都是女性，而公交车是这样的庞然大物，驾驶起来并不容易。原来是这样的，在毛泽东建立中华人民共和国时，就规定男女平等。没有哪个工作只有男人能做，而女人不能做，这样就彻底消除了性别歧视。

的确，当我在中国农业大学教俄语时，就遇到了中国文化另一个细节的体现。有一天，课程结束后，我想帮一个女研究生穿上外套，但她生气了。在我们国家，为女士穿外套非常正常，而在中国不是这样。

对中国人而言，进食时很大声是正常的。中国传统观点看来，这可以判断人们吃得好不好。对中国人而言，我们在桌子上安静的举动——实际上是对食物的不认可。中国人认为，如果喜欢食物，你就应该在享用的过程中，弄出点声音出来。

文化的不同的确有，安静地吃饭，要感谢食物、ＡＡ制，如果你用正常的中国人的观点看会很不满。用哲学的眼光看待一切，接受他们的文化，而不是给他们强加自己的文化。理解和尊重不同，赞赏也不同。

中国风俗的古老矩阵

有人觉得，中国人在生活中的每一步都要对照风水。我去过中国近十次，相信我，没有看到过任何对迷信风水的极端表现，就像我在明斯克看到的情况一样。在北京，形象地说，在街上我没遇到任何一个带着八卦指南针走路的人。

白俄罗斯的伏特加作为礼物送给太极拳的师傅们。这个礼物得到了夸赞。

同时我并不想说，对于中国人，风水哲学完全是无稽之谈。中国人总是试图走中间道路，我们称之为"中庸之道"。对待风水也同样。当然，任何中国人都希望在一面是山，一面是河的地方盖房子。当然中国人也知道，镜子对着门不是很好的选择。中国人会避免锐角和直角，因为他们的古代科学风水称这些角是"邪恶的箭头"。

在任何季节，中国的老百姓遵循风水原则的程度，就像我们讲究卫生原则一样。可以在工作后和吃饭前洗手——好事。如果没有水或没法洗，那么擦擦手就好了。这并不是重点，重点是不要破坏道德准则。

2011 年春天，我终于来到了著名的长城。

我的中国教师萧老师有一些熟人是风水专家。我饶有兴致地听老师和他们的交谈内容，看他们如何接待访客，怎样讲话，怎样研究人和怎样使用道具。他们中的一些人，只要看人一眼，就可以对这个人的健康状况侃侃而谈。除此之外，他们掌握了哲学，会使用六十四卦，他们可以提供各种情况下的正确决定。

现在找到古代中国科学风水的法则并不难。有出版过的书籍，有自称该方面的专家，还有些自称的风水大师。但重点在于掌握这门艺术的运用，而在中国只有一部分人掌握了这门艺术。总的来说，所有中国智者留下来的生命、幸福、健康的法则，都很简单。只需要拥有愿望、意志力和精神，来完成他们。而生活会如何，这比一切都难。

举个例子，有几个古代中国饮食科学的黄金法则。同自然和谐相处，遵循心灵和身体的和谐，平和地进行动静交替，一切适度。中国古话讲道："过犹不及。"可能是的，如果我们遵循中国古代智者的古训，哪怕只是迈出第一步，那么我们的生活将会和谐很多，因为这些中国智者说了，千里之行始于足下。

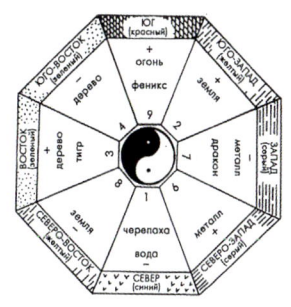

风水盘

萧老师总是说，任何生活状态，地球上任何角落，风水科学需要用阴阳相互作用的观点来看。对立的两方：黑与白、空与满、强与弱、积极与消极——相互依存，相互补充并且创造和谐。丝绸、纸张、武术、养生、筷子，甚至是矩阵——这并不是电脑天才的发明。矩阵（或是魔方）在古代中国就很出名。最初是在龟背上被发明的，这要追溯到公元前 2200 年。那里出现了世界上第一个图示模型，矩阵。矩阵中就蕴含着风水和阴阳的法则。

这些法则，古老的矩阵可以帮现代人建立自己的幸福模型，特别是他知足的话。

带着矩阵的乌龟

论儒家思想

郭德·亚历山大·尼古拉耶维奇

　　白俄罗斯国立大学孔子学院院长，文学博士，教授。

> 学而不思则罔，思而不学则殆——孔子

　　中国的历史同孔子总是有着千丝万缕的联系。孔子——中国古代哲学家、教育家、思想启蒙家。生活在公元前551—公元前479年。孔子是从汉语的"孔夫子"转化而来。

　　随着白俄罗斯国立大学孔子学院的建立，越来越多的人知道了"孔子"这个名字。目前孔子学院已经在世界106个国家和地区的358个教育机构落户，中小学孔子课堂达500多个。

　　孔子学院始建于2003年，当时中华人民共和国教育部为了在国外推广汉语，挑选了国内十所重点高校着手研究名为"对外汉语教师资格证认证措施"的国家项目。后来在2004年1月该项目经国务院批准后开始实施。项目计划在世界范围内建立孔子学院的全球网络，以此作为在国外推广汉语和传播中国文化的据点。

全球首家孔子学院于 2004 年在韩国首尔大学成立。

从那时起，世界各地开始积极兴建孔子学院，直到现在它的数量已经达到了 358 所。据国家汉语国际推

白俄罗斯国立大学"今日中国"照片展。

广领导小组办公室的统计数据，截至 2011 年 12 月，孔子学院的工作人员超过 1 万人，登记注册学员达 50 万人。

目前中国有超过 260 所大学和近 500 所中小学积极参加了孔子学院和孔子课堂在全球的建设。到 2015 年，中国政府计划将孔子学院的数量增加到 500 所，孔子课堂增加到 1000 所。

孔子到底是什么人，以至于我们要在 21 世纪教育和文化领域实施如此宏伟的国际项目来纪念他？我曾有幸去过几次这个伟大思想家的故乡，并乐意与大家分享自己的见闻。

在上海 Rockbund 博物馆，巨大的孔子半身塑像。展品的胸部会起伏，好像有心跳会呼吸一样。塑像的脸部临摹自明代一副不知名的孔子画像。

孔子故乡曲阜，孔子后人的住宅。

荷花妆点了杭州，杭州是浙江的省会。

孔子——这位古代的中国哲学家，于公元前 551 年出生在鲁国陬邑昌平乡，这个地方现在是中国东部山东省曲阜市东南的鲁源村。

从 1999 年起我开始在中国旅行，游览了超过 20 个中国的大城市，看了许多名胜古迹，可以肯定的是，曲阜市是中国最干净最整洁的城市之一。遗憾的是，孔子时代的东西已经很少能保存到现在了，大多数建筑都建于 17、18 世纪，但是孔庙保留了古时的庙门、交错的屋顶、皇帝的题词和纪念碑。对孔子姓氏的介绍包括孔子故居、孔林、孔子和孔子后人的坟墓。现在这里是一片大建筑群，每年都会邀请国外朋友一起举行盛大的祭孔盛典，每天这里都会举行赞颂孔子的仪式，典礼官会朗诵孔子的名言来教化听众。

我从北京坐车前往曲阜，途经黄河，黄河在中文里意为黄色的河流。我中途下车来到河边观看，不小心我的脚陷入了淤泥，我抓住了一块大石头，这石头因被很多人摸过而变得异常光滑。土地和河流完全融为了一体，原生的淤泥就在我的面前。我抓着那古老的石头，思索着，有多少人曾来到这河边，而这块石头又经历了多少历史！中国人的心中有两条母亲河——黄河与长江。在它们的哺育下诞生了中华文明。

据说，斯拉夫文明的发源地介于维斯瓦河与敖德河流域之间。可能是这样的。然而俄罗斯的性格是由母亲河伏尔加河与父亲河第聂伯河决定的，他们的发源地都是斯摩棱斯克沼泽。那么长江这条大河是怎样的呢？我第一次看到她是在南京的一个瞭望塔上：只见河天一色，大气磅礴。阳和阴——天空和地面，太阳和月亮，父亲和母亲。当我再次来到孔子的故乡，又重新审视孔子思想对中国的巨大影响时，许多中国人倾向于把历史分为前孔子时代和后孔子时代。

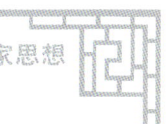

中国传统学校里孔子教室的模型　　　　　　　　北京孔庙前的孔子雕像

　　根据中国历史学家司马迁（公元前 145 或 135 至前 87 年）的发现，孔子是殷商（华夏族）的贵族后裔。孔子出生后，他的父亲就去世了。孔子的生命分为三个阶段：50 岁之前积极投身仕途；50—56 岁拥有权力；56 岁后淡出权力。孔子于公元前 479 年去世，享年 72 岁。死后被尊为"圣人"

　　孔子生活和创作的年代正是国家的战乱时期，孔子将其称为中国的倒退时期。的确，中国具有划时代意义的周朝（公元前 4 世纪至前 3 世纪）已经走向了统治的末期，孔子离世前五年，诸国就已开始了混战，因此孔子所有的哲学都贯穿着"和"的思想，在英明君主的领导下，人民生活繁荣昌盛。周朝的奠基人文王和武王就是其中的杰出代表，孔子曾在梦

孔子剧院　　　　　　　　　　　　2010 年，电影《孔子》里的画面。

伏羲，上天的
三子。手中握有八
卦——八卦里阴阳
各占一半。传说中
他发明了八卦的标
志。伏羲画像，作
于18世纪。

中见到过他们，如果梦不到他们，孔子就会认为这
是道德退化的标志。

这里要指出，被孔子奉若圣人的文王和武王在
中国历史中扮演的角色，如同传说中的所罗门国王
在以色列国家历史，或者是智者亚罗斯拉夫大公在
基辅罗斯历史中的角色一样：在他们统治时期，一
代比一代繁荣昌盛。

孔子有段名言：丘也闻有国有家者，不患寡而
患不均，不患贫而患不安。盖均无贫，和无寡，安
无倾。

道路，就是古汉语中的"道"，对于孔子，这是真理、
公平之路。这是道为国家打开了宇宙，伟大的开始，天空，
用中文讲"天"。由天诞生了阴和阳（消极和积极，寒冷与
温暖，黑暗与光明，女性与男性，等等），二生三——道，
然后生出新的阴阳，它们本身是新的道（可以把它和现代的
宇宙永不停止的脉动相比较）。八卦的标志是两条围绕的蛇，
白蛇和黑蛇首尾相接，这代表着阴阳相互转化，传说这是"三
皇之首"伏羲，根据天地万物的变化，发明创造了八卦。

然而对于国家繁荣，仅仅上天有道是不够的，国家的
统治者和人民心中都要有道。孔子曰："人能弘道，非道弘
人。"什么可以使人变成一个君子？将内在的"道"变为外
在的"德"，这是美德，在孔子看
来，包括：仁——仁爱，义——公
平，礼——礼貌，智——智慧，省——
诚实。"己所不欲，勿施于人"孔
子教导道。但这并不够。宽容（恕）
是仁爱（仁）的组成部分，另外一
部分——自我牺牲。孔子曰：己欲
立而立人，己欲达而达人。换句话
讲，这才是"己所不欲，勿施于人"
的实质。

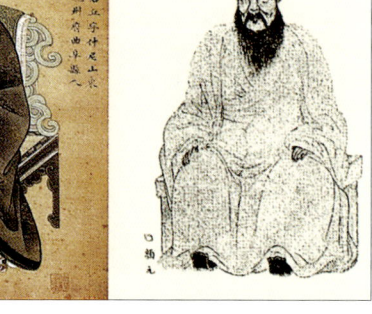

孔子　　　　孔子最得意的弟子——子渊

在俄罗斯文学中，这样的伦理范畴体现在高尔基关于丹柯燃烧的心的小说中：

黄河

"森林唱着自己悲伤的歌，或大声轰鸣，或暴雨倾盆……

我为人们做了什么？——丹柯大声叫道。

突然他撕开胸口，掏出了自己的心脏，高高举过头顶。

它燃烧得如此明亮，就像太阳一样，比太阳更明亮，整个森林沉默了，这火焰因对人们伟大的爱而明亮，黑暗被光明冲散，逃到森林深处，颤抖着，逃到沼泽里。人们都惊呆了，像石头一样一动不动。"

如果一个高尚的人失去了高尚的道德，那么他连一般人都不如。也就是说，孔子认为和那些人交往会带来很多麻烦，因为"近之则不逊，远之则怨"。如果失去了善，那么上天将会收回君子的管理权，那时国家就要发生大的动乱。现代汉语中的革命就是指取消上天的委托。

孔子对暴动和造反持完全否定的态度。提到变革，他说："君君，臣臣，父父，子子。"总体而言，孔子分析了社会中的五种关系：君主和臣民，他们之间应当"义"——公平；父亲与儿子，他们之间应当"亲"——亲人；丈夫与妻子，他们之间应该"别"——不同；兄弟之间，应该"序"——有秩序；朋友之间，应当"信"——诚实。

谈到君主和臣民的关系，孔子提出了如果君主任凭臣民有以下五种行为，将会招来灭亡：1.使自己误入歧途，2.将手伸向国库，3.擅自下命令，4.追逐个人利益，掩盖公平，5.任用自己的人做官。孔子曰：

伟大的黄河

1、2、3. 云南省五香公园

"道之以德，齐之以刑，民免而无耻。道之以德，齐之以礼，有耻且格。"

提到父与子的关系，孔子提到了孝，子女的孝敬。在父亲死后，儿子要守三年孝，在父亲的坟前生活，聆听先祖的声音。孔子号召要向先人学习，他强调，"古者民有三疾，今也或是之亡也。古之狂也肆，今之狂也荡；古之矜也廉，今之矜也忿戾；古之愚也直，今之愚也诈而已矣。" 为什么儿子要在父亲死后守如此长时间的孝？因为在父亲死后，对亲人的所有责任都落在了长子的肩上。他必须通过对父亲的纪念，在这个过程中他要对承担家庭重担做好心理准备。

孔子对待典礼和仪式的态度非常积极。有一个故事很出名，孔子的学生对祭祀用的羊感到惋惜。孔子惋惜道："赐也，尔爱其羊，我爱其礼。"

提到丈夫和妻子。男性和女性的关系，孔子说："男耕女织。"总的来说，在孔子的思想中，这样的观念占据了主导，在其中他看到社会进化的道路。的确，矛盾就产生在人们社会角色的交叉点处。举一个现代的例子。丈夫问妻子："你为什么没洗碗？"而妻子回答："你第一个看到，你为什么不洗？"如果妻子认为洗碗是她的责任，而丈夫的责任是清洁地毯的话，那么这样的冲突就不会发生。

孔子对妥协持怀疑态度，他认为，妥协会使双方都不满意。冲突，用现代语言表示，应该在时间和空间中解决。当今，解决好空间冲突的例子是地下交通：司机可以开着车，行人也可以行走。唯一的缺陷就是，行人需要走楼梯下去然后再走上来。如果司机在下面

长江

开车，行人在上面走，这样就好很多。可是这样的地下车道并不常见。解决道路交通时间冲突的例子是利用信号灯，一开始一边的人或车先走，然后另一边再走。

孔子建议在合适的地方思考问题。这样的地方有三个，用中文讲叫做"三上"：马上、枕上、厕上。关于建议的效果，孔子举过这样的例子：当时孔子是鲁国的中都宰，那里没有暴力和动乱，没有贪财、投机和偷盗，确立了严格的道德标准，而居民热情好客、慷慨并且幸福。司马迁这样描述孔子治理的结果："粥羔豚者弗饰贾；男女行者别于涂；涂不拾遗；四方之客至乎邑者不求有司，皆予之以归。"

这就是孔子的概貌。在儒家思想的照耀下，我们可以解决21世纪的什么问题呢？设立孔子学院的主要目标是建立中国同世界各国的友好关系，宣扬中国文化，支持汉语教学和促进世界和平。孔子学院应遵循所在国家法规，同意该国内外政策，同时不得参与任何政治、宗教或者民族的活动。

中方规定了孔子学院的主要任务：教授汉语，包括利用动画和网络资源；培养专长不同的汉语老师；通过 HSK 汉语考试系统对汉语学习者进行能力检测；为准备在中国学习或工作的人，提供必要的书籍，例如在跨文化交流、旅游、贸易、金融和中医等方面的书籍；为居民开设图书馆；进行

1、2、3、4、5、6. 云南省大理崇圣寺

汉语和中国文化研究；组织展览、音乐会和竞赛等活动，推广汉语和中国文化；介绍和推广中国文化作品，形式包括书籍、音像产品及纪念品。

在第六届世界孔子学院论坛上，孔子学院 2012—2015 年发展的建议受到赞扬，培养可以担任孔子学院校长和教员全职工作（不是兼职）的干部；研究制定鉴定汉语教师的国际标准和要求；增加外派中国教师和志愿者数量；制订课程

1、2. 2011 年
11 月 19 日，中国
国家汉办主任许琳
参观白俄罗斯国立
大学孔子学院。

计划，包括大学汉语教学的各个阶段，研究生和博士阶段；确立对孔子学院优秀的校长、教师及教研室的奖励体系；开设新的汉学专业，增加孔子学院外国奖学金获得者数量；组织国际专家委员会，为各个年龄阶段的汉语学习者编写汉语教科书及教辅资料；举办巡回演讲，教材展览，文艺团体演出，外国中学生、大学生"汉语桥"比赛。邀请外国学生到中国参加夏令营和冬令营，每年举办"世界孔子学院论坛"，出版英语、法语、西班牙语、日语、俄语、韩语、泰语、阿拉伯语版的《孔子学院》杂志，并着手创建其他语种的新刊物，大力支持从事汉语言研究的中青年学者出书立著，发表文章和进行国际学术交流。

在我看来，白俄罗斯开展"孔子学院"活动的主要目的就在于促进国内对东方文化的研究，加强国内各领域汉学家（哲学家、历史学家、政治学家、经济学家、地理学家、民族学家、艺术家……）的联系和交流，在国内创造良好的汉语研究环境。白俄罗斯孔子学院的成功直接取决于其对中国现状、内部发展趋势以及传统的发展作出了客观的评估，同时也源于其对与中国合作所能带来的巨大利益与如何选

2012 年 1 月 18 日，中央美院教授马成山在莫吉列夫斯基州玛斯列尼克博物馆做讲座。

择正确的发展战略存在着清晰的认识。早在 2003 年白俄罗斯国立大学东方语言教研室就已提出了这些目标，该教研室是白俄罗斯国立大学共和国汉字研究中心的前身，随后改名为白俄罗斯国立大学孔子学院，至今我们仍旧在践行这些目标。

2012 年 2 月 3 日，李造与自己的作品在白俄罗斯国家图书馆"机动"展馆合影。这里展出了他的 60 余幅作品。

白俄罗斯国立大学孔子学院位于白俄罗斯国立大学的主楼之内，占地 400 平方米，共有 16 名工作人员，其中有 5 位中国人，11 位白俄罗斯人。

学院从 2006 年 12 月 12 日建立之日起，就与北京语言大学一直保持着合作关系，2009 年它又和大连理工大学建立起了伙伴关系。

合作建设孔子学院的意向形成于 2005 年 10 月 4—6 日白俄罗斯总统率国家代表团访华之后，正式的决议于 2006 年 3 月 20 日由白俄罗斯国立大学学术委员会通过并生效，同时该决议获得了中国国家汉办的大力支持。

2011 年 12 月，第六届孔子学院大会。

在白俄罗斯国立大学孔子学院的带动下共有 633 人学习汉语，其中国际关系系 62 人，语文系 110 人，孔子学院学习班 47 人，明斯克第 12 中学 84 人，明斯克第 23 中学 98 人，明斯克第 97 中学 22 人，白俄罗斯国立经济大学 68 人，并且准备在格罗德诺国立大学和戈梅利国立大学开设孔子学院分院。

在东方语言教研室有5人获得了汉语语言硕士和副博士以上学历，有16位白俄罗斯专家和7位中国专家从事汉语教学工作。此外，孔子学院还专门开设了针对成人（共3个班，每班32人）、青年和儿童（共3个班，每班27人）的汉语学习初级班、基础班和提高班。教材有《汉语301句》、《汉语学习》、《快乐汉语》等。

孔子学院于2012年3月、5月和12月分别举办了三次成人汉语水平考试（HSK）和一次儿童汉语水平考试，其中共有250人通过了考试。同时应参试大学生的要求，孔子学院计划于2012年开设专门针对汉语水平考试的学习班，甚至还准备开设太极拳学习班。

下面让我来介绍一下孔子学院近期所开展的一些活动，如2011年2月白俄罗斯国立大学政法学院和中国浙江师范大学联合举办的中国古典音乐大型演奏会；2月25日在白俄罗斯国立经济大学举办了"中国古典文化节"，该活动以中国民间创作展览和赠书仪式为开端，同时在中白两国大学生的文艺表演中完美落下帷幕。

2011年4月在白俄罗斯国立大学孔子学院开设了白俄籍汉语教师培训班。2011年5月举办了"玉兔杯"汉语知识竞赛（主要活动包括茶道、书法和针灸介绍），除此之外，学院还积极参加了白俄罗斯主办的"汉语桥"比赛，在比赛中孔子学院的一位旁听生获得了二等奖，两人获得三等奖，一人获得前往中国参加"汉语桥"比赛的资格。

2011年6月成功举办了《走进中国》

参加白俄罗斯国立大学孔子学院汉语教师研讨会的成员。

毕福剑在白俄罗斯国立大学记者学院做讲座

大型图片展，通过图片我们了解了中国的自然环境、名胜古迹、人民的生活以及当代中国所取得的辉煌成就。

2011年9月，白俄罗斯国立大学孔子学院邀请白俄罗斯教师和大学生共度中秋佳节，并举办了中秋赛诗翻译会，会上为优秀译文作者颁发奖项。在庆祝中华人民共和国成立62周年的当天，孔子学院和白俄罗斯文化部在友谊之家共同举办了书法家李造书法展，白俄罗斯副总理阿纳托利·托济克和中国驻白俄罗斯大使鲁桂成出席了当天的活动。

2011年9月，国家汉办主任、孔子学院总部总干事许琳对白俄罗斯国立大学进行了正式访问。许琳视察了孔子学院的教学工作，与白中两国教师进行了深入的会谈，并在白俄罗斯国立大学发表了演讲。许琳的访问为汉语教学的发展注入了强大的生机，同时也推动了两国在文化领域的进一步合作，加强了白中两国人民的友好关系。

2011年9月27日孔子学院与白俄罗斯工商协会在明斯克艺术宫共同举办了中国文化艺术展，其中姚少华、霍春阳、山佳、黄严等艺术名家的作品悉数登场。此外，9月29日在白俄罗斯国立大学新闻学院，中国中央电视台著名主持人毕福剑与白俄罗斯国立大学学生举行了一场别开生面的见面会。

2011年10月孔子学院的汉语教师在明斯克第11、第23和第97中学，以及在契斯特镇的学前教育机构中讲授了公开交流课，这些课程旨在让人们了解当代中国的历史以及中国的国家标志。为庆祝中国的国庆节，从10月3号到7号在孔

子学院的会议厅内举办了为期一周的"中国电影周"，活动期间放映了中国著名导演张艺谋的电影《秋菊打官司》、《一个也不能少》、《红高粱》、《菊豆》以及《大红灯笼高高挂》。

2011 年 11 月，以谢尔盖·阿布拉缅科院士为首的代表团到孔子学院进行访问，并与中国汉办主任许琳举行了成功的会谈，许琳赞同白俄罗斯国立大学代表团的倡议并宣布，白俄罗斯国立大学孔子学院在 2011 年跻身世界孔子学院前 20 强。

2011 年 11 月，白俄罗斯国立大学孔子学院第三届理事会在中国大连理工大学召开，会上通过了在格罗德诺国立大学和戈梅利国立大学开设孔子学院分院的提案，并且决定开设信息分析中心。

2011 年 12 月在北京召开的第六届世界孔子学院论坛可谓是汉语推广工作史上的大事件，白俄罗斯代表团也参加了本次论坛。会上不仅对 2011 年孔子学院的工作进行了总结，而且还讨论了世界范围内汉语教学工作发展的前景和存在的问题。论坛闭幕时，从世界 358 家孔子学院和 500 家孔子课堂中评出了 20 家"2011 年度最佳孔子学院"，其中白俄罗斯国立大学孔子学院名列其中。中央政治局委员、全国人大常务委员会委员、国务委员刘延东为获奖单位颁奖并强调，中国政府将一如既往地支持孔子学院在全球的发展，并将继续大力支持汉语在世界范围内的推广。

我们看到，"文武之道，未坠于地，在人……" 孔子弟子子贡的这句话的确有先见之明。

在传媒中心展出了中白两国合办的刊物《中国》和《白俄罗斯》，以此纪念两国建交 20 周年。